Compact

新・入門証券論

榊原茂樹・城下賢吾・岡村秀夫・山口　聖・月岡靖智・北島孝博 [著]

有斐閣コンパクト
YUHIKAKU COMPACT

はしがき

　日本の家計の金融資産保有額は 2043 兆円になるといわれている。アメリカの 114.3 兆ドルには遥かに及ばないが，日本一国でユーロ圏諸国の 28.6 兆ユーロの約 43％を占めている。ただ，保有金融資産残高の構成比をみると，日本とアメリカでは大きな相違がある。日本では，現金・預金といった元本保証型の金融資産が 54.2％を占め，投資信託や債券・株式といった有価証券は 16.7％しか占めていない。これに対して，アメリカでは現金・預金が 12.6％，投資信託や有価証券といったリスク性資産が 56.2％を占めているのである。ユーロ圏諸国では，現金・預金が 35.5％，リスク性資産が 33.3％と，日米の中間に位置している（日本銀行調査統計局『資金循環の日米欧比較』〔2023 年 8 月 25 日刊〕，2023 年 3 月末データより）。

　このような日本の特徴は，安全性を旨とする国民の投資態度や，第二次大戦後の金融・資本市場の発展の経緯が背景となって形成されてきたものであろうが，この状況は，いま大きく変わろうとしている。それは，国民も証券市場での資産運用を真剣に考えなければ，公的年金だけでは豊かな老後を送れなくなる時代の到来が予想されるからである。

　日本政府も，国民の金融資産の「貯蓄から投資へ」の基盤作りとしてさまざまな改革を進めていく中で，国民の資産形成には「金融リテラシーの向上」が欠かせないとの判断から，金融教育を国家戦略に据えている。国民にとってリスク性資産の運用は，豊富な資金量と高度な専門的知識を備えた機関投資家や，証券会社の自己売買部門等のプロフェッショナルと同じ土俵に上がる知的ゲームである。このゲームに参加するためには，証券市場の歴史と構造，証券市場

における価格形成のメカニズム，さまざまな投資対象のリスク・リターン特性，機関投資家のポートフォリオ運用技法などについて，十分に理解しておくことが必要不可欠である。

　本書は，学部レベルの学生が証券市場の構造と証券投資の基礎理論を習得できるように，わかりやすく解説したものであり，証券市場論のテキストとしても，証券投資論のテキストとしても使えるように章構成を組み立てている。また各章は，学習効果の向上を企図して，読者の興味を引き付けるミニ・ストーリー，本文の解説，現場感覚を吹き込むことや扱ったテーマをさらに深く掘り下げることを意図したコラム，各章で学んだことの要約，理解度をセルフ・チェックするための練習問題，さらに深く学習するための参考文献の紹介によって構成されている。本書で学んだ読者が，賢明な投資家として証券市場に参加することで，日本の個人投資家にいっそうの厚みが増すことが期待される。

　さらに本書は，証券市場での資産運用に関する消費者教育，ないし社会人大学院の教育の場でも活用されることを願っている。今後，投資対象は伝統的な証券から非伝統的な証券へと多様化し，さらに運用の場も国内から海外へといっそう拡大すると予想される。このように，金融商品や金融サービスの内容が複雑化・高度化すると同時に，これらの商品・サービスに対する国民の需要がますます増大していくことを考えると，幅広い市民やビジネスパーソン向けの教育に適したテキストの必要性は高いと判断されるからである。

　本書は，旧著『入門証券論』（初版 2000 年刊，新版 2005 年刊，第 3 版 2013 年刊）の執筆の基本方針を受け継ぎながら，旧著からの著者 3 名と新しい著者 3 名が，その後の理論の進歩と証券を取り巻く制度の新展開を取り入れて，大幅にアップデートしたものであるために，『新・入門証券論』として出版することとした。本書が旧著以

上に活用されることを祈念するものである。

　以上の意図を持って出版された本書がどこまで成功したかは，読者のご判断を待たなければならない。また，思わざる過誤を犯しているかもしれない。ご批判やご指摘を得て，今後，不十分な点は改訂していくこととしたい。

　最後に，出版事情の厳しい時期に，刊行を進めてくださった有斐閣書籍編集第2部の柴田守氏に対して，心から御礼申し上げます。

　　2024年10月

著者一同

iv

● 著者紹介

榊 原　茂 樹 （さかきばら しげき）　　　　　　　　　　[第 1 章，第 14 章]

1972 年　神戸大学大学院経営学研究科修士課程修了

現　在　神戸大学名誉教授，関西学院大学 IRC 客員研究員，経営学博士

主　著　『現代財務理論』（千倉書房，1986 年），『財務管理』（共編，有斐閣，
　　　　　1993 年），『証券投資論（第 3 版）』（共著，日本経済新聞社，1998 年），
　　　　　『新・現代の財務管理』（共著，有斐閣，2023 年）

城 下　賢 吾 （しろした けんご）　　　　　　　　　[第 3 章，第 9 章，第 10 章]

1987 年　神戸大学大学院経営学研究科博士後期課程単位修得退学

現　在　岡山商科大学経営学部教授，山口大学名誉教授，博士（経営学）

主　著　*The Japanese Stock Market : Pricing System and Accounting Infor-*
　　　　　mation（共著，Praeger Publishers, New York, 1988 年），『市場のア
　　　　　ノマリーと行動ファイナンス』（千倉書房，2002 年），『日本株式市場の
　　　　　投資行動分析』（共著，中央経済社，2009 年）

岡 村　秀 夫 （おかむら ひでお）　　　　　　　　　[第 2 章，第 6 章，第 8 章]

1999 年　京都大学大学院経済学研究科博士後期課程学修認定退学

現　在　関西学院大学商学部教授，博士（経済学）

主　著　"Ownership structure pre- and post-IPOs and the operating perfor-
　　　　　mance of JASDAQ companies," *Pacific-Basin Finance Journal*, Vol.
　　　　　10, 2002（共著），『金融システム論』（共著，有斐閣，2005 年），『日本
　　　　　の新規公開市場』（東洋経済新報社，2013 年），『金融の仕組みと働き』
　　　　　（共著，有斐閣，2017 年）

山 口　　聖 （やまぐち さとる）　　　　　　　　　[第 7 章，第 11 章，第 12 章]

2009 年　神戸大学大学院経営学研究科博士後期課程修了

現　在　甲南大学経営学部教授，博士（経営学）

主　著　"Inflexibility of share repurchases," *International Review of Finance*,
　　　　　Vol. 21, 2021，「自社株買いの内外の実態，理論の整理」（『証券アナリス
　　　　　トジャーナル』第 59 巻第 6 号，2021 年），『1 からのファイナンス』
　　　　　（分担執筆，碩学舎，2012 年）

著者紹介　v

月 岡　靖 智（つきおか やすとも）　　　　　　　　　［第 13 章，第 15 章］

2014 年　大阪市立大学大学院経営学研究科後期博士課程修了

現　　在　関西学院大学商学部准教授，博士（経営学）

主　　著　『新・現代の財務管理』（共著，有斐閣，2023 年），"The impact of Japan's stewardship code on shareholder voting," *International Review of Economics & Finance,* Vol. 67, 2020, 「パッシブ運用がコーポレート・ガバナンスに及ぼす影響」（共著，『現代ファイナンス』第 44 巻，2022 年）

北 島　孝 博（きたじま たかひろ）　　　　　　　　　　［第 4 章，第 5 章］

2015 年　大阪市立大学大学院経営学研究科後期博士課程修了

現　　在　熊本学園大学商学部准教授，博士（商学）

主　　著　"Trend-following with better adaptation to large downside risks," *PLoS ONE,* Vol. 17(10), 2022（共著），「業種別のクロスセクショナル・モメンタムと市場変動の関係性」（『経営研究』第 72 巻第 4 号，2022 年），「危機時に着目した信用リスクモデルの比較分析──ハザードモデルの予測精度」（『証券アナリストジャーナル』第 56 巻第 1 号，2018 年）

vi

目　次

はしがき　i

第1章　証券と投資 ——————————————————————— 1

1　証券の役割 ……………………………………………… 2

2　証券の種類と金融市場における資金の流れ …………… 4

金融仲介機関を介した資金の流れ（4）　金融市場を利用した資金の流れ（5）　直接金融と間接金融（6）

3　金融市場の国民経済的機能 ……………………………… 7

マネー・マーケットと資本市場（7）　発行市場と流通市場（7）　資本市場の効率的資源配分機能（9）

4　投資の世界の見方 ……………………………………… 10

リスクとリターンのトレードオフ（10）　証券市場は効率的か否か（13）

5　証券分析とポートフォリオ・マネジメント ………… 14

証券分析（14）　ポートフォリオ・マネジメント（15）　行動ファイナンスの台頭（17）

6　インベストメント・チェーンの高度化と本書の役割…… 18

● コラム：金融教育が国家戦略に（19）

第2章　評価の基本原理 ——————————————————————— 23

1　貨幣の時間価値 ………………………………………… 24

2　複利と将来価値 ………………………………………… 25

利息計算の方式：単利と複利（25）　将来価値（27）

3　現在価値の考え方 ……………………………………… 30

将来価値と現在価値（30）　割引率と現在価値（32）　年金の現在価値（33）　永続価値（35）　成長永続価値（36）　複利計算の頻度と実効金利（37）

4　評価の基本原理 ………………………………………… 39

目　次　vii

確実なキャッシュフローのケース（39）　　裁定と一物一価
（40）　　不確実なキャッシュフローのケース（42）　　名目投
資収益率と実質投資収益率（46）

● コラム：実質収益率（48）

第3章　企 業 分 析 ——————————————————————— 51

1　企業の経営戦略分析 ……………………………………… 51

2　財 務 諸 表 …………………………………………………… 53

貸借対照表（56）　　損益計算書（57）　　キャッシュフロー
計算書（58）

3　財 務 分 析 …………………………………………………… 60

収益性分析（61）　　効率性分析（62）　　安全性分析（64）
成長性分析（66）

4　株価と財務分析 …………………………………………… 68

● コラム：長期投資の尺度としての ROE と PBR（69）

第4章　債 券 市 場 ——————————————————————— 73

1　債券とその特徴 …………………………………………… 73

債券とは何か（73）　　債券の基本用語（74）　　債券の特徴
（75）

2　債券の分類 ………………………………………………… 76

発行機関による分類（77）　　クーポン・レートによる分類
（78）　　満期（償還期間）による分類（78）　　返済の優先順
位（弁済順位）による分類（79）　　資金の使途による分類
（80）

3　債券発行市場 ……………………………………………… 80

債券発行市場の変遷と役割（80）　　債券の発行方法（82）
債券発行市場の特徴（83）　　国債の発行方法（84）　　社債
の発行方法（85）　　地方債の発行方法（86）

4　債券流通市場 ……………………………………………… 87

債券流通市場の変遷と役割（87）　　債券の取引方法（売買方
法）（88）　　債券流通市場の特徴（88）　　店頭市場における
売買の仕組み（90）　　債券の取引形態（91）　　債券の価格

viii

情報（91）

5　債券の格付け ･･ 92

格付機関と格付記号（92）　　格付けの予測能力（94）　　格付機関に内在する問題点（95）

● コラム：個人向け社債（96）

第5章　債券分析 ─────────────────── 99

1　債券の価値と評価 ･･････････････････････････････････････ 99

債券の価値とは何か（99）　　金利（割引率）の意味（100）割引債の評価（100）　　債券の価値と債券価格の関係（101）固定利付債の評価（102）　　金利（割引率）の変化による影響（103）

2　債券の利回り ･･ 104

利回りとは何か（104）　　割引債の利回り（104）　　固定利付債の利回り（105）

3　債券の利回り曲線 ･･････････････････････････････････････ 106

利回り曲線（イールド・カーブ）とは何か（106）　　スポット・レート（108）　　フォワード・レート（109）

4　債券のリスク管理 ･･････････････････････････････････････ 110

債券のリスクとその影響（110）　　修正デュレーション（111）　　マコーレーのデュレーション（113）　　ポートフォリオのリスク管理（115）

● コラム：債券投資のリスクは低いのか（116）

第6章　株式市場 ──────────────────── 119

1　株式会社と株式 ･･ 119

株式会社の特徴（119）　　株式の特徴と種類（121）

2　日本の株式市場 ･･ 122

3　株式発行市場 ･･ 126

株式による資金調達（126）　　株式発行市場の現状（127）新規上場（IPO）（128）　　株主還元（131）

4　株式流通市場 ･･ 133

目　次　ix

　　　取引所の役割（133）　　株式流通市場の現状（134）

　5　株式の取引方法 ……………………………………… 138

　　　立会内取引（138）　　立会外取引（142）　　取引所外取引
　　　（143）　　信用取引（144）

　6　株 価 指 数 ………………………………………… 146

　　　● コラム：共益権の「価値」（147）

第7章　株 式 分 析 ———————————————— 153

　1　株式投資とリターン ………………………………… 153

　2　株式価値の評価 ……………………………………… 155

　　　配当割引モデル（156）　　ゼロ成長モデル（159）　　定率成
　　　長モデル（159）　　成長率の推定（160）　　成長率と株価の
　　　関係（161）　　多段階成長モデル（163）

　3　企業価値と株式価値，負債価値の関係 …………… 165

　4　DCF 法を用いた企業価値の評価 ………………… 166

　　　フリー・キャッシュフロー（167）　　設備投資と減価償却費
　　　（168）　　運転資本の増減（169）　　投資家の要求収益率
　　　（170）　　投資家の要求収益率と企業の資本コスト（172）

　5　企業価値の評価と理論株価の算出 ………………… 174

　　　企業価値の評価（174）　　理論株価（177）

　6　株式投資に関連する指標 …………………………… 178

　　　配当利回り（178）　　株価収益率（178）　　株価純資産倍率
　　　（179）

　　　● コラム：現在価値の計算方法（176）

第8章　投 資 信 託 ———————————————— 183

　1　投資信託とは何か …………………………………… 183

　　　投資信託の特徴（183）　　分業の仕組み（185）　　投資信託
　　　法制の概要（186）

　2　投資信託の仕組みと類型 …………………………… 187

　3　日本における投資信託の現状と課題 ……………… 191

　　　投資信託純資産額の推移（191）　　日本における投資信託の

課題（194）

● コラム：NISA と iDeCo（197）

第9章　ポートフォリオ理論と資本市場理論 ———— 201

1　リターン …………………………………………… 201

2　リスク ……………………………………………… 203

3　共分散と相関係数 ……………………………… 204

4　2証券からなるポートフォリオ・リターンとリスク… 206

5　システマティック・リスクと非システマティック・リスク
………………………………………………………… 209

6　海外リスク ……………………………………… 210

7　最適ポートフォリオ …………………………… 211

8　資本市場線 ……………………………………… 214

9　CAPM と証券市場線 …………………………… 215

10　ポートフォリオのパフォーマンス評価 ……… 218

● コラム：インデックス投資（219）

第10章　行動ファイナンス ———————— 223

1　行動ファイナンス理論の基礎 ………………… 224

認知誤差（225）　保守主義（229）　自信過剰（229）
プロスペクト理論（230）　メンタル・アカウンティング（232）

2　株式市場の過剰反応と過小反応 ……………… 234

● コラム：男性は女性よりも自信過剰（235）

第11章　デリバティブ市場 ———————— 239

1　先物取引 ………………………………………… 240

先渡取引（240）　先物取引（240）　先物取引の決済
（243）　受渡決済と特別清算数値による差金決済（244）
先物取引の損益（245）　証拠金と値洗い（246）

2　オプション取引 ………………………………… 248

オプションとオプション取引（248）　オプション取引の決

目　次　xi

済（249）

　　3　オプション取引の損益 ……………………………… 250

　　　　オプションの購入（250）　　オプションの売却（253）

　　4　スワップ取引 ………………………………………… 255

　　　　金利スワップ（256）　　通貨スワップ（257）

　　● コラム：世界で最初の先物取引所（259）

第12章　デリバティブ価格と投資戦略 ──────────── 265

　　1　先 物 価 格 …………………………………………… 265

　　　　現物価格と先物価格の関係（265）　　先物の理論価格（266）

　　2　先物取引の利用 ……………………………………… 269

　　　　ヘッジ（270）　　投機（272）　　裁定取引（272）

　　3　オプション価格 ……………………………………… 274

　　　　コール・オプションとプット・オプションの関係（274）
　　　　オプション価格の決定要因（276）　　株価と権利行使価格
　　　　（277）　　満期日までの期間と無リスク利子率（278）　　ボラ
　　　　ティリティと配当金（278）

　　4　オプション価格の評価 ……………………………… 279

　　　　二項モデル（279）　　1 期間の場合（279）　　2 期間の場合
　　　　（282）

　　5　オプション取引と投資戦略 ………………………… 284

　　　　プロテクティブ・プット（284）　　カバード・コール（285）
　　　　ストラドル（285）

　　6　スワップ取引の評価 ………………………………… 286

　　　　スワップ・レート（287）

　　● コラム：ブラック・ショールズ・モデルを用いたオプション
　　　　　　　　価値の評価（289）

第13章　グローバル投資と各国の証券市場 ─────────── 295

　　1　日本におけるグローバル投資の現状 ……………… 295

　　2　各国の株式市場 ……………………………………… 297

xii

    3   各国の株価指数 ……………………………… 298

    4   グローバル投資のメリットとリスク ……………… 298

        グローバル投資のメリット（299）　グローバル投資におけるリスク（302）

      ● コラム：株価指数の中身（304）

第14章　オルタナティブ投資 ──────────────── 307

    1   オルタナティブ投資とは ……………………… 307

        オルタナティブ投資の定義（308）　オルタナティブ投資の種類（308）　オルタナティブ投資の特徴（309）　オルタナティブ投資のリスクとリターン（310）

    2   証券化商品 …………………………………… 311

        証券化のスキーム（312）　投資リスクの軽減（312）　不動産投資信託（上場 REIT）（314）

    3   ヘッジ・ファンド …………………………… 315

        ヘッジ・ファンドとは（316）　ヘッジ・ファンドの運用戦略の分類（316）

      ● コラム：大学を巡る資産運用（318）

第15章　スチュワードシップ責任 ─────────────── 323

    1   スチュワードシップ・コードとは …………………… 323

    2   日本の株式所有構造の変化 ……………………… 324

    3   投資信託の拡大 ………………………………… 326

    4   プリンシパル・エージェント理論 ………………… 327

    5   投資家の抱えるエージェンシー問題 ……………… 328

    6   日本版スチュワードシップ・コード ……………… 330

    7   責任投資原則と ESG ………………………… 331

      ● コラム：スチュワードシップ・コードの受入れ機関数の推移
        （332）

付 属 資 料

    付表1　複利終価表　337

付表 2　年金終価表　338

付表 3　複利現価表　339

付表 4　年金現価表　340

付図 1　日本の株価指数とインフレ率　341

付図 2　米国の株価指数とインフレ率　341

索　引　342

| 第 1 章 | 証券と投資 |

2019 年 6 月に金融庁が公表した審議会報告書に記載された数字が大きな波紋を広げた。夫 65 歳以上，妻 60 歳以上の夫婦のみの無職の世帯では，毎月の収入（約 21 万円。うち公的年金約 19 万円）で毎月の支出（約 26 万円）を賄えず，生活資金不足額は平均して月約 5 万円になるという。残りの人生を仮に 30 年とすると，不足額の総額は単純平均で約 2000 万円にもなることから，「老後 2000 万円問題」として大きな議論を巻き起こした。

もちろん，この数字は家計によって差があるとしても，豊かな老後生活を送るためには，定年退職までに金融資産をできる限り増やしておく必要がある。その方法として，iDeCo（イデコ，個人型確定拠出年金）や 2024 年 1 月にスタートした新 NISA（小額投資非課税制度）の活用，個人で積極的に資産運用を心掛けるなどが考えられるが，いずれの方法も，運用の成果は自身の投資商品や投資証券などの選択の影響を大きく受ける。

「資産運用は最近十数年で敗者のゲーム（loser's game）になった」と主張したのは，チャールズ・エリス（Charles Ellis）である。彼によれば，ゲームには勝者のゲームと敗者のゲームがあるという。勝者のゲームはスーパー・ショットを重ねて得点を上げ続けたプレイヤーが勝つゲームをいい，敗者のゲームとはミスを重ねて相手に得点を献上したプレイヤーが敗者となるゲーム，すなわち負けた人の行動が勝敗を分けるゲームのことをいう。

資産運用の世界は，投資信託や年金基金のために資金を運用す

2 第1章 証券と投資

る資産運用会社や生命保険会社などの，優秀なアナリストやファンド・マネジャーを抱えた大規模な機関投資家が，同じような情報を共有し，巨大なコンピュータを駆使し，他人よりも勝とうとしのぎを削る世界へと変貌したことから，相手より常に優れた技術と洞察力を発揮して勝者であり続けることができなくなったというのである。

敗者のゲームを戦う資産運用の世界で心すべきことは，ミスを犯さないことである。読者の皆さんも，本書で解説する証券論の基礎知識をしっかりと身につけていただき，知らなかったことによる運用の失敗は避けていただきたいものです。

1 証券の役割

われわれが就職してから退職するまでに稼ぐ生涯賃金は，相当な金額になるだろう。他方で，独身時代，新婚生活，子供の誕生と養育，マイホームの取得，子供の結婚と夫婦二人の生活の始まり，そして退職と年金生活の始まりといった経過をたどる長い人生の中で，さまざまな出費を重ねていくことになる。われわれの人生は，生涯収入を与件として生涯にわたって消費を計画していく一大事業だという側面をもっている。

しかし，1週間単位，1カ月単位，あるいは1年単位でみると，常に収入金額が，支出金額を上回っている状態ばかりだとは限らない。給料前の急な出費であれば，カードローンや消費者ローンで急場をしのぐこともあるだろう。また，マイホームの購入のためには，金融機関で10年や20年の長期のローンを組むことになる。これらの経済行為は，これから入ってくる収入をあてにして，金融機関に対して債務証書（debt instrument）を発行して資金を調達したことになる。

1 証券の役割　3

　資産家でない限り，われわれの経済活動は，お金に余裕があるときには貯蓄（投資）をし，大きな消費支出を行うときには貯蓄を取り崩すか，債務証書を発行（借金）することによって，一生涯にわたる消費の時間的・金額的パターンを収入のそれと適合させる行動にほかならない。生涯に受け取る総収入を制約条件として，生涯にわたる消費から感じる効用（＝主観的満足度）が最大となるように，毎年の消費・貯蓄・借入計画を立案・実行していくことが，消費者の経済生活にほかならない。

　次に，あなたが新会社の設立を計画しているとしよう。自己資金だけでは開業資金として不足な場合，両親，親戚，親しい友人から資金を調達することになるだろう。この場合，確定した利息を定期的に支払うことを約束した債務証書（負債）を発行して資金を調達する方法と，あなたの会社の共同所有者である地位を表す株式（持分証券；equity）の発行によって資金を調達する方法がある。

　ところで，あなたの会社の事業が，うまく軌道に乗れば莫大な創業者利益が得られるベンチャー・ビジネスだとしよう。このとき，倒産に陥って貸し付けた資金が回収できなくなることを恐れるタイプの投資家は，あなたの負債発行には恐らく応じないだろう。このような場合にはむしろ，リスクを冒してでもより大きな利益を配当金や株式価値の上昇として受け取れるチャンスにかける冒険的投資家に株式を発行して，資金を調達する方がよい。この投資家は，あなたのベンチャー・ビジネスのリスクを分担する代わりに，大きな投資報酬を期待しているのである。

　以上から明らかなように，負債や株式といった証券は，経済的に2つの大きな基本的役割を果たしている。

　(i)資金余剰主体から資金不足主体への**資金の移転**（the transfer of funds）：余剰資金を貯蓄し証券に投資してもよいと考える経済主体から，資金を需要している資金不足主体へと資金の移転を行う。

4 第1章 証券と投資

(ii)**事業リスクの移転ないし再分配**（the shifting or redistribution of risk）：資本需要者の事業プランのリスクを，さまざまな証券の発行を通じて，投資家間に再配分する。

2 証券の種類と金融市場における資金の流れ

資金不足主体が資金余剰主体から資本を調達する方法としては，前節で見たように，**負債を発行する方法**（debt financing）と**株式を発行する方法**（equity financing）とがある。前者の場合，資金不足主体，たとえば会社が，社債（corporate bond）を発行して資本を調達する場合もあれば，銀行からの借入れ（bank loan）によって資本を調達する場合もある。図1-1は，金融取引による資金の循環を図示したものである[1]。

▷**金融仲介機関を介した資金の流れ**

最初に，図の下半分の水平方向の矢印で示される金融仲介機関（たとえば銀行や生命保険会社）を通じた資金の流れを見てみよう。この資金の流れは，2つの独立した金融取引からなっている。

第1の取引は，家計が銀行に預金する取引である。これは図の「資金余剰主体」から「金融仲介機関」へと出ている矢印で示される。第2の取引は，銀行が多数の銀行預金を集めて資本を必要としている会社に貸し付ける取引である。これは，図の「金融仲介機関」から「資金不足主体」へと出ている矢印で示されている。

この資金の流れには2つの大きな特徴がある。第1は，最初に資金を出した家計（これを**究極的資金余剰主体**と呼ぶ）は，最終的に資本を調達した会社（これを**究極的資金不足主体**と呼ぶ）に対して直接に債権を保有しているのではなくて，銀行に対して債権者の立場にあることである。会社に対する債権者は銀行である。第2に，家計，銀行，会社の三者の債権・債務の関係から明らかとなる特徴である。

■図1-1　資金の循環

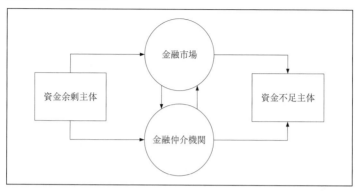

（出所）　Bodie, Merton and Cleeton [2009], p. 25, Fig. 2-1.

たとえ銀行が会社のリスクのある事業計画に貸し出したとしても，その事業リスクは銀行預金者である家計に及ばないことである。たとえ会社が倒産しても，その被害は直接に家計に及ばないし，さらに，万が一銀行が倒産しても，1000万円までの預金元本とその利息は預金保険機構が保証してくれるのである。

▶金融市場を利用した資金の流れ

次に，図の上半分の水平方向の矢印で示される資金の流れとしては，企業が株式や社債を発行し，家計がそれらを買い付けることによる資本調達があげられる。このケースの特徴は，証券会社が証券発行の手助けをすることはあっても，最終的な資金の受け手である会社の利益に対する請求権は，資金の最初の出し手である家計が保有していることである。

会社に対する同じ**金融請求権**（financial claim）であっても，銀行ローンや社債に代表される負債と株式とでは決定的に異なっている。負債は，企業の業績にかかわらず契約時に交わされた条件に従って，通常は一定額の，しかも，会社が債務不履行（default）の状態にならない限り確実に，利息が支払われる**確定利付請求権**（fixed amount claim）であるのに対して，株式は，利益の中から負債権者に対する利息が支払われた後に残った利益，あるいは，倒産した場合には負債権者に分配した残りの財産に対して請求権をもつ**残余請求権**（residual claim）である，という違いがある。

さらに，図1-1の「金融仲介機関」から「金融市場」へ向かう上向き垂直方向の矢印は，究極的（最終的）資金余剰主体の家計が保険会社に支払った保険料や銀行に預けた預金でもって，保険会社や銀行が他の法人の発行した株式や社債に投資したケースである。

最後に，図1-1の「金融市場」から「金融仲介機関」への下向き垂直方向の矢印は，金融機関が，株式や社債を発行して，その貸付資金や店舗新設資金などを調達するケースを示している。

▶直接金融と間接金融

ここで，直接金融と間接金融の区別に言及しておこう。この2つの金融方式について必ずしも確定した定義はないが，一般的に次の2つの定義が用いられている。

第1は，資本調達形態に着目し，株式や社債などの証券形態で調達される資金の流れを**直接金融**といい，金融機関からの借入れの形態で調達される資金の流れを**間接金融**というものである。先の図1-1に即していえば，右側の「資金不足主体」が「金融市場」で株式や社債を発行して資本を調達すれば，それらの証券の買い手が左端の「資金余剰主体」であろうと，中央の下段の「金融仲介機関」であろうと，直接金融に分類される。

第2は，究極的（最終的）な資金不足主体（図中の「資金不足主体」）が資本を調達するために発行した証券（これを**本源的証券**と呼ぶ）を究極的（最終的）な資金余剰主体（図中の「資金余剰主体」）が購入する形で行う金融を**直接金融**といい，これに対して，「資金余剰主体」から「資金不足主体」への資金の流れが「金融仲介機関」によって仲介される，したがって，究極的資金不足主体の発行した

本源的証券を金融仲介機関が保有し，究極的資金余剰主体が保有しない形の資金の流れを**間接金融**という。

社債や株式の発行であっても，銀行や保険会社などの金融機関によって消化される部分は，第1の定義によれば直接金融であるが，第2の定義によれば，本源的証券の所有者が金融機関であって，もともとの資金の出し手（究極的資金余剰主体）である預金者や生保契約者ではないので，間接金融ということになる。

3　金融市場の国民経済的機能

金融市場（financial market）は，貨幣的請求権である**金融資産**（financial asset）が売り買いされる場である。金融市場は伝統的に短期金融市場と資本市場に大別される。

▶マネー・マーケットと資本市場

短期金融市場で取引されるのは，取引の期間が1年未満で流動性が高くリスクの低い金融資産である。短期金融市場は，銀行や証券会社などの金融機関が一時的な資金の過不足を調整する市場である**インターバンク市場**（コール市場や手形市場）と，金融機関だけでなく一般法人も参加できる**オープン市場**（現先市場，CD〔Certificate of Deposit; 譲渡性預金〕市場，CP〔コマーシャル・ペーパー〕市場など）からなる。いずれの金融資産も現金等価資産がほとんどであるから，短期金融市場は**キャッシュ・マーケット**とか**マネー・マーケット**と呼ばれることもある。これに対して**資本市場**では，取引の期間が1年以上の債券（国債，地方債，社債など）と株式が取引対象である。

▶発行市場と流通市場

会社が社債や株式を新たに発行して，新製品開発や工場建設などのための資本を調達する市場は**発行市場**と呼ばれている。これに対して，すでに発行された証券が売り買いされる市場は**流通市場**と呼

ばれている。

流通市場での証券取引は，投資家の間での証券の売り買いであるから，発行市場の場合のように，新しい証券を生み出すものでもなければ，その証券を発行している会社に新たに資金を流入させるものでもない。したがって，その取引自体が企業の成長に貢献することもなければ，社会的に新しい富を創造することもない。発行市場が**第1次市場**（primary market）といわれるのに対して，流通市場が**第2次市場**（secondary market）といわれるのは，このためである。

流通市場は，第2次市場であるとしても，国民経済的に非常に重要な役割を果たしている。まず第1に，個々の経済主体にとっての重要性である。それは，経済状況の変化に応じて，ある証券を換金売りしたり，ある証券を売却して他の証券を買うというように，保有資産の構成を調整する場を提供している。このために，希望するときに希望する証券を希望する量だけ公正な価格に近い価格で売買できるという高い**市場性**（marketability）を備えていることが流通市場に望まれる。

次に，社会全体としても流通市場は大きな役割を果たしている。ある製薬会社が株式を発行して得た資金でガン特効薬を商品化する工場を建設したいと発表したとしよう。投資家たちがこのニュースに好感を抱いた結果，この会社の東京証券取引所での株価が2倍——たとえば1万4000円——になった。そこで，東京証券取引所という流通市場で成立した1万4000円という株価を参考にして，証券会社は新株式の発行価格を1万4000円に決定した。投資家たちはこの製薬会社の利益が2倍になると期待し，この新株発行に応募したので，この会社は順調に資本を調達でき，設備投資に着手できた。

他方，国内で3番目の自動車メーカーが，国内の自動車生産台数を倍増させるための大規模工場を建設するために新株式を発行して

3 金融市場の国民経済的機能 9

資本を調達したいと発表した。投資家たちがこの事業計画は将来この自動車メーカーの命取りになると判断したために，この自動車メーカーの東京証券取引所での株価は発表前の水準の半分——たとえば300円——に下落してしまった。この結果，経営陣は新株発行を断念し，事業計画を白紙に戻した。

多数の売り手と買い手が競争的に参加して決めた流通価格（東京証券取引所での先の製薬会社や自動車メーカーの株価）は，市場でコンセンサスを見た当該企業の株式の価値（value）を表象する価格（price）として，第1次市場としての発行市場にフィードバックされ，発行価格の決定に対してシグナルとして大きな影響を及ぼすのである。このような意味で，流通市場は社会に対して貴重な価格情報を提供している。

▷ **資本市場の効率的資源配分機能**

以上から明らかなように，資本市場は，市場で競争的に成立する公正な価格をシグナルとして，資本を需要している多数の資金不足主体の間に効率的に資金を配分する，という国民経済的に重要な機能を果たしている。ここで「効率的に」とは，最も有望な実物投資機会をもった企業により多くの資金が流れるという意味であり，この結果，企業の成長と発展が促進され，新しい国富が創造されるのである。

以上に述べた資本市場を通じて**資源配分の効率性**（allocational efficiency）が確保されるためには，市場で成立している価格が資源配分のための公正なシグナルとなっていることが必要である。すなわち，ある時点で市場で競争的に成立している価格は，その証券の価値に影響を及ぼすその時点で入手可能なすべての情報を「即座に」そして「正しく」（「偏りなく」あるいは「十分に」）反映しているという意味で，効率的でなければならない。市場におけるこの意味での効率性は，**価格形成の効率性**（pricing efficiency）と呼ばれてい

10   第1章 証券と投資

る。

実際の市場がどの程度価格形成において効率的であるかは，**効率的市場仮説**（Efficient Market Hypothesis: EMH）の妥当性の成否の問題として，実証研究に委ねられる。

4 投資の世界の見方

▶リスクとリターンのトレードオフ

表1-1は6つの投資対象とインフレ率について，米国の95年間のデータに基づく，年間投資収益率の幾何平均と算術平均，標準偏差，度数（頻度）分布を要約したものである[2]。

過去に実現した収益率の1つが将来のある年度にも生起すると想定したとしても，分布の広がりが大きい証券ほど，事前に予想した収益率と実際に実現する収益率との乖離は大きそうである。すなわち，予測の不確実性が大きいのである。この予測の不確実性が大きいほど**投資リスク**は大きいと考える。この予測の不確実性を，実現しうる収益率が事前に予想した「平均値」から乖離する程度，すなわち，統計学でいう標準偏差をもって測定すると，小型株のリスクは28.2%と最も大きく，財務省短期証券（T-bill）のそれは3.1%と最も小さい。

表1-1の平均収益率とリスクを同時に観察してみると，投資リスクの大きい証券ほど，おおむね平均収益率も大きい。米国の証券市場の95年間の歴史を振り返ってみると，**ハイリスク・ハイリターン**（high risk-high return）というルールが市場で貫徹していたといえる。

いま財務省短期証券を実質的にリスクのない証券（risk-free security）と見なすと，リスクのある証券の投資収益率がリスクのない証券のリターンを上回る超過収益（excess return）は，「リスクを負

4 投資の世界の見方 11

▓ 表1-1　年当たり平均リターンとリターンの変動性（1926〜2020年）

	幾何平均	算術平均	標準偏差	リターンの分布
大　型　株	10.3%	12.2%	18.7%	
小　型　株*	11.9	18.5	28.2	
長　期　社　債	5.9	6.3	8.4	
長　期　国　債	5.7	6.1	8.5	
中　期　国　債	5.1	5.2	5.6	
財務省短期証券	3.3	3.3	3.1	
物価上昇率	2.9	2.9	4.0	

（注）　＊：1933年の小型株の総リターンは142.9%だった。
（原出典）　イボットソン，ダフ＆フェルプス SBBI 年報。
（出所）　Malkiel［2023］, chap. 8, Fig. 2.

担することに対する報酬」（reward for bearing risk）と解釈できる。
この報酬部分は一般に**リスク・プレミアム**（risk premium）と呼ばれる。

　ある単年度を見ると，リスク証券からのリスク・プレミアムが負値をとることは起こりうることである。しかし，証券市場が長い年数にわたってリスクを負担することに対してマイナスの超過利益で報い続けることはない，というのが歴史の現実である。高いリターンを獲得しようとすれば，高いリスクを負担しなければならない。低いリスクしか負担したくなければ，低いリターンで満足しなければならない。われわれは投資対象をリターンの大きさだけで見るのではなく，リスクとリターンという2つの次元の中で評価しなけれ

■図1-2 リスクとリターンの関係

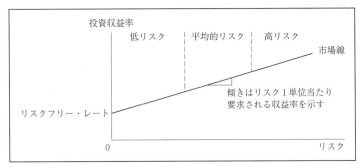

（出所） Reilly and Brown [2000], Fig.1-4.

■表1-2 日本の投資家にとっての証券投資のリスクとリターン
（1975年1月〜2015年12月）

（単位：年率％）

	幾何平均	算術平均	標準偏差
国内株式	5.7	7.1	17.8
外国株式	9.0	10.3	18.1
国内債券	5.4	5.3	3.4
外国債券	4.1	4.6	10.6
キャッシュ	3.0	3.0	1.0

（データ出所） イボットソン・アソシエイツ・ジャパン。
（出所） 日本証券アナリスト協会編『証券分析とポートフォリオ・マネジメント』2020年度証券アナリスト第1次レベル通信教育講座テキスト，第9回配本「ポートフォリオ・マネジメント・プロセス」，図表2-3（大野三郎執筆）より抜粋。

ばならない。縦軸に投資収益率をとり，横軸にリスクをとった図1-2の右上がりの直線は，証券投資のハイリスク・ハイリターンの関係を図示したものである。

表1-2は，1975年1月〜2015年12月の期間について，日本の国内株式，外国株式，国内債券，外国債券，そしてキャッシュに投資したときの，リターンの幾何平均，算術平均および標準偏差の実績値である。[3] 外国証券投資は為替レートの変動を受ける為替ヘッジ

なしのリターンなので，外国証券リターンには，現地通貨建ての証券そのもののリターンと為替レートの変化によるリターンの2つが含まれる。

国内株式，国内債券，そしてキャッシュの順で数字を比較すると，標準偏差（リスク）とリターンはともにこの順序で高く，日本でもハイリスク・ハイリターンの関係が観察される。調査期間の41年間の後半期間は，1989年12月29日に日経平均株価が3万8915円の史上最高値（バブルのピーク）を付けた後，上昇・下落を繰り返しながら，2009年3月のバブル後最安値7054円まで長期的に右肩下りに下落していった期間を含んでいる。他方，デフレ経済のもとゼロ金利政策がとられ，債券市場では金利低下を受けて債券価格は上昇し値上がり益が発生した時期である。

▷証券市場は効率的か否か

証券市場は，証券の価格に影響を及ぼす「すべての」情報が「速やかに」，かつ，「正しく」価格に織り込まれるような市場であるとき，**効率的市場**（efficient market）といわれる。

証券分析によって誤った価格が付いている証券が発見されると，本質的価値と比べて割高だと判定された証券は売却され，割安だと判定された証券は買われていく。高度に競争的な市場においては，価格の誤りは速やかに調整され，価格はその本質的価値に近づいていく傾向をもつ。証券分析によって本質的価値を反映した価格が市場で形成され，市場が効率的となることが期待される。

効率的市場が成立するためには，市場が効率的状態にあると信じない多くの投資家の証券分析の努力が必要である。証券アナリストのミス・プライスされている証券を発見しようとする努力がなければ，市場は効率的市場とならない。**効率的市場のパラドックス**といわれるゆえんである。[4]

市場を完全に効率的な市場と見るかどうかによって，**証券分析の**

14 第1章 証券と投資

目的は異なり，ポートフォリオの運用スタイルも異なってくるので注意が必要である（後述）。

5 証券分析とポートフォリオ・マネジメント

証券投資理論は，大別すると，証券分析（security analysis）とポートフォリオ・マネジメント（portfolio management）という2つの領域に分けられる。図1-3は，投資分析のプロセスを図示したものである。

▷証券分析

証券分析の目的は，証券市場を完全に効率的な市場と見るかどうかによって異なってくる。証券市場は完全に効率的な市場であると判断すれば，証券分析の目的は，市場で（正しく）成立している価格を受け入れて，現在の市場価格で売買したときの投資対象のリスクとリターンの特性や利回り（yield）といった属性を予測することである。他方，市場は完全に効率的ではないが，おおむね効率的であると判断すれば，証券分析の目的は，効率的に価格形成がなされておらず一時的に誤った価格が付いている，すなわち，価値（value）と価格（price）が乖離している証券を発見することである。

典型的な証券分析のプロセスが図1-3の左半分に示されている。投資家は，内外の経済動向や国内の景気動向といったマクロ経済分析を受けて，金利や資金循環等々の金融市場の分析や証券市場での需給動向分析を行う。さらに，個々の産業の動向の分析の結果を踏まえて，個別企業の評価（valuation）の作業に着手する。貸借対照表や損益計算書といった財務諸表を時系列的に分析し，さらには同業他社とのクロスセクショナルな比較分析を行って，企業のファンダメンタル分析を行う。このような企業特性の定量的分析だけでなく，さらに，経営者とのインタビューを通じて，経営戦略やトップ

▨ 図1-3 投資理論の諸領域

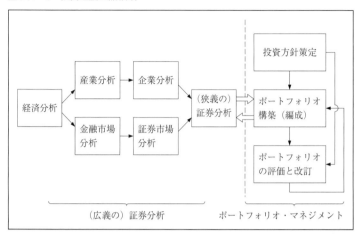

の資質についての定性的評価を加えていく。最近では，財務諸表で確認できる目に見える資産よりも，ブランド力，従業員のやる気，企業の革新的風土といった，目に見えない資産（無形資産）が企業価値創造にとって重要だという考え方が台頭してきている。

以上のように，マクロ環境分析，産業分析そして企業分析に基づいて当該企業の発行した（あるいは発行する）証券の価値を判断することが**証券分析の課題**である。

▷ **ポートフォリオ・マネジメント**

最近の株式市場での取引高に占める年金資金，生保資金，投資信託などの機関投資家の割合の高まりは，**株式市場の機関化現象**と呼ばれている。大規模な資金を証券市場で運用する機関投資家にとっては，運用資金を国内株式，国内債券，外国株式そして外国債券といった各種アセット・クラスにどのように配分するか（**アセット・アロケーションの決定**）が最大の関心事である。後の章で紹介される現代ポートフォリオ理論（MPT）と呼ばれる投資リスクを勘案して

16　第1章　証券と投資

投資リターンの最大化を計画する投資運用理論が投資実務界で普及するにつれて[5]，証券投資のプロセスはポートフォリオ・マネジメントの領域を含むようになった。図1-3の右半分が正にこの領域である。

　ポートフォリオ・マネジメントの役割は，各種投資主体のニーズに合致した各種アセット・クラスの組合せを構築し，次に，その個々のアセット・クラスの中に組み入れるに適した銘柄の組合せを作ることである[6]。この銘柄の組合せがポートフォリオ（portfolio）と呼ばれる。ポートフォリオとはもともと書類を入れて運ぶ折りカバンのことをいっていたが，転じて，そのカバンの中に入った書類の束すなわち証券の組合せのことを指すようになった。

　投資家は，それぞれに異なる資金ニーズをもっている。一口に個人投資家といっても，ライフサイクルのどの段階（若年期，中年期あるいは老年期か）に位置しているかによって，投資リスクに対する態度も変わってくる。機関投資家も同様であって，銀行，生命保険会社，損害保険会社などはそれぞれに異なる目標収益率とリスク許容度をもっている。企業年金も，若年世代が多く年金給付を受ける退職者の少ない新興企業の年金と，成熟度の高い業種に属し受給者の多い企業年金とでは，目標収益率もリスク許容度も相違する。それぞれの投資主体別に固有の目標収益率とリスク許容度を決定することが，図1-3の右半分のポートフォリオ・マネジメント領域における投資方針（investment policy）の策定の中心課題である。

　次に，このような投資方針と整合的なポートフォリオを構築することになるが，ポートフォリオの構築の仕方も，証券市場を完全に効率的な市場と見るか否かによって，異なってくる。完全に効率的な市場と見れば，現在市場で正しく付いている価格ですべての証券（株式市場であればすべての企業の株式銘柄）を買い付けて出来上がるポートフォリオが，リスク分散を最も行った効率的ポートフォリオ

となる。このようなポートフォリオの構築法を**パッシブ運用**（passive management）とか**インデックス運用**という。これに対して，証券市場は完全には効率的でないと信じて，過大評価ないし過小評価されている証券銘柄の発見に努め，それらの限られた数の証券でポートフォリオを構築する方法は**アクティブ運用**（active management）といわれる。

パッシブ運用は市場そのものを買うことであるので，その目的は，市場リスクをとって市場リターンを得ることである。これに対して，アクティブ運用の目的は，完全なリスクの分散化を犠牲にすることによって，市場リターンを上回るリターン（これを**アクティブ・リターン**という）を獲得することである。

最後に，運用を開始して一定期間が経過すると，ポートフォリオ・マネジャーの運用成果を評価し，必要であればポートフォリオを改定するというプロセスをとる。このようなプロセスは，経営学でいうところの Plan（計画設定）→ Do（実行）→ See（評価と見直し）のマネジメント・プロセスに相当することから，**ポートフォリオ・マネジメント・プロセス**とも呼ばれている。

▶**行動ファイナンスの台頭**

現代証券投資論は，人間は**完全な合理性**（complete rationality）をもって行動する経済人だと仮定する。しかし，現実の人間は，思考能力，学習能力，記憶能力，計算能力などの認知機能に制約があるために，完全な合理性をもって意思決定できず，また時として合理性から逸脱した決定をすることがある。このような生身の人間の**制約された合理性**（bounded rationality）や時として見せる非合理的行動を仮定して，広くファイナンス行動を研究する立場を**行動ファイナンス**（behavioral finance）という。行動ファイナンスはこれまでの完全に合理的な経済人を仮定する現代投資理論を補完するものとして，大きな潮流を形成している。

6 インベストメント・チェーンの高度化と本書の役割

いま日本では，政府の掲げるスローガン「新しい資本主義」の実現のための1つの方策としての「資産運用立国」に向けたさまざまな政策プランが検討されている。その目的は，日本銀行資金循環統計によれば2023年3月末で2043兆円となった家計金融資産の54.2%を占める預貯金を企業の成長投資に振り向け，その成果が家計に及ぶ「成長と分配の好循環」を確固たるものにすることにある。

この成長と分配の好循環の実現のために，家計と企業をつなぐ投資の連鎖（インベストメント・チェーン）を構成する各経済主体に，さまざまな行動変革が求められている。

これまでも，投資対象としての証券を発行する上場企業には，コーポレートガバナンス・コード（2015年策定公表，18，21年改訂）に従って透明・公正かつ迅速・果敢な意思決定が求められ，証券投資を行う公的・私的年金や生損保会社などの機関投資家には，スチュワードシップ・コード（2014年策定公表，17，20年改訂）に従って，投資先企業との建設的な「目的をもった対話」（エンゲージメント）に努めることが求められるなど，企業価値向上に向けたコード（行動規範）が整備されてきた。

さらに最近では，国民の資産形成には「金融リテラシーの向上」が欠かせないとの視点から，金融庁が金融教育を国家戦略に据え，全世代を対象とした金融教育の基盤整備に着手するとしたことを受けて，2024年4月には官民による金融経済教育推進機構が設立され，金融教育が本格化する。国民の安定的な資産形成のために金融教育は不可欠であり，本書にも，大学生やビジネスパーソン向けの金融教育のテキストとしての役割が期待されよう。

●コラム：金融教育が国家戦略に

　2012年2月24日付『日本経済新聞』朝刊第1面に「年金2000億円大半消失」という言葉が躍った。投資顧問会社が企業年金から資産運用を受託していた約2000億円の大部分が消失していたことが，23日の証券取引等監視委員会の検査でわかったという。企業年金は，国民年金や厚生年金などの公的年金とは異なり，勤務先企業が独自に設計する私的な年金制度であるが，公的年金とともに，退職従業員の老後を支える重要な資金である。

　関東に本店を置く地域金融機関が，関東財務局より，顧客に複雑で高リスクの投資商品を顧客の知識や投資目的などの顧客属性を把握せずに勧誘・販売したとして，2023年6月に業務改善命令を受けた。いつになっても資産運用にまつわるトラブルが後を絶たないようである。

　折しも，政府は国民への金融経済教育を本格化させ，金融経済教育を受けた人の割合を2028年度末をめどに現状の7％から20％に増やすとの方針を発表した。5年で1200万人規模に教育することになる。

　われわれ国民にとって金融教育の必要性は，家計の資産運用の場面に止まるものではなさそうである。人件費や資材価格の上昇などで，来るべき大規模修繕の工事費の上昇に頭を悩ませるマンションの管理組合にも，資産運用で住民の負担増を抑える動きが出ているという（『日本経済新聞』2024年2月5日付朝刊）。これまでの駐車場の空き区画の転貸しに止まらず，いままで利息の付かない決済用預金に預けていた修繕積立金の一部を，住宅金融支援機構が販売している10年物債券に投資するマンションが増えてきた。2023年度には，取り扱いが始まった2000年以後の過去最多金額の729億円の申し込みになったという。これまでのところ確定利付き債券への投資に止まっているが，これからインフレ経済が常態化するようになれば，さらなる運用の高度化を迫られるかもしれない。マンションの管理組合の役員にも金融知識が求められる時代が来よう。

20　第1章　証券と投資

◆この章で学んだこと

1．証券には，資金の移転と事業リスクの移転という2つの役割
　がある。

2．企業の資本調達方法には，負債発行と株式発行がある。

3．企業の資本調達は，資本調達形態に着目するか，あるいは本
　源的証券を誰が保有するかに着目することによって，直接金融
　と間接金融に分類できる。

4．金融市場は，短期金融市場と長期の金融市場である資本市場
　に大別される。

5．資本市場の国民経済的機能は，稀少な資源である資金の効率
　的配分にある。

6．資金の効率的配分には，価格形成の効率性の成立が必須要件
　である。

7．証券投資にあたっては，リスクとリターンのトレードオフを
　考えることが重要である。

8．証券市場が効率的かどうかによって，証券分析とポートフォ
　リオ・マネジメントの役割は違ってくる。

9．現代投資理論と行動ファイナンスの違いは，投資家の完全な
　合理的行動を仮定するか否かにある。

・注

1）　本節の説明は，Bodie, Merton and Cleeton［2009］の第2章第2節およ
　び Fabozzi and Modigliani［2003］, chap. 1 を参考にした。なお，本書を通
　して，章末の参考文献に掲げた著書を本文中で引用するときは，著者名［発
　行年］の形をとっている。

2）　2年間投資したときに，1年目の投資収益率が15％，2年目のそれが
　−5％だったとしよう。このときの年当たりの投資収益率は，**算術平均**の場
　合，$(15％−5％)/2＝5％$ と計算され，**幾何平均**の場合，$(1+r)^2＝(1+0.15)$
　$(1−0.05)$ を満たす r として，$r＝4.5％$ と計算される。**標準偏差**は，算術平

均から個々の投資収益率が平均してどれだけブレていたかの尺度であり，$\sqrt{\{(15-5)^2+(-5-5)^2\}/2}=10\%$ として計算される。

3） 各資産クラスを代表するベンチマークは次のとおりである。国内株式：配当込み東証株価指数（TOPIX），国内債券：野村 BPI（Bond Performance Index）総合，外国株式：MSCI Kokusai Index（モルガン・スタンレー・キャピタル・インターナショナル社国際指数〔除く日本〕），外国債券：FTSE World Government Bond Index（除く日本），キャッシュ：有担保翌日物コールレート（月中平均）。

4） Lorie, J. H., P. Dodd and M. H. Kimpton [1985], *The Stock Market : Theories and Evidence,* 2nd ed., Irwin Professional, p. 80. Alexander, Sharpe, and Bailey [2001], p. 75.

5） 年金資産運用のアセット・アロケーションの決定に現代ポートフォリオ理論を活用している好例として，年金積立金管理運用独立行政法人（GPIF）がある（榊原茂樹・新井富雄・太田浩司・山﨑尚志・山田和郎・月岡靖智『新・現代の財務管理』有斐閣，2023 年，第 5 章コラム⑤を参照）。

6） このようにまずアセット・クラスの組合せ（ポートフォリオ）を決定し，次にアセット・クラスに組み入れる銘柄を選択するアプローチはポートフォリオ構築の**トップダウン・アプローチ**（図 1 - 3 の左向きの白ぬきの矢印）と呼ばれる。これに対して，まず有望な銘柄を選択していき，それらを集めてポートフォリオを作るアプローチは**ボトムアップ・アプローチ**（図 1 - 3 の右向きの白ぬきの矢印）と呼ばれている。

▨ 練 習 問 題

1 バブルがはじけた 1990 年初頭から始まった日本経済の失われた 20 年ないし 30 年の中で，回収不能な多額の不良債権を抱えるにいたった銀行を救済するために公的（結局は国民の）資金を注入することの論拠として，当時の大蔵大臣は「金融システムの安定化のため」といった。この論拠が具体的にどのようなことを指しているかを，図 1 - 1 を使って考えてみよう。

2 あなたが日の丸生命保険会社に生命保険の保険料を支払い，日の丸生命保険会社が受け取った保険料を使って極東化学の新株式発行に応募したときの資金循環を図 1 - 1 を用いて説明してみよう。

3 個人は，人生のライフサイクルのどの段階にあるかによって，目標投資収益率と取れるリスクの大きさ（リスク許容度）も違ってくる。20

代の若い投資家と 60 代の投資家とでは，ポートフォリオの中で株式と
債券の組合せ比率はどのように違ってくるかを考えてみよう。

● 参 考 文 献

日本証券アナリスト協会編，榊原茂樹・青山護・浅野幸弘 [1998]，『証券投資
　論（第 3 版）』日本経済新聞社

榊原茂樹・岡田克彦編著 [2012]，『1 からのファイナンス』碩学舎

日本証券経済研究所 [2024]，『図説 日本の証券市場』日本証券経済研究所

Alexander, G. J., W. F. Sharpe, and J. V. Bailey [2001], *Fundamentals of Investments*, 3rd ed., Prentice-Hall.

Bodie, Z., R. C. Merton, and D. L. Cleeton [2009], *Financial Economics*, 2nd ed., Prentice-Hall.（大前恵一朗訳『現代ファイナンス論』（原著第 2 版），ピアソン桐原，2011）

Ellis, C. D. [2021], *Winning the Loser's Game : Timeless Strategies for Successful Investing*, 8th ed., McGraw-Hill.（鹿毛雄二・鹿毛房子訳『敗者のゲーム（原著第 8 版）』日本経済新聞出版社，2022）

Fabozzi, F. J. and F. Modigliani [2003], *Capital Markets : Institutions and Instruments*, 3rd ed., Prentice-Hall.

Malkiel, B. G. [2023], *A Random Walk Down Wall Street : The Best Investment Guide That Money Can Buy*, 13th ed., W. W. Norton & Company.（井手正介訳『ウォール街のランダム・ウォーカー──株式投資の不滅の真理（原著第 13 版）』日本経済新聞出版社，2023）

Reilly, F. K. and K. C. Brown [2000], *Investment Analysis and Portfolio Management*, 6th ed., The Dryden Press.

➤ さらに深く学習するために

榊原茂樹・加藤英明・岡田克彦編著 [2010]，『行動ファイナンス』〈現代の財務経営 9 〉中央経済社

日本証券アナリスト協会編，浅野幸弘・榊原茂樹監修，伊藤敬介・荻島誠治・諏訪部貴嗣 [2009]，『新・証券投資論 II 実務篇』日本経済新聞出版社

Bodie, Z., A. Kane, and A. J. Marcus [2009], *Investments*, 8th ed., McGraw-Hill.（平木多賀人・伊藤彰敏・竹澤直哉・山崎亮・辻本臣哉訳『インベストメント（原著第 8 版）（上・下）』マグロウヒル・エデュケーション，2010）

| 第 2 章 | 評価の基本原理 |

　大学生の X 君は，アルバイト先の店長から給与の支払日を変更する予定だと告げられた。これまでは月末締めの翌月 10 日払いだったが，来月からは月末締めで翌月 25 日払いになるという。

　何となく釈然としないまま家に戻った X 君に，先月から出産のために里帰りしている姉が話しかけてきた。姉は生まれたばかりの子供の大学進学費用に備えるため，学資保険に加入するつもりだという。X 君はそんなに急がなくても，と思ったが，姉は近々予定利率が引き下げられる見込みなので早く契約しないと損だ，というのである。

　学資保険は貯蓄としての意味合いが強い保険で，満期時に受け取る保険金額に基づいて，毎月支払う保険料が決められている。満期時の受取額が同じでも，運用する際の予定利率が引き下げられると月々支払う保険料が値上がりする，という話であった。

　バイト代が下がるわけではないけれど，支払日が先延ばしされることになり，少し損をした気分になった X 君の気持ちをどのように説明すればよいのだろうか。また，X 君の姉が学資保険に急いで加入しようとしているわけを，どのように理解したらよいのだろうか。

　お金の価値を考える上で，金額だけではなく受取り・支払いのタイミングもあわせて考慮する必要がある点，そして利子率の変化が影響を与える点を手始めに考えていこう。

24　第2章　評価の基本原理

1　貨幣の時間価値

「今日の1万円と明日の1万円は同じ価値なのだろうか」。たとえ
ば，1日のアルバイトを終えた直後に1万円を受け取ることができ
る場合と，支払いが翌日になる場合では，どちらの方がより嬉しい
気持ちになるだろうか。おそらく，多くの人はすぐにアルバイト代
を受け取ることを好むだろう。

　重要な点は，「金額」だけではなく，支払い・受取りの「タイミ
ング」もあわせて，貨幣の価値を考えなければならない，というこ
とである。このような，現在と将来では同じ金額でも経済的価値が
異なる，という概念を**貨幣の時間価値**（time value of money）と呼ん
でいる。貨幣の時間価値は，証券の価値評価にとどまらず，企業経
営におけるプロジェクト評価など，現在から将来にわたってお金の
支払い・受取りが行われるケースにおいて意思決定する際に大変重
要な概念である。

　貨幣の時間価値を考慮すべき理由としては，インフレーション，
不確実性，機会費用が考えられる。

　インフレーションの可能性があれば，名目上同額であっても貨幣
の購買力は減少することになる。また，将来得ることになる貨幣は，
多少なりとも不確実性を伴うと考えられる。

　機会費用とは，ある行動を選択することによって失われる，他の
選択肢を選んでいれば得られたであろう利益のことである。たとえ
ば，今すぐお金を受け取ることができれば，それを貯蓄に回すこと
によって金利を得ることができる。そのため，お金の受取りが将来
に先延ばしされることは，その間の金利を得る可能性が失われると
いう意味で，機会費用が生じることになる。

　このような貨幣の時間価値の考え方に従えば，証券を保有するこ

2 複利と将来価値 25

とによって将来得られるキャッシュフローは，その金額とタイミングを考慮して評価する必要がある。では，金額とタイミングがわかったとして，どのように現時点の価値を導き出すのだろうか。以下では，銀行預金などでなじみのある複利計算の手法を応用して，現時点での価値と将来時点での価値の関係を見ていくことにする。

2 複利と将来価値

▷利息計算の方式：単利と複利

今手元にある 100 万円を年利 10％の銀行預金に 2 年間預けた場合，いくらになるだろうか。元利合計の金額は，利息計算の方法として，**単利**（simple interest）方式，**複利**（compound interest）方式のいずれを用いるかで異なってくる。

単利方式は，当初の元本だけを対象として利息を計算するもので，ここでの例にあてはめて計算すると，2 年後の元利合計は次のようになる。

    2 年後の元利合計
    ＝元本の受取り＋ 1 年目の利息＋ 2 年目の利息
    ＝100 万円＋100 万円×0.10＋100 万円×0.10
    ＝100 万円×（1＋0.10×2）
    ＝120 万円

一般的に，単利方式による元利合計は，r を利子率，N を投資年数，C_0 を初期投資額とすると，

    元利合計＝$C_0(1＋r×N)$

で表される。

一方，複利計算（compounding）は各期首の元利合計金額全体に対して利息を計算するものである。ここでの例をあてはめると，100 万円を預けて 1 年経過した時点での元利合計（100 万円＋100 万

図2-1 金利の計算方法

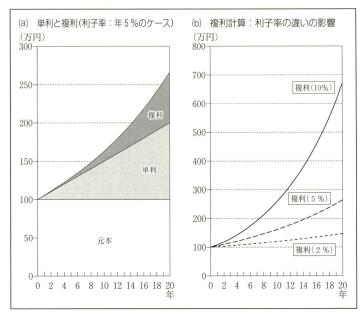

円×0.10＝110万円）に対して，2年目の利息を計算することになる。したがって，2年後の元利合計は次のようになる。

　2年後の元利合計
　＝元本の受取り＋1年目の利息＋2年目の利息
　＝100万円＋100万円×0.10＋(100万円＋100万円×0.10)×0.10
　＝100万円＋10万円＋11万円
　＝121万円

　一般的に，複利方式による元利合計は，r を利子率，N を投資年数，C_0 を初期投資額とすると，

$$\text{元利合計} = C_0(1+r)^N \tag{1}$$

で表される。

　単利方式では当初の元本だけを対象として利息を計算するのに対

して，複利方式では各期首の元利合計全体について利息を計算する。つまり，複利方式では「利息が利息を生む」（interest on interest）という点に大きな特徴がある。そのため，運用が長期間になるほど，また利子率が高くなるほど，単利方式と複利方式で元利合計額の開きが大きくなる（図2-1参照）。

現在では，銀行預金をはじめとして，利息計算の方法としては複利方式が通例となっている。また，証券の価値評価など，ファイナンス分野で経済的価値を評価する際には複利方式を用いるのが一般的である。

▷ **将 来 価 値**

複利方式を用いれば，現時点の価値と将来時点での価値の関係を表すことができる。これまでの例のように，現時点の100万円を年10%の利子率で運用した場合，複利方式では2年後の元利合計金額は121万円となる。言い換えると，利子率が年10%のとき，現在の100万円と2年後という将来時点での121万円の価値は等しい，ということになる。

一般に，上記(1)式左辺の元利合計は，初期投資額 C_0 円を利子率 r で N 年間にわたって運用した場合の将来時点での価値（**将来価値**〔future value: FV〕，または**終価**〔ending value〕と呼ぶ）に相当する。N 年後の将来価値を FV_N とすると，(1)式の左辺を置き換えて次のように表すことができる。

$$FV_N = C_0(1+r)^N \tag{2}$$

ここで $(1+r)^N$ は特に**複利終価係数**（future value compound factor: $FVCF_{r,N}$）と呼ばれ，現在の1円を年当たり r の利子率で N 年間複利で運用した場合の将来価値を表す係数である。$FVCF_{r,N}$ を使うと，(2)式は，

$$FV_N = C_0 \times FVCF_{r,N} \tag{3}$$

と表される。なお，本書の巻末に，r と N の値が決まれば，

$FVCF_{r,N}$ のとる値を探すことができる付表 1「複利終価表」が用意されている。たとえば，1 円を 6 ％の利子率で 10 年間複利で運用すれば，10 年目末には 1.791 円になることがわかる。

ここまでは，現時点で C_0 という額を一度だけ運用に投じ，それが N 年後にどれだけの価値になるか，ということを検討してきた。次に，住宅購入資金や子供の大学進学費用のために定期的に積み立てていくような場合について，将来価値の考え方を応用してみよう。

毎年初めに C_t 円を年 r の利子率で N 年目末まで複利で運用したときの将来価値 FV_N は以下の(4)式で表される。

$$FV_N = C_1(1+r)^N + C_2(1+r)^{N-1} + \cdots + C_N(1+r) \tag{4}$$

で表される。たとえば，1 年目の初めに 150 万円，2 年目の初めに 200 万円，3 年目の初めに 250 万円を，それぞれ年当たり 6 ％の利子率で 3 年目末まで投資したときの将来価値 FV_3 は，(4)式に関連する数値を代入して求めることができる。

$$FV_3 = 150(1+0.06)^3 + 200(1+0.06)^2 + 250(1+0.06)$$

となる。付表 1 から $FVCF_{r,N}$ を求めると，

$$FV_3 = 150 \times 1.191 + 200 \times 1.124 + 250 \times 1.06$$
$$= 668.45 \text{ 万円}$$

となる。

さらに，(4)式の特別なケースとして，$C_1 = C_2 = \cdots\cdots = C_n = C$ となる場合を考えてみよう。これは一定額を毎年初めに積み立てていく場合の N 年目末の将来価値の合計額 FVA_N を求める計算である（なお，N 年間にわたって年初に一定額 C の年金〔annuity〕を受け取り，そのまま積み立てていくような場合の N 年目末の将来価値に相当することから，**年金の将来価値**（future value of annuity: FVA）とも呼ばれる）。

$$FVA_N = C(1+r)^N + C(1+r)^{N-1} + \cdots + C(1+r)$$
$$= C[(1+r)^N + (1+r)^{N-1} + \cdots + (1+r)] \tag{5}$$

となる。(5)式の大括弧 $[(1+r)^N + (1+r)^{N-1} + \cdots + (1+r)]$ に等比

■図2-2 複数のキャッシュフローのN年後時点での将来価値

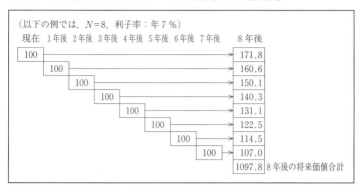

数列の和の公式を適用すると，(5)式は，次のように整理することができる。

$$FVA_N = C\frac{(1+r)[(1+r)^N-1]}{r} \tag{6}$$

となる。

(6)式の $\frac{(1+r)[(1+r)^N-1]}{r}$ の部分は，毎年受け取る1円の年金をN年間にわたって利子率rで運用していったときのN年目末の将来価値を表しており，特に**年金終価係数**(future value annuity factor: $FVAF_{r,N}$)と呼ばれる。巻末の付表2はrとNの値を特定すれば$FVAF_{r,N}$を求めることのできる年金終価表である。

たとえば，1円を8年間にわたって積み立てていった場合の将来価値は，利子率を7％とすると，付表2より10.978となることがわかる。したがって，10万円を8年間にわたって積み立てていくと，その将来価値は利子率を7％とすると，

$$FVA_8 = 10万円\times(1+0.07)^8 + 10万円\times(1+0.07)^7 + \cdots$$
$$+ 10万円\times(1+0.07)$$
$$= 10万円[(1+0.07)^8 + (1+0.07)^7 + \cdots + (1+0.07)]$$

30　第2章　評価の基本原理

$$= 10 万円 \times FVAF_{0.07.8} = 10 万円 \times 10.978$$
$$= 1,097,800 円$$

となる（図2-2参照）。

3　現在価値の考え方

▷将来価値と現在価値

　初期投資額 C_0 円を N 年間運用した場合の将来価値 FV_N を知り
たいとき，利子率 r が与えられれば，(2)式から計算することができ
る。これまでの例のように，現在の100万円を2年間にわたり年
10%の利子率で運用すれば，$FV_2 = 100 万円 \times (1+0.1)^2 = 121 万円$，
となる。逆に考えると，2年後に受け取る予定の121万円は，利子
率が10%であれば，現時点での価値（**現在価値**〔present value: PV〕）
では100万円ということになり，両者の経済的価値は等しいといえ
る（図2-3参照）。

　ここで(2)式を左辺が初期投資額 C_0 となるように変形すると，(2)′
式のようになる。

$$C_0 = \frac{FV_N}{(1+r)^N} \tag{2′}$$

　一般に，N 年目末の C_N 円の現在価値 PV_0 は，(2)′式の C_0 を PV_0，
FV_N を C_N と置き換えて，次の(7)式として表すことができる。

$$PV_0 = \frac{C_N}{(1+r)^N} \tag{7}$$

　なお，現在価値を求める際に，r は将来の金額を現在の価値に割
り引く（discount to the present value）ためのレートであることから，
割引率（discount rate）と呼ばれる点に注意が必要である。

　また，(7)式の $\frac{1}{(1+r)^N}$ は N 年目末に受け取る1円の現在価値を

■図 2-3 将来価値と現在価値の関係

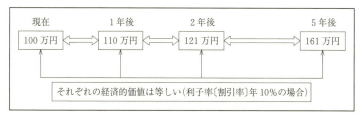

表し，**現在価値割引係数**（present value discount factor: $PVDF_{r,N}$）と呼ばれる。

$PVDF_{r,N}$ を用いると，(7)式は次のように表される。

$$PV_0 = C_N \times PVDF_{r,N} \tag{8}$$

巻末の付表 3「複利現価表」には，r と N に特定の値を与えたときの現在価値割引係数が示されている。たとえば，割引率が 12％で，期間が 5 年のときの現在価値割引係数は，付表 3 によれば，0.567 となる。したがって，5 年後に受け取る 500 万円の現在価値は，

$$PV_0 = \frac{500}{(1+0.12)^5} = 500 \times 0.567$$
$$= 283.5 \text{万円}$$

となる。

(7)式を拡張すると，今後 N 年間にわたって C_t 円を年度末に受け取っていくときのキャッシュフローの現在価値の合計額は，r を割引率とすると，

$$PV_0 = \frac{C_1}{(1+r)} + \frac{C_2}{(1+r)^2} + \cdots + \frac{C_N}{(1+r)^N} \tag{9}$$

で表される。たとえば，1 年後に 200 万円，2 年後に 300 万円，3 年後に 600 万円を受け取るときの，これらキャッシュフローの現在価値は，割引率を 10％とすると，次のようになる。

▊図 2-4 複数のキャッシュフローの現在価値

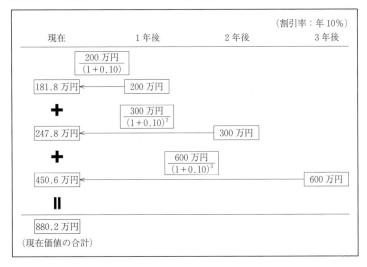

$$PV_0 = \frac{200}{1+0.10} + \frac{300}{(1+0.10)^2} + \frac{600}{(1+0.10)^3}$$

付表 3 を使うと，上式は，

$$PV_0 = 200 \times 0.909 + 300 \times 0.826 + 600 \times 0.751$$
$$= 181.8 + 247.8 + 450.6$$
$$= 880.2 \text{ 万円}$$

となる（図 2-4 参照）。

▶割引率と現在価値

複利方式による計算で，利子率の違いが将来の元利合計金額に影響を与えることは図 2-1 の例でも示されている通りである。同様に，割引率の違いは，将来時点で受け取るキャッシュフローが同額であっても，現在価値に影響を与える（図 2-5 参照）。

図 2-5 の例からもわかるように，将来のキャッシュフローが同額でも，割引率が大きくなるほど現在価値は小さくなる。また，同

■ 図2-5 割引率と現在価値

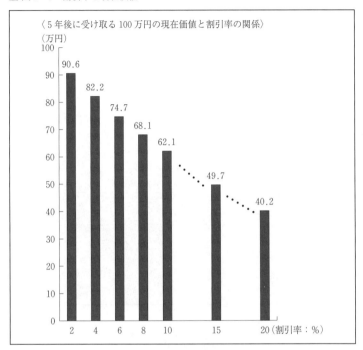

じ割引率でも，キャッシュフローの受取りがより将来であるほど現在価値は小さくなる。

▶年金の現在価値

ここまで考えてきたのは，任意の将来のキャッシュフローについて現在価値を算出する方法であるが，キャッシュフローが規則的なパターンをもつ場合はどのように考えればよいだろうか。

(9)式の特別なケースとして，今後 N 年間にわたって年末に一定額 C （$=C_1=C_2=\cdots=C_N$）を受け取る場合を考えてみよう。これは，N 年間にわたる年金受取額の現在価値であり，次の(10)式で表される。

■図2-6 年金の現在価値

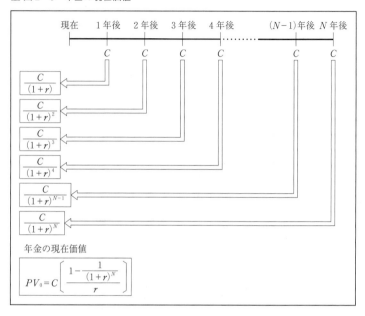

$$PV_0 = \frac{C}{(1+r)} + \frac{C}{(1+r)^2} + \cdots + \frac{C}{(1+r)^N}$$

$$= C\left[\frac{1}{(1+r)} + \frac{1}{(1+r)^2} + \cdots + \frac{1}{(1+r)^N}\right] \quad (10)$$

上式の大括弧の中に等比級数の和の公式を代入すると，

$$PV_0 = C\left[\frac{1 - \dfrac{1}{(1+r)^N}}{r}\right] \quad (11)$$

となる（図2-6参照）。(11)式の大括弧の中は，今後 N 年間にわたって年末に1円を受け取る年金プランの現在価値を表しているので，**年金現価係数**（present value annuity factor: $PVAF_{r,N}$）と呼ばれる。

$PVAF_{r,N}$ を使うと，(11)式は次のように表される。

$$PV_0 = C \times PVAF_{r,N}$$

3 現在価値の考え方 35

　巻末の付表4「年金現価表」には，r と N に特定の値を与えたときの，毎年の受取額が1円の年金プランの現在価値が示されている。たとえば，20年間にわたって年末に1円を受け取る年金プランの現在価値は，割引率を8％とすると，付表4によれば9.818円となる。したがって，これから20年間にわたって年末に25万円を受け取っていく年金プランの現在価値は，

$$PV_0 = \frac{25\,万}{(1+0.08)} + \frac{25\,万}{(1+0.08)^2} + \cdots$$

$$+ \frac{25\,万}{(1+0.08)^{19}} + \frac{25\,万}{(1+0.08)^{20}}$$

$$= 25\,万 \left[\frac{1}{(1+0.08)} + \frac{1}{(1+0.08)^2} + \cdots \right.$$

$$\left. + \frac{1}{(1+0.08)^{19}} + \frac{1}{(1+0.08)^{20}} \right]$$

$$= 25\,万 \left[\frac{1 - \dfrac{1}{(1+0.08)^{20}}}{0.08} \right]$$

$$= 25\,万 \times PVAF_{0.08, 20} = 25\,万 \times 9.818$$

$$= 2,454,500\,円$$

となる。

▷**永続価値**

　次に，毎年末に C 円のキャッシュフローを永久に受け取り続ける場合の現在価値（永続価値〔永久年金，永久債〕；perpetuity）を考えてみよう。代表的な例としては，満期がなく定期的に利払いだけがなされるコンソル債（consol）と呼ばれるイギリス国債がある。

　この場合，⑽式の N を∞（無限大）と置くと，次の⑿式が得られる。

$$PV_0 = \frac{C}{(1+r)} + \frac{C}{(1+r)^2} + \cdots + \frac{C}{(1+r)^n} + \cdots + \frac{C}{(1+r)^\infty}$$

⑿

36 第2章 評価の基本原理

そして(12)式の両辺に $(1+r)$ をかけると(12)′式が得られる。

$$(1+r)PV_0 = C + \frac{C}{(1+r)} + \frac{C}{(1+r)^2} + \cdots + \frac{C}{(1+r)^n} + \cdots$$
$$+ \frac{C}{(1+r)^\infty} \quad (12)′$$

最後に(12)′式から(12)式を引いて整理すると(13)式が得られる。

$$(1+r)PV_0 - PV_0 = C$$

$$\Leftrightarrow PV_0 = \frac{C}{r} \quad (13)$$

たとえば，10万円を永久に支払ってくれる年金プランに，あなたは，現在いくらまで支払って（一括払いで）加入するだろうか。この問いに対する答えは，あなたがこのプランに適用する割引率に依存している。割引率を10%とすれば，このプランに100万円（＝10万円/0.10）までなら支払ってよいことになる。

▷ **成長永続価値**

永久に続くキャッシュフローが毎年一定の比率で成長（増加）していく場合，現在価値の合計額はどのように求められるだろうか。(12)式における C が毎年 g（ただし，$r>g$）の割合で増えていくケースを考えると，次の(14)式のように表すことができる。

$$PV_0 = \frac{C}{(1+r)} + \frac{C(1+g)}{(1+r)^2} + \frac{C(1+g)^2}{(1+r)^3} + \cdots$$
$$+ \frac{C(1+g)^{n-1}}{(1+r)^n} + \cdots \quad (14)$$

そして(14)式の両辺に $\dfrac{1+r}{1+g}$ をかけると(14)′式が得られる。

$$\frac{1+r}{1+g}PV_0 = \frac{C}{1+g} + \frac{C}{1+r} + \frac{C(1+g)}{(1+r)^2} + \cdots$$
$$+ \frac{C(1+g)^{n-2}}{(1+r)^{n-1}} + \cdots \quad (14)′$$

最後に(14)′式から(14)式を引いて整理すると(15)式が得られる。

3 現在価値の考え方 37

$$\frac{1+r}{1+g}PV_0 - PV_0 = \frac{C}{1+g}$$

$$\Leftrightarrow rPV_0 - gPV_0 = C$$

$$\Leftrightarrow PV_0 = \frac{C}{r-g} \tag{15}$$

たとえば，1年後の時点で10万円，その後毎年5％ずつ支払額が増加する年金プランがあったとする。適用する割引率が10％とすると，このプランに一括払いで加入する際の支払額は，200万円（＝10万円/(0.10－0.05)）ということになる。

成長永続価値の応用例としては，毎年一定率で運営費用が増加する美術館を維持するための基金に対する一括での拠出額を算定するケース，1株当たり利益が毎年一定率で増加すると仮定した場合の株式の理論価格を算出するケースなどが考えられる。

▶複利計算の頻度と実効金利

ここまで，将来価値や現在価値を計算する際には，年1回の頻度で複利計算をするものと想定していた。もし，半年ごとや3カ月ごとに複利計算が行われるとすれば，これまでの公式をどのように修正すればよいだろうか。

年当たり8％の利子率で100万円を1年間運用する場合，年1回の複利と半年ごとの年2回の複利とでは，1年後の元利合計にどのような差が生じるだろうか。年1回複利の場合，将来価値 FV_1 は，

$$FV_1 = 100(1+0.08) \text{万円} = 108 \text{万円}$$

となる。

半年ごとに年2回複利計算する場合，1年後の元利合計は，

$$FV_1 = 100\left(1+\frac{0.08}{2}\right)\left(1+\frac{0.08}{2}\right) \text{万円}$$

$$= 100\left(1+\frac{0.08}{2}\right)^2 \text{万円}$$

$$= 108.16 \text{万円}$$

38　第2章　評価の基本原理

となる。

半年複利の場合，半年当たり4％のレートで1年間に2回複利計算されるので，実質的な年当たり利子率は8.16％になる。この8.16％は年当たりの**実効金利**（effective annual rate: EAR）と呼ばれ，8％の方は年当たり利子率（annual percentage rate: APR），または年当たり**表面金利**（stated annual rate）と呼ばれる。

次に，3カ月ごとに年4回複利計算する場合，年当たり利子率 APR を8％とすると，100万円は1年後に，

$$FV_1 = 100\left(1 + \frac{0.08}{4}\right)\left(1 + \frac{0.08}{4}\right)\left(1 + \frac{0.08}{4}\right)\left(1 + \frac{0.08}{4}\right) 万円$$

$$= 100\left(1 + \frac{0.08}{4}\right)^4 万円$$

$$= 108.24 万円$$

となる。この場合，年当たりの実効金利 EAR は8.24％となっている。

一般に，C_0 円を年当たり利子率 r で N 年間投資したときの将来価値 FV_N は(2)式で表された。同じ金額を同じ年当たり利子率 APR で1年に m 回複利計算したときの将来価値 $FV_{N(m)}$ は，次の(16)式で表される。

$$FV_{N(m)} = C_0\left(1 + \frac{APR}{m}\right)^{m \cdot N} \tag{16}$$

(16)式から，年当たり利子率 APR と年当たりの実効金利 EAR の関係は次のように表される。

$$1 + EAR = \left(1 + \frac{APR}{m}\right)^m \tag{17}$$

なお，(16)式より，N 年目末の価値 C_N を1年に m 回割り引いて現在価値 PV_0 に換算する公式は，次の(18)式となる。

$$PV_0 = \frac{C_N}{\left(1 + \dfrac{APR}{m}\right)^{m \cdot N}} \tag{18}$$

これまでの数値例から明らかなように，1 年間に複利計算される回数が多いほど，年当たりの実効金利 EAR は年当たり利子率 APR よりも大きくなっていく。なお，複利計算を行う間隔を極限まで短くした場合の複利を**連続複利**（continuous compounding）と呼んでいる。連続複利は日次で複利計算を行った場合の実効金利にほぼ近い値となるが，厳密には次の(19)式で表される。なお，e は自然対数の底である（$e = 2.71828\cdots$）。

$$1 + EAR = e^{APR} \tag{19}$$

4 評価の基本原理

一般的に，人々には程度の差はあっても将来の消費よりも現在の消費を好む傾向があり，このことを**時間選好**（time preference）と呼んでいる。人々の時間選好から利子率が正の値をとる経済においては，貨幣の時間価値を考慮することが必要となる。

貨幣の時間価値を踏まえれば，証券の価値は，将来にわたって得ることのできるキャッシュフローの大きさに加えて，発生するタイミングにも規定されることになる。すなわち，将来のキャッシュフローについて適切な割引率を用いて現在価値を求め，証券の価値を評価することが必要になる。

▷確実なキャッシュフローのケース

C_t を第 t 年度末に受け取るキャッシュフローとし，R を割引率とすると，証券 i の現時点の価値（現在価値）P_0 は，次式で表される。

$$P_0 = \frac{C_1}{(1+R)} + \frac{C_2}{(1+R)^2} + \cdots + \frac{C_N}{(1+R)^N} \tag{20}$$

40　第2章　評価の基本原理

　割引率 R は，この証券に投資することに対して投資家が少なくともこれだけの収益率は欲しいと期待する**要求収益率**（required rate of return）としての性格をもつ。将来のキャッシュフローを確実に予見できる世界（確実性世界）における要求収益率は，消費の時間選好を反映したリスクのない利子率（無リスク利子率〔risk-free rate〕）である。

　次に，証券市場で当該証券の価格（price）が P_0 として成立していたとしよう。この証券への投資から将来に受け取るキャッシュフローが⑳式の C_t （$t=1,\ \cdots,\ N$）のように予想されるとき，この証券の投資からどれだけの収益率（rate of return）が期待できるだろうか。それは，P_0 と C_t が与えられたときの⑳式を成立させる R として求められる。このときの R は特に，**内部収益率**（internal rate of return: IRR）と呼ばれている。

▶裁定と一物一価

　同等の価値をもつ財同士の価格差から利益を得るための取引を裁定と呼び，裁定から利益を得ることのできる状況を裁定機会という。まったく同等のキャッシュフローのパターンをもつ複数の証券の間に価格差が存在する場合，市場が効率的であれば，安い方の証券に買い注文が集中して価格が上昇する一方，高い方の証券には売り注文が集中して価格が下落することにより，裁定機会は消滅すると考えられる。市場が効率的であれば，少なくとも長期的には裁定機会が存在し続けることはなく，一物一価の法則が成立すると考えられる。

　例として，まったく同等のキャッシュフローをもたらす定期預金と債券を考える。市場が効率的であれば，両者は同じ価格で取引されていなければならない。その理由を以下の例に沿って考えてみよう。

　現在，銀行は1年物定期預金について年10％を提示している。

4 評価の基本原理 41

■■ 表 2 - 1　債券購入と銀行借入れの組合せによるキャッシュフローのパターン

	現　　在	1 年 後
債券の購入	−89 万円	+100 万円
銀行からの借入れ	+90.91 万円	−100 万円
正味のキャッシュフロー	+1.91 万円	0 円

　また，効率的市場の仮定から，年利 10% で銀行から借り入れることもできるとする。

　債券のキャッシュフローは 1 回のみで，1 年後に 100 万円を受け取ることができるというものである。そして，債券については空売りが可能とする。なお，空売りとは，保有していない証券を借りてきて売却し，後に同じ証券を買い戻して返却することである。

　現在価値の考え方を用いれば，定期預金で 1 年後に 100 万円を受け取るために，現時点で必要な預金額は次の通りである。

$$必要預金額 = \frac{100 万円}{1+0.10} = 90.91 万円$$

　ここで，もし債券の市場価格が 89 万円であれば，債券を購入し，銀行から 90.91 万円を年利 10% で借り入れると，表 2 - 1 のようなキャッシュフローのパターンを構成することができる。

　このようなキャッシュフローのパターンから，債券 1 単位の購入ごとに 1.91 万円を獲得できることがわかる。だが，おそらくこのような投資機会が発見されれば，投資家の買い注文が殺到して債券の価格は上昇を始めるだろう。

　逆に，もし債券の市場価格が 93 万円であれば，債券を空売りし，銀行に 90.91 万円を年利 10% で預金することで，表 2 - 2 のようなキャッシュフローのパターンを構成することができる。

　こちらのキャッシュフローのパターンからは，債券 1 単位を空売りするごとに 2.09 万円を獲得できることがわかる。だが，このような投資機会が発見されれば，投資家の売り注文が殺到して債券の

42 第 2 章 評価の基本原理

■表2-2 債券の空売りと銀行預金の組み合わせによるキャッシュフロー
のパターン

	現　　在	1 年　後
債券の空売り	+93 万円	−100 万円
銀行預金	−90.91 万円	+100 万円
正味のキャッシュフロー	+2.09 万円	0 円

価格は下落するだろう。

　こうして，最終的に債券の価格は 90.91 万円に落ち着くと考えら
れる。すなわち，現時点で 90.91 万円を預け入れ，年利 10％で運
用することによって，1 年後に 100 万円を受け取ることができる定
期預金と同等のキャッシュフローのパターンが実現するという形で，
一物一価が成り立つことになる。なお，この価格を無裁定価格と呼
び，先の(20)式は証券の無裁定価格を表す式と考えることができる。

　また，現時点の債券価格と債券から得られるキャッシュフローの
大きさ・タイミングがわかっているとき，(20)式から利子率が決定さ
れる。ここまでの例では，債券価格が 90.91 万円で 1 年後に 100 万
円を受け取ることができるので，

$$90.91 \text{ 万円} = \frac{100 \text{ 万円}}{1+R}$$

$$\Leftrightarrow R = 0.10$$

となり，無リスク利子率は年 10％となることが導かれる。

▷**不確実なキャッシュフローのケース**

　ところで，これまでの議論ではキャッシュフローは確実に得るこ
とができるものと想定していた。実際には，株式投資におけるリタ
ーンのように，企業業績や経済環境に応じて変動するケースも多い。
では，キャッシュフローに不確実性が伴う場合，どのようにして証
券の価値を評価すればよいのだろうか。

　ここで，C_t が確率変数（random variable）である場合，証券の価

値や投資収益率はどのように計算されるだろうか。

(20)式の C_t の代わりに $\widetilde{C}_t$ を代入しよう。本書を通じてチルダ記号（〜）は変数が確率変数であることを意味している。このとき(20)式は，

$$\widetilde{P}_0 = \frac{\widetilde{C}_1}{(1+R)} + \frac{\widetilde{C}_2}{(1+R)^2} + \cdots + \frac{\widetilde{C}_N}{(1+R)^N} \tag{21}$$

となる。

ここで将来の N 年間にわたる経済のシナリオとして 2 つのシナリオ（A と B）を想定する。シナリオ A とシナリオ B が起こる確率はそれぞれ 0.5 と予想している。シナリオ A のもとで，将来のキャッシュフローは $\widetilde{C}_1^A$, $\widetilde{C}_2^A$, ……, $\widetilde{C}_N^A$ と予想されている。このキャッシュフローと投資家がシナリオ A のもとで要求する投資収益率 R を(21)式に代入して $\widetilde{P}_0$ について解けば，シナリオ A のもとでの証券価値 P_0^A が得られる。$\widetilde{C}_t^A$ が確率変数であるので，P_0^A も確率変数である。同様にして，シナリオ B のもとでの予想キャッシュフロー $\widetilde{C}_t^B$ と要求収益率を(21)式に代入すると，シナリオ B のもとでの証券価値 P_0^B が求められる。

ここでの例では 2 つの経済シナリオを想定したので，各シナリオに対応する 2 つの予想価値（P_0^A と P_0^B）が導かれたが，N 個のシナリオを想定すれば N 個の予想価値が得られる。これらの予想を要約する 1 つの統計量が統計学でいう**期待値**（expected value）であり，予想される価値にそれが生じる確率を乗じたものをすべて合計することで求めることができる。ここでの例にあてはめれば，

$$E(\widetilde{P}_0) = 0.5 P_0^A + 0.5 P_0^B$$

として求められる。なお，上式の左辺の E は期待値であることを示す記号である。

次に，市場でこの証券の価格が P_0 として成立しているとき，この証券を買ったときの投資収益率はいくらであろうか。この場合も，

44 第2章 評価の基本原理

■表2-3 証券投資からの予想キャッシュフロー

銘柄	現在の価格	1年後のキャッシュフロー	
		シナリオA	シナリオB
証券X	945,455円	4万円+100万円	4万円+100万円
証券Y	832,000円	2万円+90万円	6万円+110万円

シナリオAのもとで予想されたキャッシュフロー $\tilde{C}_t^A$ と P_0^A を(21)式に代入して R について解けば，シナリオAのもとでの予想投資収益率 R^A が求められる。同様に，シナリオBのもとでの予想収益率 R^B が，$\tilde{C}_t^B$ と P_0^B を使って(21)式から求められる。このように，2つの経済シナリオに応じて2つの予想収益率が計算されたが，この予想を要約する統計量が期待収益率（expected rate of return），すなわち，予想収益率の期待値であり，次式で求められる。

$$E(\tilde{R}) = 0.5R^A + 0.5R^B$$

上で述べてきた評価の基本原理を，最も簡単な投資期間が1年のケースについて考えてみよう。表2-3に証券Xと証券Yの1年後に受け取ると予想されるキャッシュフローが2つの経済シナリオ（AとB）のもとで示されている。証券Xは1年物の国債で額面100万円に対する表面利率（クーポン・レート）は4％である。1年後には額面100万円が償還されることになっている。シナリオAとシナリオBのどちらが生起しても，1年後にクーポン4万円と額面100万円が約束通り確実に支払われる。したがって，この4万円と100万円は現時点で約束されたキャッシュフローである。

証券Yは普通株である。1年後にシナリオAのもとでは2万円の配当（dividend）が，そして，シナリオBのもとでは6万円の配当が支払われると予想されている。また1年後にこの普通株を売却するときの価格が，シナリオAのもとで90万円，シナリオBのもとでは110万円と予想されている。シナリオAとシナリオBが起こる確率はそれぞれ0.5と仮定されている。さらに，証券Xの現

4 評価の基本原理 45

在の市場価格は 945,455 円, 証券 Y の市場価格は 832,000 円である。

以上の設定のもとで, 証券 X の投資収益率は, (21)式の P_0 に 945,455 円, C_1 に 104 万円を代入して R について解くと, 10% となる。証券 Y について, $\tilde{C}_1^A = 92$ 万円, $P_0 = 832,000$ 円を(21)式に代入して R について解くと, シナリオ A のもとでの予想収益率として 10.58% が得られる。同様に, シナリオ B のもとでの予想収益率として 39.42% が得られる。したがって, 期待収益率は 25%（= 10.58% × 0.5 + 39.42% × 0.5）となる。

どの種類の証券であれ, 投資収益を構成するのは, 配当（株式の場合）やクーポン（債券の場合）のような**インカム・ゲイン**, および初期投資額と投資期間末の売却価格（株式および債券の満期前売却の場合）ないし償還額（債券の場合）との差である**キャピタル・ゲイン**（または**キャピタル・ロス**）の 2 つである。

ところで, 証券 Y の 1 年後のキャッシュフローの期待値は 104 万円（= 92 万円 × 0.5 + 116 万円 × 0.5）である。これは, 証券 X のキャッシュフローの予想値と金額において等しい。では, 1 年後に平均的に受け取るキャッシュが証券 X と証券 Y ともに 104 万円であるのに, なぜ証券 X の価格は証券 Y よりも高く, 証券 X の投資収益率は証券 Y よりも低くなるのであろうか。

この問題に対する解答のヒントは, 証券 X は投資時点で収益率が確定しているという意味で無リスク証券であるのに対して, 証券 Y は投資時点で投資収益率が確定していない, したがって収益率を確率変数として予想するリスク証券であるという点にある。

一般にリスクを回避したい投資家は, リスクを負担する証券への投資に対しては, リスクのない証券に投資する場合よりも高い投資収益率を要求するはずである。証券 X と証券 Y の価格が等しい場合, すなわち 2 つの証券の投資収益率が同じであれば, リスクを避

けたい投資家は誰も証券 Y を買わないであろう。売れない商品の価格は，売りたい人の供給量と買いたい人の需要量が一致するまで下がるのが市場原理である。証券 Y の価格が証券 X の価格よりも低く付いている理由はここにある。

リスク証券 Y の収益率 25％とリスクのない証券 X の収益率 10％の差は，証券 Y がリスク証券であるが故に投資家が余分に要求した割増分であり，**リスク・プレミアム**（risk premium）と呼ばれている。

なお，リスク，およびリスク・プレミアムについては，第 9 章で詳しく取り上げている。

▶ 名目投資収益率と実質投資収益率

表 2-3 の証券 X は，1 年後の経済状態にかかわらず 10％の投資収益率が実現される安全確実な投資対象であった。だが，証券 X は 1 年後に 104 万円という金額を確実に支払うことを約束しているだけで，1 年後の 104 万円が今日の 104 万円と同じ**購買力**（purchasing power）をもつことまでは保証していない。

一般的に，貨幣価値は時間とともに変化することが多い。インフレーション（inflation）によって貨幣の購買力が低下（すなわち物価が上昇）した場合，上記の証券 X に投資することによって 1 年後に受け取り可能な 104 万円では，今日の 104 万円に比べて購入できる財・サービスは少なくなるだろう。つまり，1 年後の 104 万円は名目上 104 万円であっても，実質的には 104 万円以下の価値しかもたなくなる。名目上の 104 万円の実質的な価値を求めるためには，インフレ率（rate of inflation）で調整する必要がある。なお，インフレ率の調整のために，消費者物価指数や GDP デフレーターなどを用いることが多い。

1 年後に受け取る 104 万円を名目キャッシュフロー（nominal cash flow）C_1，インフレ率で調整したものを実質キャッシュフロー（real

cash flow) C_1^*, インフレ率を θ とすると三者の関係は次のようになる。

$$C_1^* = \frac{C_1}{1+\theta} \tag{22}$$

実質キャッシュフローで測定した投資収益率を**実質収益率**（real rate of return）と呼び，次の(23)式を満たす R^* として求めることができる。

$$P_0 = \frac{C_1^*}{1+R^*} = \frac{C_1}{(1+R^*)(1+\theta)} \tag{23}$$

ここでインフレ率を4％と仮定すると，表2-3の証券Xの1年後の実質キャッシュフローは(22)式から次のように求めることができる。

$$C_1^* = \frac{104\,万円}{1+0.04} = 100\,万円$$

このとき，実質収益率は(23)式の P_0 に 945,455 円，C_1^* に 100 万円を代入し，R^* について解くことで求めることができる。

$$945,455 = \frac{1,000,000}{1+R^*}$$

$$\Leftrightarrow R^* = 0.05769\ (5.769\%)$$

ここで求めた実質収益率 5.769％ に対して，インフレーションを考慮しなかった場合の 10％ の収益率は**名目収益率**（nominal rate of return）と呼ばれる。

なお，実質収益率と名目収益率の関係は，近似値として

実質収益率 ≒ 名目収益率 － インフレ率

のように表すことができる（詳細はコラム参照）。

投資収益率に限らず，割引率や利子率などについても，同様に名目レートと実質レートを考えることができる。ただし，名目キャッシュフローを割り引くときには名目の割引率，実質キャッシュフローを割り引くときには実質の割引率をそれぞれ用いることに注意が

48　第2章　評価の基本原理

必要である。

●コラム：実質収益率

　本文中で述べたように，実質収益率の近似値は名目収益率からインフレ率を差し引いたものとして求めることができるが，詳しくは以下のように考えることができる。

　まず，⑳式から1年間投資した場合の名目収益率 R は次の㉔式で表すことができる。

$$P_0 = \frac{C_1}{1+R}$$

$$\Leftrightarrow 1+R = \frac{C_1}{P_0} \tag{24}$$

　さらに㉓式から，

$$(1+\theta)(1+R^*) = \frac{C_1}{P_0} \tag{25}$$

が得られる。そして，㉔式と㉕式から

$$1+R = (1+R^*)(1+\theta)$$

$$\Leftrightarrow R^* = R - \theta - \theta R^* \tag{26}$$

となる。ところで，θR^* については，本文中の例をあてはめれば，$0.04 \times 0.05769 = 0.0023076$ というように非常に小さな値となる。したがって，

$$R^* = R - \theta - \theta R^* \fallingdotseq R - \theta$$

となり，「実質収益率≒名目収益率－インフレ率」と表すことができる。

　なお，㉖式より，実質収益率を正確に求める公式は，

$$R^* = \frac{R-\theta}{1+\theta}$$

となる。

◆この章で学んだこと

1．「今日の1万円と明日の1万円の価値は異なる」こと，すなわちお金の価値を考える際には「貨幣の時間価値」を考慮する

必要がある。

2. 初期投資額 C_0 円を利子率 r で N 年間にわたって運用した場合の将来価値 FV_N は，$FV_N = C_0(1+r)^N$ として表すことができる。

3. N 年目末の C_N 円の現在価値 PV_0 は，$PV_0 = \dfrac{C_N}{(1+r)^N}$ として表すことができる。なお，現在価値を求める際に，r は将来の金額を現在の価値に割り引くためのレートであることから，割引率と呼ばれる点に注意が必要である。

4. キャッシュフローのパターンが規則性をもつ場合の現在価値については，年金，永続価値，成長永続価値といった考え方がある。

5. 利子率（割引率）は通常年当たり利子率 APR で表されることが多い。複利計算を行う間隔を短くし，頻度を多くするほど，年当たりの実効金利 EAR は高くなる。

6. 市場が効率的であれば，裁定機会は存在せず一物一価の法則が成立する。すなわち，同等のキャッシュフローのパターンを有する各々の投資機会の価値は，無裁定価格に収斂する。

7. インフレーションを考慮した場合のキャッシュフローを実質キャッシュフロー，考慮しないものを名目キャッシュフローと呼ぶ。また，インフレーションを考慮した投資収益率を実質収益率，考慮していないものを名目収益率と呼び，両者の関係は「実質収益率 ≒ 名目収益率 − インフレ率」として表すことができる。

▨ 練 習 問 題

[1] 1 年後に 600 万円，2 年後に 300 万円，3 年後に 200 万円を受け取るとき，このキャッシュフローの現在価値は，割引率を 10% とするといくらになるだろうか。

50 第2章 評価の基本原理

[2] 本文中では，1年後に 200 万円，2年後に 300 万円，3年後に 600 万円を受け取るときのキャッシュフローの現在価値が，割引率を 10% として計算された。このときの現在価値が，3年間で単純に合計すると 1100 万円のキャッシュを受け取ることについては同じであるのに，上記問[1]の現在価値の値と異なっているのはなぜだろうか。

[3] 本章冒頭の例のように，予定利率が引き下げられると保険料が引き上げられるのはなぜだろうか。

[4] 銀行は1年物定期預金について年5％を提示している。また，効率的市場の仮定から，年利5％で銀行から借入れ可能とする。また，債券 Z のキャッシュフローは1回のみで，1年後に 100 万円を確実に受け取ることができ，空売りが可能であるとする。このとき，債券 Z の無裁定価格を，途中経過を説明した上で，求めてみよう。

[5] 1年間の名目収益率が8％，インフレ率が3％のとき，実質収益率を求めてみよう。

〈解答〉

[1] 943.4 万円

[4] 95.2 万円

[5] 4.85%

● 参 考 文 献

日本証券アナリスト協会編，小林孝雄・芹田敏夫［2009］，『新・証券投資論 I 理論篇』日本経済新聞出版社

山澤光太郎［2004］，『ビジネスマンのためのファイナンス入門──55 のキーワードで基礎からわかる』東洋経済新報社

俊野雅司・白須洋子・時岡規夫［2020］，『ファイナンス論・入門──イチからわかる証券投資と企業金融』有斐閣

➤ さらに深く学習するために

Bodie, Z., A. Kane and A. Marcus [2009], *Investments,* 8th ed., McGrow-Hill. (平木多賀人・伊藤彰敏・竹澤直哉・山崎亮・辻本臣哉訳『インベストメント（第8版）（上・下）』マグロウヒル・エデュケーション，2010)

| 第3章 | 企 業 分 析 |

　そろそろ就職のことが気になりだしてきた。就職が内定した先輩に聞くと企業研究が重要だという。図書館のパソコンを使って，企業のホームページを見てみると，企業がいろいろな情報を提供している。その企業情報の項目に，意味不明な用語の隣に数字が羅列してある表が出てきた。どうも企業情報の中心はこの表の中身にあるようだ。先輩に聞くと貸借対照表，損益計算書，キャッシュフロー計算書と呼ばれるものだそうだ。投資家は，この表を使って，企業の収益性，効率性，安全性，成長性をさまざまな視点から分析を行い，業界やライバル企業と比較することで企業の強みや弱点を見つけることができるという。また，株価が高いか安いかを判断するのにも用いることができるという。企業分析は，投資家ばかりでなく，われわれのような学生の就職活動や，企業に入社した後の仕事にも役立つというのだ。大学の講義で企業分析が開講されているので，心を入れ替えて真剣に聞いてやろう。

1　企業の経営戦略分析

　日本企業は経済成長期の売上至上主義から，経済成熟期の利益重視の経営に変わりつつある。その中で，企業は投資家に支払うべき資本コストを上回る超過利益を追求するために，さまざまな競争を繰り広げている。超過利益とは企業がとるべきリスクに対して報われる正常利益を超える部分であり，株式価値を高めるものである。

52　第3章　企業分析

　超過利益を獲得しているかどうかを見るためには財務データだけ
ではなく，企業がどのような競争戦略をとっているかを分析する必
要がある。**競争戦略**を分析することにより，企業がどのように利益
を獲得し，その際のリスクがどのようなものであるかが把握できる
ようになるからである。

　ポーター（Michael E. Porter）の『競争の戦略』（Poter［1980］）に
よれば，企業が超過利益を獲得するためには，1つ以上の産業の選
択と，その産業上で，競争する方法が重要であるという。

　産業を選択する上で重要な収益性は5つの競争要因によって決ま
る。1番目は新規参入の脅威である。新規参入が容易であればある
ほど既存企業の収益性を圧迫する要因となる。2番目は同じ産業内
の企業間の敵対関係である。特に，衰退産業内での敵対関係の激化
は収益性を悪化させる要因になる。3番目は代替製品・サービスの
脅威である。ある産業のすべての企業は代替製品を生産する他の業
界の企業とも競争している。たとえば，バターからマーガリンへの
切り替えが容易であればあるほどバター製造業は収益を縮小させる
ことになる。4番目は買い手としての企業の交渉力である。企業は
大量購入を通じてコストを引き下げることにより，利益を生み出す
ことができる。5番目は売り手としての企業の交渉力である。企業
の商品がほぼ独占状態か，少数の企業による寡占状態であるならば，
売り手は有利な価格設定が可能になる。

　次に，超過利益を獲得するための，産業内における企業のポジシ
ョニングの問題である。産業内の競争で優位に立つためには代表的
なものとして以下の2つの戦略がある。

(1)　コスト・リーダーシップ戦略

　同業者よりも一貫して低コストを実現しようというのがこの戦略
の大きな特徴である。そのためには，効率の良い生産設備を積極的
に建設したり，学習効果などを通じてコスト削減を徹底的に追求す

る。

(2) 差別化戦略

自社の製品やサービスを他企業と比べて差別化して業界の中でも特異なものを創造し，顧客のニーズを満足させる戦略である。

企業の経営戦略分析は，以下で紹介する財務分析を行う上で有用である。産業ごとの収益性の推移を把握することができるであろう。各産業で，コスト・リーダーシップ戦略をとっている企業は売上総利益が低いものの回転率が高いと予想できるし，他方，差別化戦略を採用する企業は回転率が低いものの売上総利益が高いと予想できるだろう。

2 財 務 諸 表

この節では，企業が公表する**貸借対照表**（balance sheet），**損益計算書**（income statement），**キャッシュフロー計算書**（cash flow statement）からなる連結財務諸表について説明しよう。連結財務諸表はグループ企業の財政状態と経営成績を報告するために親企業が作成する決算書である。表3−1(a)(b)(c)はセブン＆アイ・ホールディングスの連結財務諸表（貸借対照表，損益計算書，キャッシュフロー計算書）である。セブン＆アイ・ホールディングス（HD）は純粋持ち株会社で，グループ企業にはセブン−イレブン・ジャパンやイトーヨーカ堂，セブン銀行などが含まれる。

連結貸借対照表ならびに連結損益計算書は発生主義会計をベースにしている。発生主義会計とは現金収入・支出に関係なくある期間に発生したという事実に基づいて収益と費用を計算する方法である。連結キャッシュフロー計算書は実際の現金収入，現金支出に基づいた現金主義会計である。

54   第3章　企業分析

■ 表 3-1(a)　セブン&アイ・ホールディングス連結貸借対照表

(単位：100万円)

	前連結会計年度 (2022年2月28日)	当連結会計年度 (2023年2月28日)
資産の部		
流動資産		
現金及び預金	1,420,653	1,670,872
コールローン	—	23,000
受取手形及び売掛金	365,746	—
受取手形, 売掛金及び契約資産	—	422,635
営業貸付金	91,662	93,490
商品及び製品	246,571	280,041
⋮	⋮	⋮
流動資産合計	2,604,774	3,060,653
固定資産		
有形固定資産合計	3,232,347	4,341,750
無形固定資産合計	2,140,002	2,364,673
投資その他の資金合計	760,308	782,772
固定資産合計	6,132,658	7,489,195
繰延資産合計	1,846	1,106
資産合計	8,739,279	10,550,956
負債の部	2,480,725	3,265,089
固定負債合計	3,110,820	3,637,701
負債合計	5,591,546	6,902,791
純資産の部		
株主資本合計	2,767,517	2,981,545
その他の包括利益累計額合計	213,438	493,001
新株予約権	56	49
非支配株主持分	166,719	173,565
純資産合計	3,147,732	3,648,161
負債純資産合計	8,739,279	10,550,956

(出所)　有価証券報告書に基づき作成。

2 財務諸表 55

■表3-1(b)　セブン&アイ・ホールディングス連結損益計算書

(単位：100万円)

	前連結会計年度 (自　2021年3月1日 至　2022年2月28日)	当連結会計年度 (自　2022年3月1日 至　2023年2月28日)
営業収益	8,749,752	11,811,303
売上高	7,429,576	10,265,151
売上原価	6,017,372	8,503,617
売上総利益	1,412,203	1,761,534
営業収入	1,320,175	1,546,151
営業総利益	2,732,379	3,307,685
販売費及び一般管理費合計	2,344,726	2,801,164
営業利益	387,653	506,521
営業外収益		
受取利息	3,220	6,050
受取配当金	1,093	1,267
⋮	⋮	⋮
営業外収益合計	12,736	15,827
営業外費用		
支払利息	12,101	15,673
社債利息	17,248	20,711
⋮	⋮	⋮
営業外費用合計	41,818	46,460
経常利益	358,571	475,887
特別利益合計	22,011	13,510
特別損失合計	68,728	86,636
税金等調整前当期純利益	311,864	402,761
法人税等合計	88,613	110,591
当期純利益	223,241	292,169

(出所)　有価証券報告書に基づき作成。

56　第3章　企業分析

■ 表3-1(c)　セブン＆アイ・ホールディングス連結キャッシュフロー計算書

(単位：100万円，△はマイナス)

	前連結会計年度 (自　2021年3月1日 至　2022年2月28日)	当連結会計年度 (自　2022年3月1日 至　2023年2月28日)
営業活動によるキャッシュフロー	736,476	928,476
投資活動によるキャッシュフロー	△ 2,505,566	△ 413,229
財務活動によるキャッシュフロー	937,077	△ 270,373
現金及び現金同等物に係る換算差額	63,065	15,023
現金及び現金同等物の増減額	△ 768,946	259,897
現金及び現金同等物の期首残高	2,183,837	1,414,890
現金及び現金同等物の期末残高	1,414,890	1,674,787

(出所)　有価証券報告書に基づき作成。

▷ 貸借対照表

　貸借対照表とは，ある一定時点での企業の財政状態を表したものである。**資産**の部はある一定時点で企業がどのような形で運用しているか，**負債・純資産**の部は運用するための資金をどのような形で資金調達したかを表している。貸借対照表は財産を表す資産と資金調達の源泉である負債，純資産の3つの部分からなる。資産は常に負債と純資産を合計したものに等しい。すなわち，資産＝負債＋純資産である。

　資産は流動資産と固定資産に分類される。流動資産は現金〜製品〜売掛金〜現金までの生産・販売過程の営業活動期間あるいは1年以内に現金化できるものである。現金，預金や企業が販売業者に納品した後で現金を受け取る売掛金や受取手形，市場性のある有価証券，棚卸資産は流動資産である。固定資産は企業内で1年を超えて長期的に所有されるもので，土地，建物のような有形固定資産と営業権のような無形固定資産，投資有価証券のような投資その他の資産に分類される。繰延資産とは資産ではなく費用である。ただし，その効果が将来にわたるものと期待されるため資産として計上され

ている。会社を設立するために要した費用である創立費や会社設立後，営業を開始するまでに要した費用である開業費などが含まれる。

なお，保有株式や債券などの金融商品については従来の取得原価ではなく時価で評価する時価会計が導入されている。

負債は流動負債と固定負債に分類される。流動負債は流動資産と同様，正常営業活動期限内あるいは1年以内に出金期限がくるものである。企業が供給業者から掛けで商品や材料を仕入れた場合に発生する負債である買掛金や短期の返済期限をもつ短期借入金はその一例である。固定負債は長期間にわたって返済しなければならないものである。長期借入金，社債や引当金などがある。引当金は将来発生する費用・損失のうち当期負担する費用・損失として見込み計上したものであり，賞与引当金や退職給付引当金などがある。

純資産は資産から負債を差し引いたものである。純資産は株主資本とその他の包括利益累計額などからなる。株主資本は資本金と剰余金などに分類される。資本金は出資者から払い込まれた資金のうち，会社法上資本とされている部分をいい，原則として全額を資本金とするが，会社法上，資本金としての最低限度額は発行価額の半分と定められている。

剰余金には資本剰余金と利益剰余金がある。資本剰余金とは資本取引から生じた剰余部分である。利益剰余金は損益取引から生じた剰余部分である。その他の包括利益の累計額とは企業所有の資産や負債の時価の変動額である。また，純資産から新株予約権と非支配株主持分を引いたものを自己資本といい，**自己資本利益率（ROE）**を計算するときに用いる。

▷ 損益計算書

損益計算書とは，ある一定期間における企業の業績内容を数字で表したものである。ある一定期間とは1年，半年あるいは四半期（3ヵ月）をいう。損益計算書は収益－費用＝利益で表す。貸借対照

58　第3章　企業分析

表がある時点のスナップ写真とするならば，損益計算書はある時点前，たとえば1年前からスナップ写真を撮るまでの期間をビデオで撮影したものと考えることができる。

　損益計算書の主要な項目を見ていこう。売上高は製造企業が一定期間内に製造した製品，小売業が仕入れた商品を販売した代金の合計，あるいはサービス企業が提供したサービスの対価をいう。売上高を生み出すための費用の代表的なものは売上原価と販売費及び一般管理費である。売上原価は企業が一定期間内に販売した商品の製造原価や購入原価をいう。売上高から売上原価を差し引いたものが**売上総利益**で，別名，粗利益ともいう。販売費及び一般管理費とは売上高を実現するのにかかった費用である。たとえば，広告宣伝費，従業員の給料・賞与，減価償却費などが含まれる。売上総利益から販売費及び一般管理費を差し引いたものが**営業利益**であり，その企業の本来の事業から生み出された利益である。

　営業外収益とは企業の財務的活動によって生み出される収益であり，受取利息，受取配当金などが含まれる。営業外費用とは企業の財務活動から発生した費用であり，支払利息などがある。営業利益に営業外収益を加え，営業外費用を差し引いたものを**経常利益**と呼ぶ。

　特別利益とは本来の正常な企業活動と直接関係なく臨時的・偶発的に生じた利益である。長期的に所有していた土地のような固定資産の売却益，長期所有の投資有価証券の売却益などである。特別損失は正常な企業活動からは直接関係なく臨時的・偶発的に生じた損失である。固定資産の売却損や投資有価証券の売却損などがある。経常利益に特別利益を加え，特別損失を差し引いたものが税金等調整前当期純利益である。課税後は**当期純利益**となる。

▶キャッシュフロー計算書

　キャッシュフローとはある一定期間中に流入した現金と流出した

現金の流れを意味している。キャッシュフロー計算書とはある一定期間における企業の現金の流れを数値化したものである。家計簿を考えてもらえばわかりやすい。実際に現金が流入あるいは流出しなくても収益あるいは費用化される損益計算書とは異なる。

キャッシュフロー計算書は「**営業活動によるキャッシュフロー**」,「**投資活動によるキャッシュフロー**」,「**財務活動によるキャッシュフロー**」から成り立っている。

営業活動によるキャッシュフローは,決算期間中の経常的な企業活動から生み出される。具体的には,税引き前利益に損益計算書上は費用でありながら実際は現金が流出したものではない減価償却費等を加算したものと貸借対照表の項目を修正したものなどからなる。営業活動によるキャッシュフローは本業から生まれるキャッシュであるのでプラスであるのが常態である。もし,営業活動によるキャッシュフローがマイナスであるならば,それは事業のトラブルの兆候を意味しているのかもしれない。

投資活動によるキャッシュフローは,ある一定期間の設備投資と資金運用投資の増減を表している。具体的には,短期貸付金収入や支出などの短期投資の増減,投資有価証券の売却あるいは購入などの長期投資の増減,土地の購入や売却などの有形固定資産の増減を合計したものである。企業が将来も成長し,それを維持していくために通常は投資活動によるキャッシュフローはマイナスになる。

財務活動によるキャッシュフローは,資金の調達と返済からなっている。具体的には,短期借入金の調達ならびに返済,長期借入金や社債による資金調達ならびに返済,株式による調達や自己株式取得による支出や配当金の支払いなどからなる。財務活動によるキャッシュフローは,資金調達額が支払額を上回るとプラスになり,その逆であればマイナスになる。

一般に,現金及び現金同等物の期末残高は貸借対照表の現金及び

60   第3章　企業分析

預金の項目に組み込まれるが，勘定項目の違いにより金額は一致しない。

3　財務分析

　財務諸表を使って企業の収益性，効率性，安全性，成長性を分析することができる。この節では，収益性，効率性，安全性，成長性それぞれについて財務比率を分類し，説明しよう。

　企業の収益性を分析するのにまず取り上げるべき指標は自己資本利益率（ROE）である。日本経済も成熟期を迎え，これまでの売上拡張主義から株主配当利益重視に移行するようになり，企業は自己資本利益率を重要な比率として見るようになった。自己資本利益率は株主の投下資本である自己資本を使って企業がどれだけの利益を獲得したかを見る指標である。自己資本には株主の出資した分と企業が過去に蓄積した利益を含む。貸借対照表の純資産から新株予約権と非支配株主持ち分を差し引いた金額が自己資本である。

　自己資本利益率は以下の式で表される。

　　　　自己資本利益率（ROE）＝当期純利益÷自己資本×100　　（1）

　さらに，自己資本利益率は分子と分母に売上高と総資本を加えることで**売上高純利益率**と**総資本回転率**，および**財務レバレッジ**に分解することができる。

　　　　自己資本利益率＝（当期純利益÷売上高）×（売上高÷総資本）
　　　　　　　　　　　　×（総資本÷自己資本）×100
　　　　　　　　　　＝売上高純利益率×総資本回転率
　　　　　　　　　　　×財務レバレッジ×100　　　　　　（2）

　売上高純利益率は，売上高に対して当期純利益がどれだけあるかを見る比率であり，収益性の尺度である。効率性の尺度である総資本回転率は総資本でどれだけの売上を生み出したかを示している。

3 財務分析 61

■表 3-2　自己資本利益率

(単位：%)

比　　率	セブン＆アイ HD		イ　オ　ン	
	2022 年 2 月	2023 年 2 月	2022 年 2 月	2023 年 2 月
自己資本利益率（ROE）	7.07	8.09	0.68	2.15

（出所）　有価証券報告書に基づき作成。

■表 3-3　自己資本利益率の決定要因

比　　率	セブン＆アイ HD		イ　オ　ン	
	2022 年 2 月	2023 年 2 月	2022 年 2 月	2023 年 2 月
売上高純利益率（%）	2.41	2.38	0.07	0.23
×総資本回転率	1.00	1.11	0.75	0.74
×財務レバレッジ	2.93	3.04	12.20	12.50
自己資本利益率（%）	7.07	8.09	0.68	2.15

（出所）　有価証券報告書に基づき作成。

財務レバレッジは総資本に占める自己資本の割合である。負債をど
れだけ有効に活用しているかを見る比率で，安全性の尺度である。
　表 3-2 は小売業大手のセブン＆アイ・ホールディングスとイオ
ンの連結財務諸表を使って計算した 2022 年 2 月期と 23 年 2 月期の
自己資本利益率である。この期間は新型コロナの影響で，この業界
では業績が悪化した時期でもある。イオンの自己資本利益率は，セ
ブン＆アイ・ホールディングスのそれと比較して下回る。また，表
3-3 を見ると，イオンの財務レバレッジはセブン＆アイ・ホール
ディングスの約 4 倍あることがわかる。イオンの自己資本利益率は
財務レバレッジに大きな影響を受けていることがわかるであろう。
　以下で，財務上の収益性，効率性，安全性，成長性についてさら
に詳細に説明してみよう。

▷**収益性分析**
　企業の収益性を測定する数多くの指標がある。ここでは代表的な
ものを紹介する。

62 第3章 企業分析

■表3-4 収益性比率

（単位：％）

比　　率	セブン＆アイ HD		イ　オ　ン	
	2022年2月	2023年2月	2022年2月	2023年2月
売上高総利益率	19.01	17.16	27.66	28.09
売上高営業利益率	4.43	4.29	2.00	2.30
売上高経常利益率	4.10	4.03	1.92	2.23
売上高純利益率	2.41	2.38	0.07	0.23

（出所）　有価証券報告書に基づき作成。

$$売上高総利益率＝売上総利益÷売上高×100$$
$$＝(売上高－売上原価)÷売上高×100 \quad (3)$$

　売上高から売上原価を差し引いたものが売上総利益である。売上高総利益率は製品・サービスの販売価格設定力や競争相手よりどれだけ低く製品を調達できるか，あるいはどれだけ効率的に製品を製造できるかによって決まる。

$$売上高営業利益率＝営業利益÷売上高×100 \quad (4)$$

　差別化戦略をとる企業は研究開発費ならびに販売費及び一般管理費は高めにならざるをえない。他方，コスト・リーダーシップ戦略をとる企業は販売費及び一般管理費を効率的に管理しようとするであろう。それ以外の比率は以下の通りである。

$$売上高経常利益率＝経常利益÷売上高×100 \quad (5)$$

$$売上高純利益率＝当期純利益÷売上高×100 \quad (6)$$

　表3-4は2つの企業の収益性を比較したものである。売上高総利益率は，イオンが高いものの，売上高営業利益率と売上高経常利益率，売上高純利益率はセブン＆アイ・ホールディングの方が優れている。

▷**効率性分析**

　総資本回転率は収益を生み出すために必要なもので，自己資本利益率のもう1つの決定因である。企業所有の資産が売上を生み出す

3 財務分析 63

■ 表3-5 回転率

比　　　率	セブン＆アイ HD		イ　オ　ン	
	2022 年 2 月	2023 年 2 月	2022 年 2 月	2023 年 2 月
総資本回転率	1.00	1.11	0.75	0.74
流動資産回転率	2.85	3.35	0.94	1.04
売上債権回転率	20.76	24.90	5.01	4.55
棚卸資産回転率	29.85	36.35	13.79	13.34
固定資産回転率	1.21	1.37	1.72	1.70
売上債権回転日数（日）	17.58	14.65	72.85	80.21
棚卸資産回転日数（日）	10.04	10.04	26.47	27.36

（出所）　有価証券報告書に基づき作成。

のにどれだけ効率的に活用されたかを見る比率である。資産と売上
高の金額が一致したとき 1 回転したことになる。

　企業内に存在するすべての資産（総資本）が有効に利用されてい
るかを見る比率が総資本回転率である。もし，資産の中に不良債権
や不良資産があれば回転率が悪くなる。

　　　　総資本回転率＝売上高÷総資本　　　　　　　　　　　(7)

　売掛金，受取手形，割引手形のような売上債権が不良債権化する
ことなく有効に活用されているかを見る回転率だけでなく，売上債
権が現金化されるまでの日数で効率化を見ることもできる。

　　　　売上債権回転率＝売上高÷（売掛金＋受取手形
　　　　　　　　　　　　　　　　＋割引手形－貸倒引当金）　　(8)

　　　　売上債権回転日数＝1÷売上債権回転率×365　　　　　(9)

　棚卸資産回転率は売上原価と棚卸資産の関係を見る比率である。
また，棚卸資産回転日数は在庫として所有できる日数を表している。
365 は 1 年の日数である。

　　　　棚卸資産回転率＝売上原価÷棚卸資産　　　　　　　　(10)

　　　　棚卸資産回転日数＝1÷棚卸資産回転率×365　　　　　(11)

　それ以外の回転率として以下の比率がある。

64　第3章　企業分析

　　流動資産回転率＝売上高÷流動資産　　　　　　　　　(12)

　　固定資産回転率＝売上高÷固定資産　　　　　　　　　(13)

　表3-5は2つの企業の回転率である。これを見ると，セブン＆
アイ・ホールディングスの効率性が明らかであろう。総資本回転率
は2つの企業にそれほどの差はない。しかし，流動資産回転率，売
上債権回転率と棚卸資産回転率はセブン＆アイ・ホールディングス
の方が効率的である。

▶ **安全性分析**

　企業は，さまざまなリスクと直面している。それは企業，産業あ
るいは市場全体に関するものかもしれない。企業がリスクにどれだ
けさらされているかを短期的視点と長期的な視点それぞれから見る
必要がある。

　(1)　短期支払能力

　　流動比率＝流動資産÷流動負債×100　　　　　　　　(14)

　流動比率は分子の流動資産を流動負債で割って計算する。1年以
内に返済しなければいけない債務を1年以内に回収できる債権で手
当てできるかどうかを見る比率である。一般に200％以上あること
が望ましいといわれている。

　　当座比率＝（現金＋受取手形＋売掛金＋有価証券）

　　　　　　　　÷流動負債×100　　　　　　　　　　　(15)

　当座比率は流動負債とすぐ現金化できる当座資産を比較したもの
で，酸性試験比率とも呼ばれている。この比率は不良在庫になる可
能性がある，棚卸資産を除いて計算される。

　それ以外の短期支払能力を計算する比率として以下のようなもの
がある。

　　現金比率＝（現金＋預金）÷流動負債×100　　　　　(16)

　　営業キャッシュフロー比率＝営業キャッシュフロー

　　　　　　　　　　÷流動負債×100　　　　　　　　　(17)

3 財務分析 **65**

■ 表3-6 短期支払能力比率

(単位：％)

比　率	セブン＆アイ HD		イ　オ　ン	
	2022年2月	2023年2月	2022年2月	2023年2月
流 動 比 率	105	93.74	101.95	102.73
当 座 比 率	72.01	64.12	48.93	49.56
現 金 比 率	57.27	51.17	16.63	17.51
営業キャッシュフロー比率	29.69	28.44	2.90	5.80

（出所）　有価証券報告書に基づき作成。

　表3-6を見ると，短期的な安全性は流動比率についてはそれほど差はないものの，それ以外の比率についてはセブン＆アイ・ホールディングスに軍配があがる。

(2)　長期支払能力

　自己資本比率は総資本に占める自己資本の割合を示している。必ずしも自己資本比率が高ければよいというものではないが，企業が危機的状況に陥る場合は自己資本が充実していないと淘汰される可能性がある。

$$\text{自己資本比率}＝\text{自己資本}÷（\text{負債}＋\text{自己資本}）×100 \qquad (18)$$

　固定比率は長期的な資産である固定資産が安定的な資本である自己資本の何倍であるかを示したものである。すなわち，長期的な資産である固定資産を長期的な資本である自己資本で資金調達できるかを見ている。日本では，長期資金調達に間接金融である固定負債が占める比重が大きいため，固定長期適合比率も用いられる。

$$\text{固定比率}＝\text{固定資産}÷\text{自己資本}×100 \qquad (19)$$

$$\text{固定長期適合比率}＝\text{固定資産}÷（\text{自己資本}＋\text{固定負債}）$$
$$×100 \qquad (20)$$

　それ以外として，以下の比率がある。

$$\text{営業キャッシュフロー対固定負債比率}$$
$$＝\text{営業キャッシュフロー}÷\text{固定負債}×100 \qquad (21)$$

66　　第3章　企業分析

■ 表3-7　長期支払能力比率

比　　率	セブン&アイ HD		イ　オ　ン	
	2022年2月	2023年2月	2022年2月	2023年2月
自己資本比率（％）	34.77	33.48	8.88	8.73
固定比率（％）	205.73	215.54	433.21	469.46
固定長期適合比率（％）	100.66	105.30	119.23	119.91
インタレスト・カバレッジ・レシオ（利益ベース）	13.35	14.12	5.22	6.10
インタレスト・カバレッジ・レシオ（現金ベース）	25.09	25.52	5.91	12.13

（出所）　有価証券報告書に基づき作成。

インタレスト・カバレッジ・レシオ：

インタレスト・カバレッジ・レシオ（利益ベース）＝

（営業利益＋受取利息・受取配当金）

÷（支払利息・割引料）　　　　　　　　　(22)

インタレスト・カバレッジ・レシオ（現金ベース）＝

営業キャッシュフロー÷支払利息　　　　　(23)

インタレスト・カバレッジ・レシオは利益あるいは現金がどれだけ利息を支払える余力があるかどうかを見る尺度である。

表3-7を見ると，長期的に安全性が高いのはセブン&アイ・ホールディングスである。両企業とも固定資産をほぼ自己資本と固定負債で賄っているのがわかる。イオンは自己資本よりも固定負債に頼る割合が大きいことがわかる。

▷ **成長性分析**

これまで述べてきた比率を総合的に評価する方法として**持続可能成長率**がある。持続可能成長率とは企業が財務レバレッジを高めることなく維持できる最も高い成長率のことをいう。企業が成長計画を立てる上での基準値になる。持続可能成長率は自己資本利益率と配当を支払った後に残る内部留保利益率（1－配当性向）によって決まる。持続可能成長率と，企業が当期に獲得した純利益のうち配当

■ 図3-1　持続可能成長率と他の財務比率

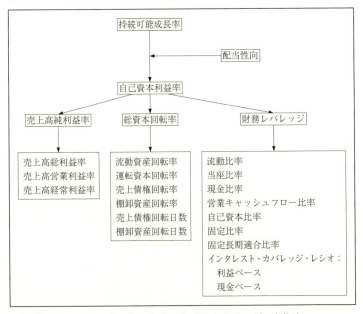

（出所）　Palepu, Bernard, and Healy [1996]．翻訳書82ページを一部修正。

に支払われる割合を示す**配当性向**は以下のように定義される。

　　持続可能成長率＝自己資本利益率
　　　　　　　　　×（1－配当性向）×100　　　　　　　(24)

　　配当性向＝支払い現金配当÷当期純利益　　　　　　　(25)

　企業が持続可能成長率よりも高い成長を望むとするならば，収益性を高めるか，財務レバレッジを高めるか，配当政策を変更する必要があるだろう。持続可能成長率と他の財務比率との関連性は図3-1を参照されたい。

　それ以外の比率として，売上高，総資本などを用いて前期と今期の成長率を比較する方法がある。

　　成長率＝（当期の数値－前期の数値）÷前期の数値　　　(26)

68　第3章　企業分析

■表3-8　持続可能成長率と他の財務比率

比　　率	セブン＆アイ HD		イ　オ　ン	
	2022 年 2 月	2023 年 2 月	2022 年 2 月	2023 年 2 月
自己資本利益率（％）	7.07	8.09	0.68	2.15
配 当 性 向	0.419	0.355	4.681	1.434
持続可能成長率（％）	4.11	5.22	−2.50	−0.93

（出所）　有価証券報告書に基づき作成。

　表3-8を見ると，新型コロナの影響により持続可能成長率はセブン＆アイ・ホールディングスは4から5％を維持しているものの，イオンはマイナスになっている。これはあまりにも高い配当性向に起因している。

4　株価と財務分析

　表3-9は各年度の決算時点までの株価の最高価格と最低価格，株価収益率，株価純資産倍率を示している。セブン＆アイ・ホールディングスは2022年よりも23年の方が株価は値上がりしているものの，イオンはこの2年間で下落している。次に，これら株価水準が妥当かどうかを見る尺度として，**株価収益率（PER）**と**株価純資産倍率（PBR）**がある。

　　　株価収益率＝株価÷1株当たり当期純利益　　　　　　(27)

これは1株当たり利益に対して株価が何倍あるかを示す指標で，この数値が高（低）ければ高いほど1株当たり当期純利益と比較して株価水準が高（低）いことを示している。

　　　株価純資産倍率＝株価÷1株当たり自己資本　　　　　　(28)

　株価純資産倍率とは，株価を1株当たり純資産で割ったものであり，解散価値を表す。1が解散価値を表し，それより大きくなればなるほど株価の割高感を示す。1より小さくなればなるほど割安感

4 株価と財務分析 69

▓ 表3-9 株価と比率

株　　　価	セブン＆アイHD		イ　オ　ン	
	2022年2月	2023年2月	2022年2月	2023年2月
最高（円）	6,083.0	6,203.0	3,532.0	2,907.0
最低（円）	4,095.0	5,041.0	2,380.5	2,145.0
株価収益率（PER）	23.42	19.14	337.84	101.15
株価純資産倍率（PBR）	1.66	1.55	2.3	2.19

（出所）　有価証券報告書に基づき作成。

を示す。

　2022年と比較して，23年の株価収益率と株価純資産倍率が低下していることがわかる。ただし，イオンの株価収益率が異常に高いことに注意しなければならない。これはイオンの株価水準が割高であることを示しているのかもしれない。

┌─ ●コラム：長期投資の尺度としてのROEとPBR ─

　日本の株価は長期低迷後，回復基調にある。1980年代に株価はピークになり，90年代からインターネット・バブルなど一時的に持ち直したものの，長期的に見ると株価は下落傾向にあった。しかし，この10年，株価はアップダウンを繰り返しながら傾向としては右肩上がりで上昇を続けている。その要因の1つは企業の業績の好調さにある。業績を見る1つの尺度としてROEがある。株価とROEは長期的に見ると，おおむね高い相関関係にあるように見える。株価低迷時の2012年では日本企業の平均ROEが5％弱であるのに対し，23年は9〜10％程度まで上昇している。ただし，米国上場企業と比較するとまだ低い。

　また，株価が高いのか低いのかを見る尺度として株価純資産倍率（PBR）があり，2012年はROEに比例して低いままで，東証1部平均で0.99である。これは，株価が企業の解散価値を割っていることを意味し，稼ぎを生み出す力が弱いため株価が上昇できないことの指標となる。2023年は1.4程度まで上昇しているものの，いまだ低い

水準である。今後も長期にわたり株価が上昇するためには，ROE と PBR のさらなる上昇が必要なのはいうまでもない。

◆この章で学んだこと

1．企業分析を行うには貸借対照表，損益計算書，キャッシュフロー計算書の仕組みを理解する必要がある。

2．企業分析での大事な指標は自己資本利益率である。

3．自己資本利益率は売上高純利益率，総資本回転率，財務レバレッジの3つに分解できる。

4．株価と財務比率とは関連性がある。

▨練 習 問 題

① 薬品産業と小売産業の経営戦略を比較してみよう。

② 日本企業と欧米企業の自己資本利益率を比較し，その違いがなぜ起きたのかを調べてみよう。

③ 損益計算書を作ってみよう。

　B社は，25万円の売上，12万5000円の売上原価，1万円の販売費及び一般管理費，7000円の支払利息がある。法人税が40％であるならば，この会社の当期純利益はいくらか。

④ インターネットからあなたが調査したい企業の連結財務諸表を探し，過去5年間の財務比率を計算してみよう。

⑤ ④の企業とライバル関係にある企業の財務比率と株価を比較し，あなたが調査した④の企業の強みと弱みを明らかにしてみよう。

〈解答〉

③ 当期純利益　64,800 円

・参 考 文 献

桜井久勝・須田一幸［2024］，『財務会計・入門（第17版）』有斐閣

田中弘編著［1999］，『今日から使える経営分析の技法』税務経理協会

➤ さらに深く学習するために

伊藤邦雄［2012］，『ゼミナール現代会計入門（第9版）』日本経済新聞出版社

榊原茂樹・新井富雄・太田浩司・山﨑尚志・山田和郎・月岡靖智［2023］，
　　『新・現代の財務管理』有斐閣

Palepu, K. G., V. L. Bernard, and P. M. Healy［1996］, *Introduction to Business Analysis & Valuation,* South-Western.（斎藤静樹監訳『企業分析入門（第2版）』東京大学出版会，2001）

Porter, M. E.［1980］, *Competitive Strategy : Techniques for Analyzing Industries and Competitors,* The Free Press.（土岐坤・中辻萬治・服部照夫訳『競争の戦略（新訂）』ダイヤモンド社，1995）

第4章　債券市場

　最近，周りで投資を始める人が増えたので自分もそろそろと思い，自分に合った投資について思い巡らしてみた。しかし，考えてもなかなか結論が出ないので，投資スタイル診断という簡単な質問に答えるだけで自分に合った投資を教えてくれるというサービスを試したところ，出てきた結果は「債券タイプ」。無理をせずに着実にお金を増やしたい人に向いた投資方法と書かれている。

　そこで，個人投資家でも投資できると聞いた個人向け社債を調べてみたところ「ええやんスシロー債」や「カゴメ　日本の野菜で健康応援債」などおもしろそうなものを見つけた。すでに完売しているようだが，今後の参考にと募集要項を見てみると，無担保社債，社債間限定同順位特約付，格付け，利率，償還日などの聞きなじみのない用語がずらりと並ぶ。これらは何を意味し，どのように見ればよいのだろうか。債券について学んで，もう一度見てみよう。

1　債券とその特徴

▷債券とは何か

　債券は，政府や企業などの資金調達者にとっての主な資金調達手段であり，金融商品取引法の第2条に定められた**有価証券**である。株式と同様に，一定の単位に分割された券として発行されるため，売買や譲渡に適しているという基本的な性質をもつ。また，債券を

発行する主体（以下，発行体）は，資金供給者である投資家への見返りとして，利子の支払いや将来の元本の返済を約束している。

ここで資金調達という観点のみに着目すると，債券は株式や銀行借入れと共通している。たとえば，株式会社の貸借対照表の右側は会社の資金の調達状況を表しており，借入金，社債（会社が発行する債券），株主資本（株式による資金調達や内部留保など）はいずれもその右側を構成する主要な要素（資金調達手段）である。

ただし，株式は資金供給者から株式会社への出資という形態での資金調達手段であり，出資者である株主には経営に参加する権利などが与えられている（第6章参照）。一方，債券は株式と同じ有価証券であるが，債務での資金調達手段であり，債券の投資家には経営参加権がない点で異なる。また，銀行借入れは資金が余っている黒字主体と資金が不足している赤字主体の資金の流れを間接金融の形で銀行が仲介している。一方，債券は証券会社などの仲介役が関与するものの，資金調達者が直接資金を集める直接金融の形をとっている点で異なる。

ここであげた相違点は一部にすぎないが，いずれにせよ債券は株式や銀行借入れと同じく主な資金調達手段である点に変わりはない。

では債券にはどのような特徴があるのだろうか。まず，債券の特徴を理解する上で重要な基本用語について説明する。

▷債券の基本用語

債券は通常，元本を返済するまでの期間が定められており，これを満期や償還期間（償還期限）と呼ぶ。具体的な返済期日は満期日や償還日で表され，満期までの残りの期間は残存期間と呼ばれる。

次に債券の金利を表す用語として，債券の券面に記載される金利はクーポン・レートや表面利率（利率）と呼ばれる。クーポンは利子を意味しており，その金額は債券の額面価額とクーポン・レートを掛けて求められる。また，債券の投資収益率を利回りと呼び，債券

の購入価格と債券から得られる将来キャッシュフローから求められる。具体的な利回りの種類やその求め方は，第5章の債券分析で説明する。

さらに債券の価格に関する用語として，債券の券面に記載される金額は**額面価額**や**額面金額**と呼ばれ，債券の元本部分にあたる。債券を投資家に向けて発行するときの販売価格は発行価格と呼ばれ，額面価額と同じとは限らない。一度発行された債券は債券流通市場で売買することができ，この売買価格を**債券価格**と呼ぶ。日本ではいずれの価格も額面100円当たりで表記することが一般的である。

▷債券の特徴

以上の用語を踏まえた上で，債券全体の特徴について見ていく。

まず，債券の発行体は債券から調達した資金の返済義務を負う。通常の債券は負債としての性質をもち，銀行借入れと同様に，返済期日までに事前に定められた元本の返済が求められる。これは，同じ資金調達手段であっても返済の義務を負わない株式とは大きく異なる。

次に，債券の発行体は資金供給の見返りとして投資家に利子を支払う。利子は事前に定められたクーポン・レートによって決まり，日本の利払いは年2回であることが多い。また，発行価格が額面価額を下回る場合は，その差も実質的な利子となる。たとえば，満期1年の債券が額面100円当たり99円で発行された場合，この1円の差（1％の金利に相当）は1年間の資金供給に対する対価となる。

上記の2つの特徴は，投資家の立場から見ると，債券から得られる将来キャッシュフローにあたる。また，その金額の確実性は利子や元本が事前に定められているため非常に高い。一方，株式から得られる主なキャッシュフローは配当金や株式の売却代金であるが，どちらも事前に定められているわけではなく，債券よりも不確実である。つまり，将来キャッシュフローの安定性という観点から見た

とき，債券のリスクは一般的には株式よりも低いという特徴がある。

　ただし，債券への投資にもさまざまなリスクを伴う。主なリスクとして債務不履行リスク，流動性リスク，金利変動リスクがある。

　債務不履行リスクは，債券の発行体が当初の約束どおりに利払いや元本の返済ができないリスクであり，**デフォルト・リスク**や**信用リスク**とも呼ばれる。このリスクの程度は，債券の発行体の信用力，担保の有無，満期までの期間の長さなどによって大きく異なる。信用力の評価において重要とされるのは，利子や元本の支払いのもとになる将来のキャッシュを発行体がどれだけ創出できるかにある。

　流動性リスクは，債券を満期前に売却したいときに，買い手が見つからなかったり，想定よりも安く売却せざるをえなかったりするような状況になるリスクである。ここでの流動性は売買（換金）の容易さを表し，債務不履行リスクと同様に債券の銘柄によって異なる。

　金利変動リスクは，市場金利の動きによって債券価格が変動するリスクである。市場金利は投資収益率のベースラインといえるものであり，金利が上昇すると債券価格は下落（利回りは上昇）する一方，金利が下落すると債券価格は上昇（利回りは下落）するという関係がある。つまり，債券価格は金利と逆の動きをする。このリスクはほとんどの債券に影響を及ぼす市場リスクといえるものであり，金利の変化が債券に与える影響については第5章で取り上げる。

2　債券の分類

　債券は，発行時に取り決められる資金調達者と資金供給者の間の契約の仕方によってさまざまな形態がある。たとえばクーポンの決まり方，元本の返済方法，返済の優先順位など契約の内容は多岐にわたるため，多種多様な債券が発行されている。また，債券の形態

は固定利付国債や無担保普通社債のような呼び方をされることが多いため，ここでは債券の名称に関連する視点から分類する。

▷発行機関による分類

債券はどの機関が発行するのかによって分類できる。主な分類として，**公共債**（国債，地方債，政府関係機関債），**民間債**（社債，金融債），**外債**（非居住者債）に分けられる。

国債は政府が発行する債券であり，歳入不足を穴埋めするための**赤字国債**，公共事業などの財源にあてる**建設国債**，東日本大震災の復興財源にあてる**復興債**などに分けられる。現在は，その発行残高の大きさから日本の債券市場の中心となっている。

地方債は地方自治体（都道府県や政令指定都市など）が発行する債券であり，東京都公募公債のような名称で発行されている。

政府関係機関債は特別な法律に基づいて発行される債券であり，さらに財投機関債と政府保証債に分けられる。それぞれの例として，奨学金貸与事業の資金にあてる日本学生支援機構債と，利子や元本の支払いが政府によって保証されている住宅金融支援機構債がある。

社債は会社が発行する債券であり，さらに各電力会社が発行する**電力債**と，ソフトバンクグループや東日本旅客鉄道のような一般の事業会社が発行する**一般社債**に分けられる。また，社債の中には一定の条件でその発行会社の株式に転換できる**転換社債**（転換社債型新株予約権付社債）や，株式の発行を請求できる新株予約権（ワラント）と社債がセットになった**ワラント債**と呼ばれる種類もある。

金融債は特定の金融機関が法律に基づいて発行する債券である。ただ，現在の発行機関は信金中央金庫など一部のみに限られている。

非居住者債は，外国の機関によって発行される債券の総称である。日本において円建て発行する場合は特に**サムライ債**と呼ばれることがあり，インドネシア政府や韓国政府などの発行事例がある。

▶クーポン・レートによる分類

債券はクーポン（利子）の決まり方によって分類できる。主な分類として、固定利付債、変動利付債、割引債がある。

固定利付債は、クーポン・レートが特定の水準に固定された債券であり、多くの債券がこの形態で発行されている。

変動利付債は、債券の発行時に基準となる金利が定められ、その動向によってクーポン・レートが変動する債券である。基準金利の例として、国債の利回りや銀行同士の取引金利がある。なお、発行から一定期間はクーポン・レートが固定されている変動利付債も多い。

割引債はクーポン・レートがゼロであり、利率による利子が支払われない債券である。その代わり、通常発行価格は額面価額よりも安く設定されるため、これらの差による実質的な利子が得られる。

また、利子に加えて、返済される元本の金額も変動する債券がある。**物価連動債**は基準となる物価の動向によって元本が変動する債券であり、元本の金額の増減に伴って利子も変動する。また、**仕組債**は一般的な債券よりも利子や元本などの決まり方について複雑な仕組みが設けられている債券である。たとえば、仕組債の1つである株価指数リンク債は、利子や元本が日経平均株価などの株価指数とリンクしており、株価指数の動向によって変動する債券である。

▶満期（償還期間）による分類

債券は発行されてから満期までの期間によって分類できる。主な分類として、短期債、中期債、長期債、超長期債、永久債がある。

短期債は1年以内、**中期債**は1年超から5年以内、**長期債**は5年超から10年以内、**超長期債**は10年超の償還期間をもつ債券である。**永久債**は永久と呼ばれているとおり、満期の定めがない債券である。

たとえば、日本の国債は短期国債である**国庫短期証券**（6カ月、1年）、中期国債（2年、5年）、長期国債（10年）、超長期国債（20年、

30年，40年）などが発行されている。また，短期社債として**コマーシャル・ペーパー**（**CP**）と呼ばれる社債が発行されている。

債券の満期は元本がいつまでに返済されるのかを表すが，その返済方法にも満期一括償還，定時償還，任意償還などの形態がある。

満期一括償還はその名の通り元本を満期時に一括して償還する方法であり，現在の主流である。**定時償還**は元本を満期までの残存期間にわたって分割して償還する方法である。**任意償還**は満期よりも前に発行体の任意のタイミングで償還する方法であり，期限前償還とも呼ばれる。特に，永久債は満期の定めがないため，ほとんどの場合において任意償還条項付きで発行されている。

▷返済の優先順位（弁済順位）による分類

債券は利子や元本の支払いの優先順位によって分類できる。この優先順位が特に問題になるのは企業が倒産した場合であるため，ここでは社債の優先順位の分類について説明する。主な分類として，一般担保付社債，無担保社債（無担保普通社債），劣後社債（劣後債）がある。

一般担保付社債は担保が設定されており，他の社債よりも優先して弁済を受け取ることができる社債である。たとえば，電力会社が発行する電力債はこれに該当する。**無担保社債**はその次に優先される社債であり，現在の主流である。**劣後社債**は普通社債よりも優先順位が劣後している社債であり，投資家の立場からするとよりリスクの高い社債となる。特に，**永久劣後債**は満期のない劣後社債であり，社債の中でも最もリスクが高く，株式に近い性質をもっている。

また，投資家にとっては上記の優先順位に加えて，担保提供制限などの**財務上の特約**（コベナンツ）も重要である。たとえば，無担保社債を発行している発行体が担保付社債を新たに発行した場合，無担保社債を保有する投資家の優先順位は実質的に下がることになる。**担保提供制限**は，投資家がこのような不利益を被らないようにする

ために設けられる特約である。なお，無担保社債で設定される**社債間限定同順位特約**はこの担保提供制限条項の１つである。

▷資金の使途による分類

債券で調達した資金の使途は発行体の目的によってさまざまなものが考えられるが，建設国債や復興債のように資金の使途を限定している場合もある。特に近年は環境問題や社会的問題の解決に限定した債券の発行が増えている。このような債券は持続可能な社会の実現を達成するために発行される債券ということで**SDGs**（Sustainable Development Goals）**債**と呼ばれる。

主な分類として，グリーン・ボンド，ソーシャル・ボンド，サステナビリティ・ボンドなどがある。**グリーン・ボンド**は地球温暖化をはじめとした気候変動や省エネ対策といった環境問題の解決に，また**ソーシャル・ボンド**は貧困，福祉，教育などの社会的問題の解決に限定した債券である。その両方の問題の解決に限定した債券が**サステナビリティ・ボンド**である。たとえば，東京都は2017年からグリーン・ボンドを，また21年からソーシャル・ボンドを継続して発行しており，SDGsに積極的に取り組んでいる。また，日本政府は脱炭素社会の実現をめざすために**GX**（グリーン・トランスフォーメーション）**経済移行債**として，クライメート・トランジション利付国債と呼ばれる新たな国債の発行を2024年から始めている。

3　債券発行市場

▷債券発行市場の変遷と役割

債券発行市場は，債券を発行し，資金を調達するための第１次市場である。現在は政府，地方公共団体，企業の資金調達において重要な役割を果たしているが，その役割は時代とともに変わってきた。

戦後の発行市場は金融債による資金調達が中心であった。当時は

3 債券発行市場 81

高度経済成長期であり，金融機関は旺盛な資金需要に対応するために金融債を発行し，貸出資金を調達した。1990年頃までの金融債は市場の中心であったが，2000年代に入るとその役割も徐々に薄れたことで発行額が減少し，現在は発行市場全体の1％にも満たない。

一方，国債は1965年度の不況時に戦後初となる赤字国債が発行されたのを契機にその存在感を徐々に現し始めた。1975年からは石油ショックの影響による景気後退に対応するために国債の大量発行が始まり，またバブル経済崩壊後の90年代後半からは長期にわたる景気の低迷を受けて，国債の発行ペースは増加の一途をたどっていった。その結果，債券発行市場の中心は金融債から国債へと移り，その過程において大量の国債を安定的に消化する仕組みが確立された。現在は新規の国債に加えて，過去に発行し満期を迎えた国債を借り換えるための国債（借換債）が毎年多額に発行されている。

地方債の発行は，1990年代前半までは緩やかなペースの増加にとどまっていた。しかし，バブル経済崩壊の影響や地方財政の厳しさなどにより，地方公共団体の資金調達手段としての地方債の重要性は高まっていった。現在の発行額は国債と社債に次ぐ3番目である。

社債による資金調達は1980年代頃までは限定的であった。これは，社債の発行に関する規制により，実質的に制限されていたことが大きい。たとえば，担保の設定を要求する有担保原則，商法による社債の発行限度額の規定，社債の発行企業を制限する**適債基準**などがあげられる。これらの規制は1996年までに緩和あるいは撤廃され，社債の発行も90年代から徐々に拡大していった。現在の発行額は国債に次ぐ2番目であり，企業にとって重要な資金調達手段として位置づけられている。なお，転換社債は1980年代後半のバブル経済期の株価上昇を背景として大きく伸びたが，バブル崩壊以

82　第4章　債券市場

■表 4‑1　債券発行市場の規模とその構成比

(単位：兆円，カッコ内は％)

年	発 行 額				発行残高			
	国　債	地方債	社　債	その他	国　債	地方債	社　債	その他
2000	106.0 (71.3)	2.2 (1.5)	8.0 (5.4)	32.4 (21.8)	359.1 (63.0)	16.1 (2.8)	50.0 (8.8)	144.9 (25.4)
2005	186.2 (81.9)	6.2 (2.7)	6.9 (3.0)	28.1 (12.4)	659.2 (75.9)	29.9 (3.4)	52.0 (6.0)	127.2 (14.7)
2010	165.8 (83.6)	7.6 (3.8)	9.6 (4.8)	15.4 (7.8)	749.6 (78.9)	47.8 (5.0)	61.8 (6.5)	91.5 (9.6)
2015	174.5 (87.2)	6.8 (3.4)	6.8 (3.4)	12.0 (6.0)	894.5 (81.2)	58.9 (5.3)	57.4 (5.2)	90.3 (8.2)
2020	188.7 (85.4)	7.0 (3.2)	15.9 (7.2)	9.3 (4.2)	1,031.3 (82.4)	62.5 (5.0)	75.6 (6.0)	82.7 (6.6)
2023	209.4 (88.3)	5.6 (2.4)	14.9 (6.3)	7.1 (3.0)	1,136.1 (83.3)	64.2 (4.7)	90.4 (6.6)	73.1 (5.4)

(注)　社債は公募普通社債の数値。その他は政府保証債，財投機関債，金融債などの
　　　合計。
(出所)　日本証券業協会の公社債発行額・償還額等より作成。

降は低迷し，現在は社債全体から見ればわずかなものにとどまって
いる。

　では実際の債券発行市場の規模を見てみよう。表 4‑1 は 2000 年
以降の国債，地方債，社債などの発行額と発行残高を示している。
特に注目すべき点は国債の発行額が年 100 兆円を優に超えており，
地方債や社債と比べても圧倒的であることである。発行残高も雪だ
るま式に膨れ上がっており，1000 兆円の大台を突破している。ま
た，社債の発行額も 10 兆円を超えるなど近年増加傾向にある。

▷**債券の発行方法**

　債券は，直接投資家から資金を集める直接金融の手段であるが，
その発行方法は仲介役の有無や投資家の範囲の違いにより異なる。

　まず，債券の発行方法は仲介役の有無によって直接発行と間接発
行に分けられる。**直接発行**は債券の発行体が投資家に対して直接債
券を販売する方法である。債券の発行体にとっては投資家を自ら探

3 債券発行市場 83

す必要があるが，仲介役に支払う手数料などのコストを節約できる。

一方，**間接発行**は債券の発行体と投資家の間に引受会社（アンダーライター）と呼ばれる仲介役が入り，引受会社を通じて債券を販売する方法である。債券の発行体にとっては債券の発行に必要な情報収集や手続きを委託できる。引受会社の役割を担うのは証券会社や金融機関であり，引受リスクを分散するために**引受シンジケート団**（引受シ団）と呼ばれる組織を結成して引き受けることも多い。

次に，債券の発行方法は対象となる投資家の範囲によって公募と私募に分けられる。**公募**は50名以上の不特定多数の投資家に向けて，債券を販売する方法であり，募集や入札などが行われる。

一方，50名未満の少数の投資家に向けて勧誘する場合や適格機関投資家のみに向けて発行する場合は**私募**と呼ばれる。適格機関投資家はプロの投資家であり，証券会社，銀行，保険会社などの金融機関に加えて，金融庁に届出を行った企業や団体なども含まれる。

公募は私募に比べて幅広い投資家層に向けて債券を売り出すことができる分，多額の資金を調達することができるが，投資家保護の観点からより多くの情報提供が求められるという違いがある。

▷ **債券発行市場の特徴**

債券発行市場には，銘柄数と投資家層の2つに大きな特徴がある。

まず，発行される債券の銘柄数は非常に多い。これは，債券の発行体が多種多様であり，また発行体が同じであったとしても，発行条件が異なれば別ものとして扱われるためである。実際に，公募債は毎年1000を超える銘柄が発行されている。また，私募債は集計が確認できる2007年でさえ1万を超える銘柄が発行されていた。

一方，株式の場合は発行機関が株式会社に限定される上に，投資対象となるのはほとんどが証券取引所に上場する株式である。また普通株式が大半を占めており，増資によって株式が追加で発行されたとしても新たな銘柄として扱われることはないという違いがある。

84 第4章 債券市場

　次に，債券の主な投資家層は機関投資家や金融機関などである。
これは債券の売買単位や発行額が巨額であることが大きい。債券の
売買単位は億であることが多く，個人向けでない限りは一般の投資
家には手が届きにくい。また，債券の発行額の多くは100億円以上
であり，かつ発行される銘柄数の多さも考慮すると資金が豊富な投
資家でなければ資金供給に応じることが難しい。実際に，債券発行
市場の発行額はその大半が国債であるが，年100兆円を優に超えて
いる。

　一方，株式の場合は投資単位の引き下げに関する要請などもあり，
1単元当たり50万円もあればたいていの株式を購入できる。また，
上場株式の発行額は年1兆〜3兆円程度であり，債券とは桁が異な
る。

▶国債の発行方法

　国債の発行方法は，2006年まで続いた引受募集方式と現在の主
流である競争入札方式の2つがあり，どちらも大量の国債を安定的
に消化する仕組みがとられている。**引受募集方式**は，複数の金融機
関や証券会社から構成される引受シ団が国債の募集を行う方法であ
る。引受シ団の役割には国債による資金調達の保証も含まれ，売れ
残った場合は引受シ団のメンバーが引き受ける義務を負っていた。

　一方，現在の**競争入札方式**は日本銀行仲介のもとで，オークショ
ンのように参加者が競って落札者を決める方法である。参加者は証
券会社，銀行，保険会社などの金融機関であり，入札参加者と呼ば
れる。また，一部の参加者は国債市場特別参加者制度（欧米のプラ
イマリー・ディーラー制度に相当）によって特別参加者に指定されて
おり，国債の安定的な消化などの責任を果たすことが求められてい
る。

　競争入札の具体的な仕組みは次の通りである。まず，財務省は国
債の発行予定額やクーポン・レートなどの発行条件を提示する。そ

の後，入札参加者は価格あるいは利回りのどちらかで競う。価格の場合は落札希望価格で競い，価格の高いものから落札者が決まる。利回りの場合は逆に，希望する利回りの低いものから落札者が決まる。

落札後の発行条件の決まり方には，コンベンショナル方式とダッチ方式の2つがある。**コンベンショナル方式**の場合は落札者ごとに発行条件が決まる一方，**ダッチ方式**の場合は落札者の希望にかかわらず，一律に発行条件が決まる（最低価格あるいは最高利回り）。なお，国債のクーポン・レートは流通市場における国債の利回りに即して決められており，市場の動向が反映される仕組みがとられている。

▶社債の発行方法

社債の発行方法は，前述の通り公募と私募に分けられる。公募社債の場合は引受会社（アンダーライター）としての役割を担う証券会社を通じて発行するのが一般的である。引受会社の役割の1つは，社債の発行条件に関する情報提供や助言を行うことである。たとえば，投資家の需要調査を行い，発行額やクーポン・レートなどについてアドバイスを行う。また，もう1つの重要な役割は発行会社の資金調達を保証することである。つまり，売れ残った場合は引受会社が引き受けることになる。特に発行額が大きいほど売れ残るリスクが大きくなるため，引受リスクを分散するために引受シ団を組むことも多い。その中で中心となる証券会社は主幹事と呼ばれる。

私募社債の場合は，適格機関投資家のみに向けて発行する方法と，少数の特定の投資家に向けて発行する方法がある。前者は**プロ私募**とも呼ばれるが，実際には銀行が引き受ける形で発行されることが多い。一方，後者は**少人数私募**と呼ばれ，たとえば経営者の親族や知人などの縁故者に直接引き受けてもらうということが考えられる。

また，公募社債と私募社債には求められる情報開示に大きな違いがある。公募社債は不特定多数の投資家に向けて発行するため，投

資家保護の観点から情報開示義務が課せられている。たとえば，有価証券届出書の提出や有価証券報告書の開示，また証券会社による目論見書の交付などがあげられる。一方，私募社債はこのような開示義務が課せられておらず，その分コストを抑えることができる。

また，社債の発行会社は社債管理者の設置が義務づけられている。**社債管理者**は利子や元本の支払いなどの事務手続きを行うほか，社債がデフォルトになった場合は投資家（社債権者）を守るための役割を担う。ただし，売買単位が1億円以上などの条件を満たした場合は設置が免除され，その代わりに事務手続きを行う**財務代理人**が設置される。

▷地方債の発行方法

地方債の発行方法も公募と私募に分けられる。公募地方債はさらに**全国型市場公募地方債**（個別債），**共同発行市場公募地方債**（共同債），**住民参加型市場公募地方債**（ミニ公募債）に分けられ，資金調達方法の多様化が図られている。個別債は都道府県や政令指定都市などが個別に発行する方法である。一方，共同債は個別債を発行する地方公共団体が共同で発行する方法であり，2003年度から毎月機関投資家向けに発行されている。なお，2024年度の発行計画では，61団体が個別債の発行を，またそのうちの37団体が共同債の発行を予定している。

ミニ公募債は地域の住民や企業に向けて発行する方法であり，個人向けの地方債として位置づけられている。たとえば，福島県が2012年度から発行しているふくしま復興県民債（現在はふくしま復興・創生県民債）はこれに該当する。

公募地方債の発行方法はいずれにおいても，証券会社や金融機関などが引受や販売において重要な役割を担っている。また，私募地方債は銀行等の金融機関が引き受ける形で発行され，**銀行等引受地方債**とも呼ばれる。

4 債券流通市場

▷債券流通市場の変遷と役割

債券流通市場は，発行市場で発行された債券の売買を行うための第2次市場である。投資家にとっては保有する債券を満期前に売却し，資金を回収する場であると同時に，新たな投資機会を見つける場でもある。現在は特に国債において自由で活発な売買が行われているが，かつては政府による金融規制により厳しく制限されていた。

前節で説明した通り，戦後における国債の発行は1965年度から始まった。当時は金融機関を中心とする引受シ団による引受方式によって発行されていたが，金融機関には自由な売買が認められておらず，国債流通市場は1970年代になるまで未発達の状態が続いた。これは国債の自由な売買を認めると，国債価格の下落（利回りの上昇）によって，新規国債の金利が上昇し，国債の発行に伴う財政負担が増すことが懸念されたからである。その代わり，国債の発行から1年経過すれば，日本銀行による買入れの対象となったため，金融機関は保有する国債を日銀に売却することができた[1]。また，1970年代前半までの国債の発行額は大きくなかったこともあり，流通市場が整備されていなくても国債の消化に特段の問題は生じなかった。

しかし，1970年代に入ると国債の大量発行が計画されるようになり，これまでの仕組みで国債を安定的に消化することが難しくなりつつあった。そのため，それまで未発達であった流通市場の整備が進められ，1977年には金融機関が保有する国債の売却が認められるようなった。また，1985年になると，金融機関による公共債の全面的な売買（フル・ディーリング）が認められるようになり，国債の大量発行とあわせて，債券流通市場は大きく進展した。

このような流通市場の発展は，市場金利の形成にも重要な影響を

与えた。上述でも少し触れたが，債券の自由な売買は債券価格の変化を通して，債券の利回りに影響を与える。そして，債券流通市場の利回りは新規に発行する債券の発行条件に影響を及ぼす。実際に，現在の国債のクーポン・レートは国債の利回りに即して決められている。また，最も新しく発行された10年利付国債の利回り（単利）は日本の長期金利の指標となっており，特に重要である。

▷ 債券の取引方法（売買方法）

債券の売買方法には，証券取引所を通じた取引（取引所取引）と証券会社や投資家などが直接取引する相対取引（店頭取引）がある。

取引所取引は，不特定多数の投資家からの売買注文を証券取引所に集約し，銘柄ごとに競争売買を行う取引である。投資家と証券取引所を仲介するのは主に証券会社であり，注文を取り次ぐブローカーとして機能する。また，売買対象は証券取引所によって上場が認められた銘柄のみであり，債券にも上場制度がある。なお，固定利付国債は東京証券取引所などにおいて発行日から上場している。

店頭取引は，投資家からの売買注文に対して証券会社や金融機関が直接その相手方となり，投資家との売買に応じる取引である。この場合の証券会社や金融機関は自己の資金で債券の売買を行うディーラーとして機能しており，それぞれが個々の市場を形成している。このような市場は**店頭市場**と呼ばれ，ディーラー次第ではあるが，発行市場で発行された債券のほとんどが投資対象となりうる。

▷ 債券流通市場の特徴

債券流通市場は上記2つの取引方法のうち，店頭取引がほとんどを占めており，株式流通市場とは異なる大きな特徴の1つとなっている。これは，債券の特徴が取引所取引になじみにくいというのが大きな理由である。たとえば，債券の発行形態は多様であるため，普通株式のような標準化した取引には向いていない。また，債券の銘柄数は私募債を含めると7万以上と非常に多く，かつ満期の到来

4 債券流通市場 89

■表4-2 店頭市場における投資家別の売買高とその構成比

(単位：兆円，カッコ内は％)

年	債券ディーラー	外国人	金融機関	投資信託	生保損保	個人	その他
2000	1,130.5 (57.6)	124.9 (6.4)	370.2 (18.9)	45.6 (2.3)	48.7 (2.5)	3.1 (0.2)	240.1 (12.2)
2005	1,484.2 (53.3)	191.0 (6.9)	586.3 (21.0)	31.9 (1.1)	31.4 (1.1)	1.6 (0.1)	459.5 (16.5)
2010	1,804.3 (52.1)	297.8 (8.6)	746.3 (21.5)	29.4 (0.8)	40.5 (1.2)	1.0 (0.0)	545.3 (15.7)
2015	1,539.0 (52.0)	362.1 (12.2)	348.9 (11.8)	46.0 (1.6)	20.7 (0.7)	0.7 (0.0)	641.6 (21.7)
2020	1,000.4 (39.3)	521.4 (20.5)	302.1 (11.9)	35.6 (1.4)	21.0 (0.8)	0.5 (0.0)	662.4 (26.0)
2023	1,047.9 (35.5)	853.1 (28.9)	365.0 (12.4)	52.3 (1.8)	27.1 (0.9)	0.4 (0.0)	602.5 (20.4)

(注) 現先取引を含まない数値。その他は政府や事業法人などのその他の投資
家の合計。
(出所) 日本証券業協会の公社債店頭売買高より作成。

に伴って次々と入れ替わるため，上場後の管理が難しい。そのほか
の理由として，債券の主な投資家層が機関投資家や金融機関などで
あるため，自由度の高い店頭取引の方が合っているということもあ
げられる。

　ただ，それでも1990年代頃までの東京証券取引所では小口の国
債の売買が行われるなど一定の役割を果たしていた[2]。現在はごく一
部の社債を除いて，取引はほとんど行われていない。

　また，近年の債券流通市場の特徴として，売買のほとんどが国債
であることや外国人投資家の存在感が増していることがあげられる。

　2023年の売買金額は全体で2948兆円であるが，国債はそのうち
の2908兆円と98.6％を占めている。後に説明する現先取引を含め
た場合は4.5京円と桁違いの金額であり，国債はそのうちの99.9％
を占めている。また，表4-2は2000年以降の投資家別の売買高と
その構成比を示しているが，外国人投資家の売買高が近年になるほ

ど増加しており，2023年は全体の約3割に迫る水準にまで増加している。一方，個人投資家による売買高は全体から見ればわずかである。

▷店頭市場における売買の仕組み

店頭市場では，債券ディーラーとしての役割を担う個々の証券会社や金融機関が，それぞれ独自の市場を形成している。投資家は債券の売買を行うにあたって，証券会社などに直接電話などで問い合わせ，売買できる債券の銘柄や価格を確認の上，注文を行う必要がある。

債券ディーラーは投資家からの注文に対して自己の勘定で売買に応じるが，提示する価格には**ビッド**と呼ばれる買値と**アスク**と呼ばれる売値の2種類がある。ディーラーにとっての買値（売値）は投資家にとっての売却（購入）価格になり，この2つの差は**ビッド・アスク・スプレッド**と呼ばれる。たとえば，ディーラーがある債券を投資家から額面100円当たり99.5円で買い取る一方，その債券を100.5円で売る場合のビッド・アスク・スプレッドは1円になる。

このようにディーラーは債券の価格差を利用して利益を得ることができるが，購入した債券を一時的に在庫として抱える必要があるためリスクを伴う。たとえば，先ほどの額面100円当たり99.5円で購入した債券が在庫として抱えている間に値下がりすれば，損失を被る。ビッド・アスク・スプレッドはこのような在庫リスクを負担することに対する報酬という側面があり，特に流動性の低い債券ほど在庫として抱える期間が長くなるため，スプレッドは広くなる傾向がある。

また，主に証券会社間の売買を仲介する機関として，**ブローカーズ・ブローカー（BB）**と呼ばれる機関がある。ディーラーは注文に応じるために債券を在庫として抱える必要があるが，いつでも十分にあるとは限らない。また余分な在庫を減らしたいというニーズも

考えられる。ブローカーズ・ブローカーはこのような在庫の過不足を調整する役割を担っている。日本では1973年に設立された日本相互証券が最大手であり，流動性を高める役割を果たしている。

▷ **債券の取引形態**

債券の取引形態には通常の売買のほかに，債券現先取引や債券貸借取引と呼ばれる取引がある。**債券現先取引**は反対売買の条件が付いた取引である。債券の売り手は一定期間後に債券を買い戻すことを約束して売却する一方，買い手は一定期間後に債券を売り戻すことを約束して購入する。売り手にとっては短期の資金調達手段として機能し，買い手にとっては短期の資金運用手段として機能する。

債券貸借取引は現金を担保とする債券の貸借取引である。貸し手は債券を一定期間貸し出して，その担保として現金を受け取る一方，借り手は債券を一定期間借りて，その担保として現金を差し出す。貸し手にとっては短期の資金調達手段として機能し，借り手にとっては短期の資金運用手段として機能する。担保として扱われる現金に付く金利から債券の品貸料を引いたものを**レポ・レート**と呼ぶ。

▷ **債券の価格情報**

債券の売買は，買い手と売り手の相対取引で行われる店頭取引が中心である。このような取引の取引情報は関係者以外にはわからず，外部の投資家が債券の価格情報を広く入手するのは困難である。しかし，店頭市場における適正な価格形成を実現するためにも価格情報は重要である。そこで，日本証券業協会は協会の会員会社（証券会社）から価格情報を集約し，日々，公表する制度（**公社債店頭売買参考統計値発表制度**）を設けている。現在は国債，地方債，社債など1万を超える銘柄について単価（債券価格），利率（クーポン・レート），利回りなどの統計値を参考情報として入手することができる。

また，株価指数のように，債券にも流通市場全体の価格動向を表す**債券インデックス**と呼ばれる指数がある。ただし，店頭市場は債

券ディーラーごとに市場が形成されているため，主要なディーラーが独自に指数を作成している。日本の代表的な債券インデックスは，野村ホールディングスのNOMURA-BPI（野村ボンド・パフォーマンス・インデックス）であり，国内債券を対象とした運用成績を評価するベンチマークとして活用されている。

5　債券の格付け

　債券の主なリスクには，債務不履行リスク，流動性リスク，金利変動リスクなどがある。これらはいずれも考慮すべき重要なリスクであるが，リスクが発生した場合における投資家への影響は利子や元本の支払いに直接影響を及ぼす債務不履行リスクが最も大きい。

　投資家は，このリスクの程度を評価し，リスクに相応のリターンが得られるかを判断する必要があるが，債券の発行体が債務返済能力を十分に公表しているとは限らない。つまり，投資家と債券の発行体の間には情報の非対称性が存在し，このギャップを解消する情報が求められる。そこで，重要な役割を果たすのが格付機関である。

　格付機関は，債券の発行体が当初の約束通りに利子や元本を支払えるかどうかを第三者として評価し，その確実性をAAA，BB，Cなどの記号（格付記号）で表す。このような信用リスクの評価は**信用格付け**と呼ばれ，特に社債を公募発行する場合は格付会社から格付けを取得することが一般的であるため，証券会社とともに重要な役割を担っている。

▶格付機関と格付記号

　日本で登録されている格付機関は5つある。日本の格付投資情報センター（R&I）と日本格付研究所（JCR）の2つに加えて，外資系のスタンダード・アンド・プアーズ（S&P），ムーディーズ（Moody's），フィッチ・レーティングス（Fitch）の3つである。いずれも民間企

5 債券の格付け 93

▨ 表4-3 格付会社の長期個別債務の格付記号とその基準

	JCR R&I S&P	Moody's	基準（JCR に準拠）
投資適格	AAA	Aaa	債務履行の確実性は最も高い
	AA	Aa	債務履行の確実性は非常に高い
	A	A	債務履行の確実性は高い
	BBB	Baa	債務履行の確実性はあるが，将来低下する可能性がある
投機的	BB	Ba	債務履行に当面問題はないが，将来確実とはいえない
	B	B	債務履行の確実性は乏しい
	CCC	Caa	債務不履行となる可能性がある
	CC	Ca	債務不履行となる可能性が高い
	C	C	債務不履行となる可能性がきわめて高い

（出所）　各格付会社のホームページから作成。

業であり，各機関が表明する格付けは信用リスクの意見であるとい
う点には注意が必要である。つまり，格付けの評価は各機関の将来
の予想であり，利子や元本の支払いを保証しているわけではない。

　格付記号やその定義は格付機関ごとにやや異なるため，ここでは
日本格付研究所に準拠して説明する。まず，格付けは発行体全体の
債務履行能力の評価（発行体格付け）と個別の債務（銘柄格付け）の
評価に分けられ，さらにそれぞれに長期格付けと短期格付けがある。

　長期の個別債務の格付けは最も信用力の高い AAA から始まり
AA，A，BBB，BB，B，CCC，CC，C の順に信用力が低下してい
く。AA から B まではさらに信用力を詳細に表すために＋（プラ
ス）や－（マイナス）の記号がつき，格付けのランクの差をノッチと
いう単位で表す。たとえば，AAA に近い AA は AA＋，A に近い
AA は AA－と表され，AAA と AA－には＋や－を含めて3ノッ
チの差がある。また，短期の個別債務の格付けは1年以内の信用力
を評価したものであり，J-1＋，J-1，J-2，J-3，NJ の順に信用力

■表 4 - 4　格付別のデフォルト数の累計とデフォルト率

格付け	銘柄数 (累計)	デフォルト数の累計（デフォルト率，単位：%）				
		1 年以内	2 年以内	3 年以内	4 年以内	5 年以内
AAA	257	0(0.00)	0(0.00)	0(0.00)	0(0.00)	0(0.00)
AA	1,580	0(0.00)	0(0.00)	0(0.00)	1(0.06)	1(0.06)
A	4,945	1(0.02)	5(0.10)	9(0.18)	14(0.28)	19(0.38)
BBB	3,669	19(0.52)	42(1.14)	64(1.74)	79(2.15)	91(2.48)
BB	266	8(3.01)	16(6.02)	24(9.02)	31(11.7)	37(13.9)
B	40	8(20.0)	14(35.0)	19(47.5)	21(52.5)	21(52.5)
CCC 以下	13	7(53.8)	8(61.5)	8(61.5)	8(61.5)	8(61.5)

（注）　2000 年から 22 年までのデータより作成。当初の格付けは 2018 年までとしている。

（出所）　日本格付研究所の累積デフォルト率等のヒストリカル・データより作成。

が低下していく。

　表 4 - 3 は主要な格付会社の長期の格付記号とその基準を示している。格付けの高さは，表のように債務履行の確実性（信用力）に基づいている。また，AAA から BBB までは**投資適格債**，また BB 以下は**投機的格付債**（ハイイールド債）と呼ばれることがある。

▷格付けの予測能力

　格付けの予測能力がどの程度かは，格付機関が公表しているデフォルトに関するレポートやデータから確認できる。たとえば，日本格付研究所が公表しているデータを見てみよう。表 4 - 4 は，2000 年から 22 年までの格付別のデフォルト数の累計とデフォルト率を示している。各年の年初に付けられた当初の格付けから 5 年後までのデフォルトを数えており，当初の格付けは 2018 年までである。

　全体的な傾向として，デフォルト率は高い格付けほど低く，逆に低い格付けほど高くなっている。最も信用力の高い AAA 格は 5 年以内では 1 件もデフォルトが起きておらず，AA 格でも 1 件にとどまっており，デフォルト率は 0.06％と非常に低い。一方，特に信

5 債券の格付け 95

用力の低い CCC 格以下は 5 年以内のデフォルト率が 61.5％と最も高く，B 格でも 52.5％と非常に高い。また，投資適格債に該当する AAA 格から BBB 格までと投機的格付債に該当する BB 格以下ではデフォルト率に大きな差がある。

　以上の実績を見る限り，日本格付研究所の格付けの予測能力は高く，債務不履行リスクの評価に役立てられると考えられるだろう。

▷**格付機関に内在する問題点**

　最後に，格付機関のビジネスモデルと内在する問題点に触れる。格付機関の主なビジネスとしては，格付けの付与と情報提供サービスの 2 つがある。格付けの付与は，さらに発行体による依頼から開始される依頼格付けと，格付機関の判断により行われる非依頼格付けがある。

　依頼格付けは格付機関が手数料を得て行うビジネスであり，公表情報だけでなく内部情報も含めて格付けの判断が行われる。一方，**非依頼格付け**は格付機関が自ら必要と判断した場合に開始され，入手できる情報（主に公開情報）に基づいて格付けの判断が行われる。

　次に，情報提供サービスは格付けを中心とした投資情報を投資家向けに提供するサービスである。投資家がより詳細な情報を得るためには有料のサービスを利用する必要があり，格付機関の収入源になっている。

　現代の格付機関は，格付けの依頼元から得られる格付手数料によって支えられている。ここで問題となるのは，依頼元に忖度せずに格付けの付与を行うことができるのかという中立性の問題である。

　格付機関は，できる限り多くの格付けの依頼を得たいというインセンティブがある。一方，依頼元はより高い格付けを得ることで社債などの発行条件を有利にしたいだろう。つまり，現代の格付機関のビジネスモデルには独立性を保って格付けの付与を行うことができるのかという問題が内在する。格付機関には格付けの予測能力の

96 第4章 債券市場

信頼性の向上に加えて，発行体からの独立性を保つことが求められる。

●コラム：個人向け社債

　債券市場のプレイヤーの中心は，債券の売買単位や債券市場の規模が巨額であることなどにより，機関投資家や金融機関などのプロの投資家である。その一方で，個人投資家でも購入しやすいように購入金額を小口化した債券（100万円以下）の発行も最近増えている。

　表1は，個人向け社債の発行状況をまとめたものである。銘柄数や発行額は2020年に大きく落ち込んだものの，その後増加し，23年には高い水準になっている。その背景には，企業の資金調達手段の多様化や金利の上昇による個人の投資需要の高まりなどがあると考えられる。実際に，金利の上昇を反映するように表面利率は上昇傾向にある（表1の個人向け社債は額面価額通りに発行されている）。

　また，2015年以降の発行時の格付けを見ると，A格が最も多い（全体で約69％）。これは機関投資家向けの社債の格付けがAAA格

▨表1　個人向け社債の発行状況

年	銘柄数	発行額（兆円）	表面利率（%）		発行時の格付け			
			平均	最大	AAA	AA	A	BBB
2015	30	1.51	0.71	2.50	0	3	21	2
2016	36	1.66	0.43	1.00	0	6	23	3
2017	32	1.46	0.51	2.03	0	7	19	1
2018	31	0.90	0.49	1.80	0	10	15	1
2019	40	1.70	0.48	1.80	0	14	20	0
2020	23	0.60	0.49	1.00	0	4	16	0
2021	23	1.26	0.56	2.40	1	4	10	2
2022	37	1.97	0.89	2.84	0	6	22	2
2023	49	2.15	0.98	3.30	0	8	30	4

（注）　1）　表面利率（クーポンレート）は固定利付債の数値。
　　　　2）　格付けは格付投資情報センターあるいは日本格付研究所を使用（両方ある場合はより高い格付けを使用）。なお，一部の銘柄は格付けを取得していない。
（出所）　日本証券業協会の公社債発行銘柄一覧より作成。

と AA 格で約 47％を占めていることを踏まえると，個人向けはやや
リスクの高い社債が多いことを意味する。さらに，格付けの見直しの
可能性も踏まえると，債券への投資であればリスクは低いと安易に考
えることは禁物である。

◆この章で学んだこと

1．債券は，政府や企業などが資金を調達するために発行する有
　価証券である。債券の発行体には利子の支払いや元本の返済義
　務があるが，債券への投資には債務不履行リスクなどのリスク
　を伴う。

2．債券の形態は多種多様であり，さまざまな視点から分類でき
　る。本章では，発行機関，クーポン・レート，満期，返済の優
　先順位，資金の使途による分類について見てきた。

3．債券発行市場は，債券を発行し，資金を調達するための第 1
　次市場である。現在は国債，社債，地方債の順に発行額が大き
　く，主な投資家層は機関投資家や金融機関などである。

4．債券流通市場は，発行市場で発行された債券の売買を行うた
　めの第 2 次市場である。売買のほとんどは相対で取引を行う店
　頭市場で行われており，国債が売買の大半を占めている。

5．格付機関は，債券の利子や元本の支払いの確実性を評価し，
　その格付情報を投資家に提供することで，債券の発行体と投資
　家の間の情報の非対称性を埋める役割を果たしている。

・注

1）『朝日新聞』1967 年 11 月 14 日付朝刊 7 面（「朝日新聞記事クロスサーチ」
　から）を参照。
2）『日本経済新聞』1998 年 10 月 3 日付朝刊 15 面（「日経テレコン 21」か
　ら）を参照。

98　第 4 章　債 券 市 場

▨ 練 習 問 題

1　投資家の視点から見た債券の特徴について述べてみよう。

2　債券の形態とリスクの関連性について述べてみよう。

3　公募発行と私募発行の違いを述べてみよう。

4　債券流通市場はなぜ店頭市場が中心であるのか述べてみよう。

5　格付機関のビジネスモデルとその問題点について述べてみよう。

・参 考 文 献

川北英隆［2010］,『テキスト株式・債券投資（第 2 版）』中央経済社

谷内満［2017］,『入門 金融の現実と理論——役に立つ金融の知識（第 3 版）』
　　センゲージラーニング

中島真志［2015］,『入門 企業金融論——基礎から学ぶ資金調達の仕組み』東
　　洋経済新報社

中島真志・島村高嘉［2023］,『金融読本（第 32 版）』東洋経済新報社

➤ さらに深く学習するために

大村敬一・俊野雅司［2014］,『証券論』有斐閣

土屋剛俊［2017］,『入門 社債のすべて——発行プロセスから分析・投資手法
　　と倒産時の対応まで』ダイヤモンド社

久保田穣［2021］,『格付分析の教科書』日本橋出版

➤ 参考 URL

財務省ホームページ https://www.mof.go.jp/index.htm

証券保管振替機構ホームページ https://www.jasdec.com/

総務省ホームページ https://www.soumu.go.jp/index.html

地方債協会ホームページ https://www.chihousai.or.jp/

東京都ホームページ https://www.metro.tokyo.lg.jp/

日本証券業協会ホームページ https://www.jsda.or.jp/

日本取引所グループホームページ https://www.jpx.co.jp/

JCR ホームページ https://www.jcr.co.jp/

Moody's ホームページ https://www.moodys.com/Pages/default_ja.aspx

R&I ホームページ https://www.r-i.co.jp/index.html

S&P ホームページ https://www.spglobal.com/ratings/jp/

| 第 5 章 | 債 券 分 析 |

 債券や債券市場について一通り学び終えたので，ものは試しと
個人向け社債を購入してみた。その後，半年ごとの利子を受け取
るたびに債券投資家としての実感が湧いていたが，最近，金利の
上昇に関する話題を聞くことが増えた。確か，債券価格と金利は
逆の動きをするはず。ただ，実際の動きについて見ていなかった。
 そこで，日本証券業協会のホームページの公社債店頭売買参考
統計値から購入した社債の債券価格を調べてみたところ，直近の
平均価格は額面 100 円当たり 95 円であった。想像したよりも大
きく下がっている。なぜと思ったが，そもそも債券価格がどのよ
うに決まるのかについて知らないことに気づいた。また，今後金
利がさらに上昇したときにどの程度の影響を受けるのだろうか。
このような分析は難しそうではあるが，投資の知識は一生ものと
聞く。債券分析について学んで，自分で考えられるようになろう。

1 債券の価値と評価

▶債券の価値とは何か

 債券は，投資家にとってリターン（投資収益率）を得るための資
金運用手段である。そのリターンの大きさは，主に債券の購入価格
と債券から得られる将来キャッシュフロー（利子や元本）によって
決まるが，債券の利子や元本は事前に定められているため，これら
の金額の確実性は非常に高いという特徴がある。つまり，ある債券

を満期まで保有したときのリターンは，購入価格がわかれば求められる。

これは逆に考えると，投資家が要求するリターンから債券の妥当な価格を求めることができるということでもある。そこで，本章では投資家が要求するリターンを金利（割引率）と呼び，これによって評価される債券価格を債券の価値（理論価格）として説明する。

債券の価格に関しては，債券を発行するときの発行価格や，債券を売買するときの債券価格などがあるが，これらは債券市場で形成される実際の価格である。一方，理論価格は債券によって得られる将来キャッシュフローを金利（割引率）で割り引き，現在においてどれだけの価値（現在価値）があるのかを評価したときの価格である。

投資家の立場からすると，債券の理論価格がわかれば，債券価格と比較することで投資判断に役立てられる。また，債券の理論価格が金利の変化によってどのような影響を受けるのかを分析することで，債券投資のリスク管理に役立てられる。

▶金利（割引率）の意味

債券の評価に用いる金利（割引率）は，ある債券に対して投資家が要求する収益率を意味し，大きくは2つの要素から成り立つ。

1つは，リスクがない投資から得られる収益率，つまり**リスクフリー・レート**である。リスクフリー・レートとしてよく利用されるのは国債の利回りである。もう1つは，リスクを負担することに対する報酬，つまり**リスク・プレミアム**である。投資家にとってはリスクのない投資とリスクのある投資の期待収益率が同じでは割に合わないため，リスクを負担する分のプレミアムが上乗せされる。

よって，ここでは債券の価値を評価するときの金利（割引率）をこのリスクフリー・レートとリスク・プレミアムを足したものとする。

▶割引債の評価

では，債券の価値をどのように評価すればよいのだろうか。まず，

最もシンプルな割引債の評価を行う。**割引債**はクーポン・レートが
ゼロであり，利率による利子が支払われない債券である。つまり，
割引債から得られるキャッシュフローは元本の額面金額のみである。

たとえば，額面 100 円，残存期間 1 年の割引債 X を評価しよう。
まず，キャッシュフローは 1 年後の 100 円のみである。ただし，こ
れは将来のお金であるため，現在価値に換算する必要がある。そこ
で用いられるのが金利（割引率）である。ここでは年 4 ％とすると，
この割引債 X の価値 P は次のように 96.15 円となる。

$$P = \frac{100}{1+0.04} = 96.15$$

また，残存期間が 2 年であった場合は次のように 92.46 円となる。

$$P = \frac{100}{(1+0.04)^2} = 92.46$$

よって，額面 100 円，残存期間 n 年の割引債の価値 P は，金利
（割引率）を r とすると，次のように表される。

$$P = \frac{100}{(1+r)^n} \tag{1}$$

▶債券の価値と債券価格の関係

債券価格は債券流通市場で形成される実際の価格であるが，いつ
も債券の価値と同じとは限らない。しかし，市場が効率的であれば，
債券の価値と債券価格は一致すると考えられる。

たとえば，上述の割引債 X（残存期間 1 年）が額面 100 円当たり
94 円で売られている場合，合理的な投資家はどのように判断する
だろうか。金利（割引率）が 4 ％のままであれば，債券価格 94 円は債
券の価値 96.15 円よりも割安である。また，94 円で購入し，満期
まで保有した場合の収益率は 6.38 ％（＝6÷94×100）となり，金利
（割引率）よりも高い。つまり，合理的な投資家は買いと判断をする。

多くの投資家がそのように判断すれば，需要と供給の関係により

債券価格は上昇する。ではどこまで上昇するのかというと，それはこの割引債から得られる収益率が金利（割引率）の水準に等しいところまで上昇する。つまり，債券価格を P，債券投資から得られる収益率を r と置くと，次のように表すことができる。

$$r = \frac{100-P}{P} = 0.04$$

これを解くと，$P=96.15$ となり，割引債 X の現在価値と一致する。

また，割引債 X が額面 100 円当たり 98 円で売買されている場合も同様に考えられる。つまり，債券価格は債券の価値よりも割高であるため（この価格で購入した場合の収益率は 2.04％と金利〔割引率〕の水準よりも低い），合理的な投資家の売り判断によって現在価値の水準まで下落する。このような市場の原理により，債券価格は債券の価値と等しくなると考えられる。

▶固定利付債の評価

次に，固定利付債の評価を行ってみよう。**固定利付債**はクーポン・レートが一定の水準に固定された債券であり，キャッシュフローは毎年の利子と元本の額面金額である。つまり，割引債とは異なり，複数のキャッシュフローから価値を求める必要がある。なお，利払いは一般的に年2回だが，ここでは説明を単純化するために年1回とする。

たとえば，額面 100 円，クーポン・レート4％，残存期間3年の固定利付債 Y を評価する。この利付債のキャッシュフローは1年目の利子である4円，2年目の利子である4円，3年目は利子と元本の合計である 104 円となる。よって，この利付債の価値 P は金利（割引率）を年4％とすると，次のように 100 円となる。

$$P = \frac{4}{1+0.04} + \frac{4}{(1+0.04)^2} + \frac{104}{(1+0.04)^3} = 100$$

つまり，複数のキャッシュフローがあったとしても，それぞれの

現在価値を求めて足すだけで求められる。よって、額面100円、クーポン・レート c（クーポン C 円）、残存期間 n 年の固定利付債の価値 P は、金利（割引率）を r とすると、次のように表される。

$$P = \frac{C}{1+r} + \frac{C}{(1+r)^2} + \frac{C}{(1+r)^3} + \cdots + \frac{C+100}{(1+r)^n} \tag{2}$$

なお、上記の例のように、金利（割引率）とクーポン・レートが等しいときの固定利付債の価値は額面価額と等しくなる。

▶金利（割引率）の変化による影響

これまでの例は金利（割引率）を年4％として評価してきた。ここでは、金利（割引率）が変化した場合の影響について見ていく。

たとえば、上述の固定利付債Yの例から1年経過し、金利（割引率）が4％から6％に上昇した場合と4％から2％に下落した場合の2つを想定する。つまり、評価する固定利付債は額面100円、クーポン・レート4％、残存期間2年であり、1年経過時の利子はすでに支払われたものとする。なお、金利（割引率）が4％と変わらなければ、債券の価値も100円のままである。

まず、金利（割引率）が4％から6％に上昇した場合の債券の価値 P は、(2)式に数値を代入することで、次のように96.33円となる。

$$P = \frac{4}{1+0.06} + \frac{104}{(1+0.06)^2} = 96.33$$

債券の価値は、金利（割引率）が4％のときの100円から96.33円に下落している。これは金利（割引率）の上昇によって、クーポン・レート4％の債券が100円のままでは投資家にとって魅力が乏しくなったと考えるとわかりやすいだろう。また、金利（割引率）が4％から2％に下落した場合も(2)式より同様に求めると、100円から103.88円に上昇する。これは金利（割引率）の下落によって、クーポン・レート4％の債券に対する価値が増したと考えられる。

そして、債券の価値と債券価格の関係のところで説明したように、

債券価格は債券の価値と同じ水準に落ち着くと考えられる。つまり，債券価格と金利の動きは逆の関係になっている。

2 債券の利回り

▶利回りとは何か

債券の利回りは，債券投資から得られるリターン（投資収益率）のことである。前節で説明したとおり，債券のリターンは主に，債券の購入価格と債券から得られる将来キャッシュフローによって決まる。債券の購入価格は，新発債であれば発行価格であり，既発債であれば債券価格となる。また，将来キャッシュフローは利子と元本の支払い，あるいは店頭市場における売却によって得られる売却価格との合計である。

債券の利回りの求め方は，表5-1に示されるようにいくつもの種類がある。保有期間は債券を満期まで保有するか，あるいは満期前に売却するかに分けられる。また，利子の再投資を考慮する複利と考慮しない単利の求め方があり，再投資を考慮する場合はそのリターンの水準によっても分けられる。以下では満期まで保有する場合の**最終利回り**を中心に説明するが，残存期間を保有期間，額面価額を売却価格に置き換えることで**所有期間利回り**も求められる。

▶割引債の利回り

まず，最もシンプルな割引債の利回りから説明する。割引債はクーポン・レートによる利子はゼロであるが，購入価格と額面価格の差は実質的な利子と見なせる。たとえば，額面100円，残存期間3年の割引債Xを94円で購入した場合の複利最終利回りrは，

$$\frac{100}{(1+r)^3}=94$$

を解くことによって得られ，$r=0.0208$（2.08%）となる。

2 債券の利回り 105

■表5-1 利回りの種類と違い

利回りの種類	保有期間	利子の再投資	再投資の想定リターン
最終利回り（複利）	満期まで保有	あり	最終利回りと同じ
実効利回り	満期まで保有	あり	最終利回りと異なる
最終利回り（単利）	満期まで保有	なし	
所有期間利回り（複利）	満期前に売却	あり	所有期間利回りと同じ
所有期間利回り（単利）	満期前に売却	なし	

つまり，額面100円，残存期間n年，購入価格P円の割引債の複利最終利回りrは次の式を解くことで得られる。

$$\frac{100}{(1+r)^n} = P \tag{3}$$

この式は，前節の(1)式と同じ形である。つまり，複利最終利回りは購入価格から求めた金利（割引率）に相当する。

一方，単利最終利回りは実質的な利子が3年間で6円であるため，$r = (6 \div 3) \div 94 = 0.0213$（2.13%）と求められる。つまり，単利の場合は毎年一定の利息が得られると想定してリターンを求めている。

よって，額面100円，残存期間n年，購入価格P円の割引債の単利最終利回りrは次のように表される。

$$r = \frac{\dfrac{100-P}{n}}{P} \tag{4}$$

▷**固定利付債の利回り**

次は，固定利付債の利回りについて説明する。たとえば，額面100円，クーポン・レート4%，残存期間3年の固定利付債Yを102円で購入した場合の複利最終利回りrは，

$$\frac{4}{1+r} + \frac{4}{(1+r)^2} + \frac{104}{(1+r)^3} = 102$$

を解くことによって得られ，$r = 0.0329$（3.29%）となる。なお，毎

106 第5章 債券分析

年の利子が最終利回りで再投資されていることは次の2つの式,

$$102 \times (1+0.0329)^3 = 112.40$$

$$4 \times (1+0.0329)^2 + 4 \times (1+0.0329) + 4 + 100 = 112.40$$

が一致することから確認できる。もし,再投資のリターンの水準を最終利回り以外で計算する場合は**実効利回り**と呼ばれる。

以上より,額面100円,クーポン・レート c(クーポン C 円),残存期間 n 年,購入価格 P 円の固定利付債の複利最終利回り r は次の式を解くことで得られる。

$$\frac{C}{1+r} + \frac{C}{(1+r)^2} + \frac{C}{(1+r)^3} + \cdots + \frac{C+100}{(1+r)^n} = P \qquad (5)$$

この式も前節の(2)式と同じ形である。つまり,複利最終利回りは購入価格と将来キャッシュフローの現在価値の合計を一致させる金利(割引率)に相当する。なお,複利最終利回りは**内部収益率(IRR)**とも呼ばれ,Excel の IRR 関数を利用すれば計算できる。

一方,単利最終利回りは毎年の利子と残存期間で割った価格差より,$r = \{4 + (100-102) \div 3\} \div 102 = 0.0327$(3.27%)と求められる。

よって,額面100円,クーポン・レート c(クーポン C 円),残存期間 n 年,購入単価 P 円の固定利付債の単利最終利回り r は(4)式にクーポン C 円を加えた形となり,次のように表される。

$$r = \frac{C + \dfrac{100-P}{n}}{P} \qquad (6)$$

3 債券の利回り曲線

▶利回り曲線(イールド・カーブ)とは何か

前節では,残存期間3年の割引債あるいは固定利付債の利回りを求めた。しかし,実際の債券市場には同じ発行体であっても異なる

■図 5-1 イールド・カーブの形状

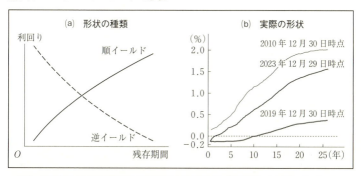

（注） (b)は各時点の超長期国債の残存期間と複利利回り（平均値）から描いている。
（出所） 日本証券業協会の公社債店頭売買参考統計値より作成。

残存期間をもつ債券が存在する。たとえば，日本の国債は短期国債（国庫短期証券）から超長期国債まで幅広い満期をもつ債券が繰り返し発行され，それらが流通市場において活発に売買されている。つまり，債券の利回りは満期までの期間の数だけ求められる。

利回り曲線は，債券の利回りと満期までの期間の関係（金利の期間構造）を描いた曲線を表し，**イールド・カーブ**と呼ばれる。図 5-1(a)は，イールド・カーブの形状の種類を示している。**順イールド**は残存期間が長いほど利回りが高く，実際のイールド・カーブの典型的な形状である。**逆イールド**は残存期間が長いほど利回りが低い形状のことである，またイールド・カーブの形状の一部において，残存期間にかかわらず利回りが一定（フラット）になることもある。

図 5-1(b)は，各時点の超長期国債から描いた実際のイールド・カーブである。いずれも全体的には順イールドであるが，利回りの水準や一部の形状が時期によって異なっていることがわかる。

イールド・カーブに影響を与える要因として，将来の金利の予想やリスク・プレミアムなどがあげられる。たとえば，景気の拡大やインフレの進行などにより将来の金利が上昇すると予想されている

場合，イールド・カーブは右肩上がりの方向や上方へ影響を受けると考えられる。一方，景気後退などで将来の金利が下落すると予想される場合はその逆になる。なお，イールド・カーブの形状が将来の金利の予想によって決まるとする理論は**純粋期待仮説**と呼ばれる。ただ，実際にはイールド・カーブの形状のような金利上昇は起こっておらず，将来の金利の予想だけで決まるとは考えにくい。

また，長期債への投資は短期債への投資よりもリスクが高いため，長期債の利回りにはその分のプレミアムが上乗せされていると考える理論もある。詳しくは次節で説明するが，金利変動リスクの大きさは一般的に残存期間が長い債券ほど大きくなる。また，第4章で説明した流動性リスクの大きさについても同様である。このようなリスクの違いからイールド・カーブの形状を説明しようとする理論は**ターム・プレミアム仮説（流動性プレミアム仮説）**と呼ばれる。

▶スポット・レート

スポット・レートは，割引債の利回りの中でも，各期間に対応した割引国債の複利最終利回りを指す。たとえば，1年物のスポット・レートは残存期間1年の割引国債の利回りを，また2年物のスポット・レートは残存期間2年の利回りを表す。スポット・レートによって描かれたイールド・カーブはスポット・レート・イールド・カーブと呼ばれ，債券の価値を正確に評価する場合に特に重要である。

第1節の固定利付債の評価ではすべての期間のキャッシュフローを同一の金利（割引率）で割り引いたが，これは本来正確ではない。典型的なイールド・カーブが順イールドであることからわかるように，金利（割引率）は通常期間によって異なる。つまり，債券の価値を正確に評価するには各期間のキャッシュフローに対応した金利（割引率）を用いるべきであり，スポット・レートはその基礎となる。

たとえば，1年物，2年物，3年物のスポット・レートがそれぞ

れ年 3 ％, 年 4 ％, 年 5 ％であるとき, 固定利付国債（額面 100 円,
クーポン・レート 4 ％, 残存期間 3 年）の価値は次のように 97.42 円と
なる。

$$P = \frac{4}{1+0.03} + \frac{4}{(1+0.04)^2} + \frac{104}{(1+0.05)^3} = 97.42$$

スポット・レートはこのように各期間に対応するリスクフリー・
レートとして利用することができ, 債券の価値評価において重要で
ある。しかし, 日本では割引国債の売買が限られており, 直接スポッ
ト・レートを得ることは難しい。そのため, ブート・ストラップ法な
ど利付国債からスポット・レートを推定する方法が提案されている。

▶フォワード・レート

スポット・レートは現時点から将来のある時点までの利回りを表
すが, 異なる期間のスポット・レートを利用することで将来の利回
りに関する情報が得られる。たとえば, 1 年物と 2 年物のスポット・
レートをそれぞれ $S_{0,1}$ と $S_{0,2}$ とし, 1 年後を起点とする 1 年間の将
来のスポット・レートを $f_{1,2}$ と置くと, 次のような式が立てられる。

$$(1+S_{0,1}) \times (1+f_{1,2}) = (1+S_{0,2})^2$$

このような式から求められる将来のスポット・レートはフォワー
ド・レートと呼ばれ, 将来のある時点を起点とする任意の期間の利
回りを表す。図 5 - 2 はスポット・レートとフォワード・レートの
関係を示しており, 1 年物と 3 年物のスポット・レートが得られれ
ば, 1 年後を起点とする 2 年間のフォワード・レート $f_{1,3}$ も求めら
れる。

ここで上述の利付国債の例で用いた 3 つのスポット・レートから
フォワード・レートを求めてみよう。この例では, $f_{1,2}$, $f_{1,3}$, $f_{2,3}$ の
3 つのフォワード・レートを次のように求めることができる。

$$f_{1,2} = \{(1+0.04)^2 \div (1+0.03)\} - 1 = 0.0501$$
$$f_{1,3} = \sqrt{\{(1+0.05)^3 \div (1+0.03)\}} - 1 = 0.0601$$

■図5-2 スポット・レートとフォワード・レートの関係

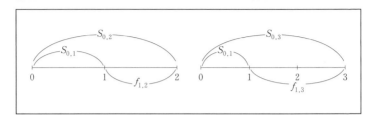

$$f_{2,3} = \{(1+0.05)^3 \div (1+0.04)^2\} - 1 = 0.0703$$

この例では，$S_{0,1}=0.03$，$f_{1,2}=0.0501$，$f_{2,3}=0.0703$ となっており，将来の利回りは上昇している。これは順イールドのときに得られるフォワード・レートの特徴である。ただし，イールド・カーブは将来の金利の予想だけで決まるとは考えにくいため，フォワード・レートの上昇が必ずしも将来の金利の上昇を意味しないことには注意が必要である。

4 債券のリスク管理

▶債券のリスクとその影響

債券の主なリスクは，債務不履行リスク，流動性リスク，金利変動リスクなどがある。このうち，金利変動リスクはほとんどの債券に影響を及ぼす市場リスクといえるものであり，投資方針にかかわらず避けることが困難なリスクである。そのため，債券投資において市場金利の変化によるリスクを把握し，管理することが重要である。

本節では市場金利の変化による影響を2つに分けて説明する。1つは，債券の価値を評価する上で基礎となるリスクフリー・レートの変化を通して，債券価格に与える影響である。もう1つは，債券価格や利子の再投資リターンの変化を通して，債券全体の価値に与

4 債券のリスク管理 111

える影響である。また，最後に複数の債券から構成されるポートフォリオを組んだ場合のリスク管理についても説明する。

　なお，下記で説明する修正デュレーションは，もともと次々項で述べるマコーレーのデュレーションを利用しやすいように修正した尺度であるが，ここでは直観的に理解しやすい修正デュレーションから先に説明する。また，第3節でも説明したように，本来，金利（割引率）は期間によって異なるが，ここでは期間にかかわらず一定であると想定する。

▷修正デュレーション

　市場金利の変化による債券価格への影響は，次式のように債券価格 P と利回り r（本節では利回りを市場金利と見なす）の関係から分析できる。なお，債券の額面は 100 円，クーポンは C 円とする。

$$P(r) = \frac{C}{1+r} + \frac{C}{(1+r)^2} + \frac{C}{(1+r)^3} + \cdots + \frac{C+100}{(1+r)^n} \tag{7}$$

　この式の利回り r を横軸に，債券価格 P を縦軸とした曲線は利回り価格曲線と呼ばれ，利回りの変化による債券価格への影響を直観的に表している。たとえば，額面 100 円，クーポン・レート 4 ％，残存期間 4 年の利付国債（債券 A）と残存期間 8 年であること以外はまったく同じ利付国債（債券 B）の 2 つがあったとする。

　図 5-3(a)はこれらの利回り価格曲線を表しており，どちらも右下がりの曲線を描いている（債券価格と利回りは逆の関係）。しかし，満期がより長い債券 B は債券 A より曲線の傾きの度合いが大きい。これは利回り r の変化による債券価格への影響が 2 つの債券では異なり，債券 B の方がより大きな影響を受けることを意味する。

　ここで現在の利回りを 4 ％（$r=0.04$）とし，利回り r のわずかな変化を Δr と表す。債券価格 P の変化を表す ΔP は，$P(r=0.04+\Delta r)$ $-P(r=0.04)$ から求められる。たとえば，$\Delta r=0.01$ とすると，債券 A と債券 B の ΔP はそれぞれ -3.55 円と -6.46 円と求められる。

■図5-3 利回り価格曲線とその接線

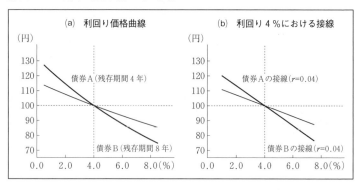

また、ΔP は利回り価格曲線の傾きを利用した式から近似することもできる。つまり、現在の利回り r における瞬間的な傾きを求め、その傾きと Δr を掛けることで ΔP を求めるという方法である。利回り価格曲線の瞬間的な傾きは、(7)式を r で微分して得られる関数（導関数）から求めることができ、次のように表される。

$$\frac{dP(r)}{dr} = -\frac{1}{1+r} \times \left\{ \frac{C}{1+r} + 2 \times \frac{C}{(1+r)^2} + 3 \times \frac{C}{(1+r)^3} + \cdots + n \times \frac{C+100}{(1+r)^n} \right\} \quad (8)$$

たとえば、図5-3(b)は利回り4%のときの債券Aと債券Bの接線を表しており、瞬間的な傾きは(8)式よりそれぞれ -363 と -673 と求められる。よって、利回りが4%から5%に変化したときの ΔP はこれらの傾きに 0.01（1%）を掛けることで -3.63 円と -6.73 円と近似的に計算できる。つまり、債券価格の変化 ΔP は(8)式と Δr より、

$$\Delta P = \frac{dP(r)}{dr} \times \Delta r \quad (9)$$

と表される。また、両辺を現在の利回りから求められる債券価格 P

で割ることで，債券価格 P の変化率を近似する次式が得られる。

$$\frac{\Delta P}{P} = \frac{dP(r)}{dr} \times \frac{1}{P} \times \Delta r = -D_{mod} \times \Delta r \tag{10}$$

D_{mod} は，利回り価格曲線の瞬間的な傾き（右下がりのため符号は負）の絶対値を債券価格で割った値であり，**修正デュレーション**と呼ばれる。つまり，修正デュレーションは利回り r が変化したときの債券価格の変化率の大きさを表した尺度である。たとえば，債券 A と債券 B の修正デュレーションは上述の傾きを利回り 4 ％のときの債券価格（どちらも 100 円）で割ることで 3.63 と 6.73 と求められる。

以上より，市場金利による債券価格への影響は修正デュレーションによって表される。修正デュレーションはその他の条件が同じであれば，①残存期間が長いほど大きくなる，②クーポン・レートが大きいほど小さくなる，③利回り r が大きいほど小さくなる，という特徴がある。なお，修正デュレーションを利用した計算の近似の精度は，Δr が大きくなるほど落ちることには注意が必要である。

▷**マコーレーのデュレーション**

次に市場金利の変化による債券全体の価値への影響について，上述の債券 B（額面 100 円，クーポン・レート 4 ％，残存期間 8 年の利付国債）を例に説明する。まず，現在の利回り r は 4 ％（$r=0.04$）とし，債券 B を債券価格（100 円）で購入する。この債券 B を購入してから t 年後の債券全体の価値 $V(t)$ は次式から求めることができる。

$$V(t) = P \times (1+r)^t = 100 \times (1+0.04)^t \tag{11}$$

たとえば，3 年後の価値は $t=3$ より 112.49 円と求められる。これは，3 年後までの利息（かつ現在の利回りで再投資）と，3 年後の債券価格（100 円のまま）の合計を表す次式からでも確かめられる。

$$V(t=3) = 4 \times (1+0.04)^2 + 4 \times (1+0.04) + 4 + 100 = 112.49$$

次に，債券 B の購入直後に利回り r が 5 ％（$r=0.05$）に変化した

図 5-4 債券全体の価値と利回りの関係

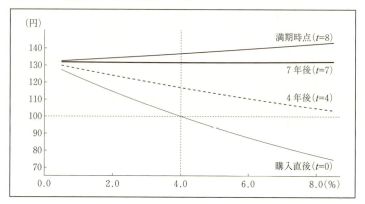

とする。このとき，債券Bの債券価格は 100 円から 93.54 円に下落するが，利回りが5％に上昇したことで(11)式は，

$$V(t) = P \times (1+r)^t = 93.54 \times (1+0.05)^t \quad (12)$$

と置き換えらえる。つまり，利回りの上昇は債券価格の下落を引き起こすが，その後の債券全体の価値の増加率を上昇させる。逆に利回りが下落すると債券価格は上昇するが，価値の増加率は低下する。

図5-4は，債券Bの全体の価値と利回りの関係を示している。購入直後の利回りの変化は債券価格に大きな影響を及ぼすが，その後の債券全体の価値は利回りによる差が年数を経るごとに小さくなっている。そして，利回りにかかわらず債券全体の価値がほとんど一定となる運用期間は7年経過後であることがわかる。このような運用期間（年）を D_{mac} と表すと，次式から求められる。

$$D_{mac} = \left\{ \frac{C}{1+r} + 2 \times \frac{C}{(1+r)^2} + 3 \times \frac{C}{(1+r)^3} + \cdots + n \times \frac{C+100}{(1+r)^n} \right\} \times \frac{1}{P} \quad (13)$$

$$= D_{mod} \times (1+r)$$

D_{mac} は修正デュレーションを表す D_{mod} に $1+r$ を掛けた値であり，マコーレーのデュレーションと呼ばれる。たとえば，債券Bの D_{mac} は利回り4%のときの修正デュレーションである6.73に1.04を掛けることで7年と求められる。なお，マコーレーのデュレーションは，(13)式から，キャッシュフローの発生時点（t）を各キャッシュフローの現在価値が債券価格に占める割合で加重平均して求められる平均回収期間（デュレーション）と説明されることも多い。

▷ポートフォリオのリスク管理

最後に，複数の債券から構成されるポートフォリオのデュレーションについて説明する。債券ポートフォリオのデュレーションは，ポートフォリオを構成する各債券のウェイト（ポートフォリオ全体の投資金額に占める各債券の投資金額）で加重平均して求められる。

たとえば，上述の債券Aと債券Bから構成される債券ポートフォリオのデュレーションを求めてみよう。債券Aの投資比率を w_A，債券Bの投資比率を w_B とすると各デュレーションは次式から求められる。

$$D_{mod}^P = w_A \times D_{mod}^A + w_B \times D_{mod}^B = w_A \times 3.63 + w_B \times 6.73 \qquad (14)$$

$$D_{mac}^P = w_A \times D_{mac}^A + w_B \times D_{mac}^B = w_A \times 3.78 + w_B \times 7.00 \qquad (15)$$

$w_A=0.70$，$w_B=0.30$ とすると，債券ポートフォリオの修正デュレーション D_{mod}^P は4.56，またマコーレーのデュレーション D_{mac}^P は4.75年と求められる（D_{mac}^P が4年を超えているため，債券Aについては4年間で受け取る利子と元本をそれまでと同じ利回りで再投資する必要がある）。逆に，債券ポートフォリオの各デュレーションを目標とする水準になるように各債券のウェイトを調整することで，債券ポートフォリオのリスクを管理することも可能である。

● コラム：債券投資のリスクは低いのか

　債券投資のリスクは，一般的には株式投資よりも低いといわれている。これは株式と債券から得られる将来キャッシュフローの確実性の違いを考えれば，その通りである。また，株価の動きはニュースでよく報道されることもあり，大きく上がったり下がったりと変動が大きいというイメージをもっている読者も多いのではないだろうか。

　一方，債券価格は直接報道される機会があまりなく，実際にどの程度変動するのかはイメージしにくいだろう。そこで，ここでは実際の債券価格の動きを紹介しよう。図1は，2020年1月に新規発行された4つの利付国債の価格の推移を示している。

　図1より，債券価格は全体的に下落傾向ではあるが，その変動の大きさは中期国債（5年）と超長期国債（30年）の変動幅を見比べればわかるように，満期までの期間によって大きく異なる。つまり，債券価格も銘柄によっては大きく変動するということである。

　もちろん債券を満期まで保有すれば，債券価格の推移にかかわらず，元本は返済される（デフォルトしない限り）。しかし，債券投資のリスクは一般的に低いといわれていたとしても，どのようなリスクに直面するのかの分析は怠るべきではないだろう。

■図1　2020年1月に新規発行された利付国債の価格の推移

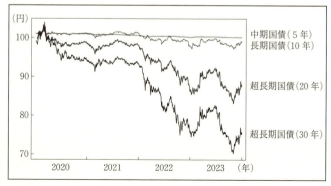

（出所）　日本証券業協会の公社債店頭売買参考統計値より作成。

◆この章で学んだこと

1. 債券の価値は，利子や元本といった将来キャッシュフローを金利（割引）で割り引くことで求められる。債券の価値と債券価格は市場の原理により等しくなるため，債券価格は金利と逆の動きをする。

2. 債券の利回りは，債券投資から得られるリターン（投資収益率）を表す。利回りの求め方にも種類があり，満期まで保有する最終利回りや満期前に売却する所有期間利回りなどがある。また，それぞれに利子の再投資を考慮する複利と考慮しない単利の求め方がある。

3. 利回り曲線（イールド・カーブ）は，債券の利回りと満期までの期間の関係を描いた曲線である。また，スポット・レートは各期間に対応した割引国債の利回りを表し，債券の価値を正確に評価する場合の金利の基礎となる。フォワード・レートは，異なる期間のスポット・レートを利用することで得られる将来の利回りである。

4. 金利変動リスクは，ほとんどの債券に影響を及ぼす市場リスクといえるものであり，そのリスクの影響を管理することが重要である。市場金利による債券価格への影響は，修正デュレーションによって評価される。また，利回りにかかわらず債券全体の価値がほとんど一定となる運用期間は，マコーレーのデュレーションとして求められる。

▨練習問題

① 債券 A は，額面 100 円，残存期間 5 年の割引債である。現在の金利（割引率）を年 3 ％とすると，債券 A の価格はいくらでしょうか。

② 債券 B は，額面 100 円，クーポン・レート 2 ％，残存期間 5 年の固定利付債である。現在の金利（割引率）を年 3 ％とすると，債券 B の

118 第5章 債券分析

価格（価値）はいくらでしょうか。なお，利払いは年1回とします。

③ 債券Bの現在の価格が90円であるとき，債券Bの複利最終利回りは何％でしょうか。なお，残存期間は5年と変わらないものとします。

④ 2年物スポット・レートと4年物スポット・レートがそれぞれ3％と5％であるとき，2年後を起点とする2年間のフォワード・レートは何％でしょうか。

⑤ 債券Bの修正デュレーションとマコーレーのデュレーションはいくらでしょうか。なお，現在の金利（割引率）は年3％とし，残存期間は5年と変わらないとします。

〈解答〉

① 86.26円

② 95.42円

③ 4.26％

④ 7.04％

⑤ 修正デュレーションは4.66，マコーレーのデュレーションは4.80年

● 参 考 文 献

秋森弘・南ホチョル［2021］，『入門 証券・企業金融論』創成社

大村敬一・俊野雅司［2014］，『証券論』有斐閣

坂下晃監修，鳴滝善計・外島健嗣・田村香月子［2019］，『証券投資の基礎知識』晃洋書房

手嶋宣之［2011］，『基本から本格的に学ぶ人のためのファイナンス入門——理論のエッセンスを正確に理解する』ダイヤモンド社

俊野雅司・白須洋子・時岡規夫［2020］，『ファイナンス論・入門——イチからわかる証券投資と企業金融』有斐閣

➤ さらに深く学習するために

岸本直樹・池田昌幸［2019］，『入門・証券投資論』有斐閣

日本証券アナリスト協会編，浅野幸弘・榊原茂樹監修，伊藤敬介・荻島誠治・諏訪部貴嗣［2009］，『新・証券投資論Ⅱ 実務篇』日本経済新聞出版社

| 第6章 | 株式市場 |

現代社会で企業といえば「株式会社」といってよいほど代表的な存在であり，日本においては大小含めて二百数十万社に上っている。また，市場・マーケットといえば「株式市場」がすぐに連想されるほど，社会に定着しているといえよう。株式市場の動向や個別企業の業績が新聞・テレビなどのメディアで報じられない日はなく，それだけ多くの人々にとって基本的かつ重要な情報であると考えられる。本章では，社会において重要な役割を果たしている株式会社と株式の概要，株式市場を運営する証券取引所，株式取引の方法などについて学んでいく。

1 株式会社と株式

▷株式会社の特徴

社会制度として「人類史上最大の発明」の1つともいえる**株式会社**は，営利目的で設立される企業の中で最も代表的な存在である。その名の通り，**株式**を発行して資本を調達し，株式を所有する**株主**で構成される**株主総会**が最高意思決定機関とされている。

株式会社の起源は，16世紀から17世紀にかけての大航海時代に，ヨーロッパ諸国においてアジア地域・植民地との貿易等を行うために設立された組織であると考えられている。資本を保有し継続的な活動を行うものとしては，1602年に設立されたオランダの東インド会社が最初であるといわれている。これらの会社は，本国とアジ

ア地域との間での香辛料，綿布，絹，その他の貿易を独占していた。無事に貿易品をもって帰国すれば大きな利益を上げることができたが，嵐での遭難や海賊の襲撃に遭遇すれば大きな損害を受けた。いわば，ハイリスク・ハイリターンのビジネスを行っていた「企業」であったといえよう。そこで編み出されたのが，多くの人々から自ら出せる範囲の出資金を集め，無事に貿易品をもって帰国すれば出資金に応じて利益が分配されるという，資金集めと利益分配方法を組み合わせた工夫であり，現在の株式と配当の関係として理解することができる。

　日常の業務運営に直接携わらない株主にとって，経営の失敗で大きな負担を求められる可能性があれば出資をためらうであろう。逆に，損失が最大でも出資額の範囲に限定されていれば，成功時の大きなリターンを期待して資金提供を行う人が出てくる可能性がある。株主有限責任の原則は，小口資金の集約による大規模な株式会社設立への道を拓いたと考えられる。さらに，証券取引所の設立をはじめとした市場の整備は，発行済み株式の投資家間での売買を容易にすることで流動性・換金性を向上させた。企業にとっても幅広い投資家層から増資（株式の追加発行）による資金調達を行うことが可能となった。

　企業規模が大きくなるに従い，株式は多数の株主に分散して所有される一方，経営は株主総会で選任された取締役をはじめとする経営者に委ねられることが一般的となった。このような「所有と経営の分離」は上場会社で特に顕著であり，企業経営を適切にコントロールし，経営陣に企業価値向上に向けた努力を促すための方策や仕組み，すなわちコーポレート・ガバナンス（企業統治）のあり方が重要な課題となっている。市場で形成される株価は，当該企業に対する市場参加者のさまざまな評価が集約されたものと考えられ，経営陣にとっても有益な情報を提供しているといえよう。

▷株式の特徴と種類

　株式を所有して株主となることは，その会社に対して出資し，経営に参加することを意味する。株式は株式会社の出資者としての地位を表すものであり，株主の権利は経済的利益に関わる**自益権**と経営参加に関わる**共益権**に大別される。

　自益権は，権利行使の結果がその株主個人だけに及ぶものであり，会社から利益の配当を受ける権利である**剰余金配当請求権**，そして会社が解散した際に残余財産を受け取る権利である**残余財産分配請求権**が代表的なものであり，ほかに株式買取請求権，新株引受権などがある。

　共益権は，権利行使の結果が株主全体の利害に影響するものであり，主なものとしては**総会議決権**がある。総会議決権は，株主が会社の最高意思決定機関である株主総会に参加して，取締役や監査役など役員の選任，決算書類の承認，経営方針など重要な問題に関する決議などを行う権利である。共益権については，ほかに代表訴訟提起権，株主提案権，総会招集権，役員解任請求権などがある。

　日本で発行されている株式の大半は，株主としての権利に特に制限のない普通株式（以下，**普通株**）である。普通株以外には，株主の権利を特定の内容や範囲に限った種類株式（以下，**種類株**）がある。2002 年施行の商法（2001 年 11 月改正）でさまざまな種類株を発行することが可能になった。たとえば，配当や残余財産の配分において優先的な権利をもつ優先株式，逆に優先順位の低い劣後株式，議決権が制限されている議決権制限株式，譲渡が制限される譲渡制限株式，株主総会等の決議に対して拒否権が認められている拒否権付種類株式，株主総会以外での役員の選解任が可能となる役員選解任種類株式，などがある。種類株を利用する具体例としては，ベンチャー企業が出資者のベンチャー・キャピタルに対して取締役の選解任といった特定事項に関してのみ議決権を与えるなど，経営に一

定の関与を認める内容の種類株を発行するケースが考えられる。

なお，株式による資金調達では，経済的利益の分配と経営への関与という両面を配慮する必要がある。新株の割当先によっては，新たな第三者が経営の主導権を握る場合もある。種類株の活用によって，企業と資金提供者の状況や利害に応じた条件を織り込むことができれば，増資による資金調達の可能性が拡大すると考えられる。

なお，2009年1月5日から，株式等振替制度の導入により，上場会社等の株券は無券面化され，証券保管振替機構や証券会社に設けられた口座において電子的に管理されるようになった。

2　日本の株式市場

現在，金融商品取引法に基づく取引所金融商品市場として株式取引が行われているのは，東京証券取引所（東証），名古屋証券取引所（名証），札幌証券取引所（札証），福岡証券取引所（福証）の4つの取引所であり，各証券取引所には上場基準の異なる複数の市場部門が設けられている。上場株式は他の取引所やPTS（証券会社等による私設取引システム）などを通して取引所外で取引されることもある。図6-1は日本の証券市場の構造を示している。

日本の株式市場は1999年以降のさまざまな市場部門開設，証券取引所の統合・再編により大きく枠組みを変化させている。その一因には，東京証券取引所（以下，東証）への一極集中が次第に進み，東証以外の市場は新規上場銘柄の積極的獲得によって，発行市場・流通市場双方の活性化を図らざるをえない状況となったことがあげられる。

1999年には東証にマザーズ市場が創設されると，2000年には大阪証券取引所（以下，大証）に米ナスダックと提携したナスダック・ジャパン市場（2002年12月にヘラクレス市場と名称変更後，10年

2 日本の株式市場

図6-1 日本の株式市場の構造

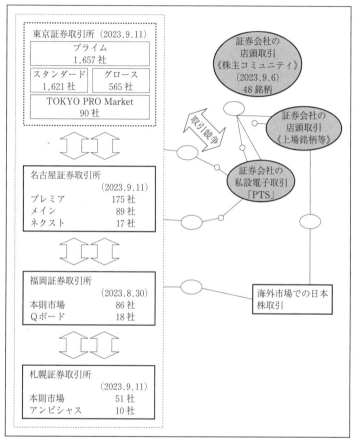

(注) 各取引所上場会社数は2023年末，株主コミュニティは23年9月6日現在の数値。
(出所) 日本証券経済研究所［2024］，53ページをもとに一部修正。

10月ジャスダック市場と統合され，（新）ジャスダック市場となる）を開設し，他の証券取引所にも新興企業向け市場部門が相次いで設置された。

いずれの新興企業向け市場も，成長性に富んだ新興企業の上場を

可能とするために比較的緩やかな上場審査基準を設け，新規上場銘柄の獲得競争を開始した。また，従来，大手証券会社の寡占状態であった主幹事業務についても，中堅・外資系の証券会社が参入するという変化が見られた。

上記のような，すべての投資家が参加可能な新興企業向け市場部門と異なり，金融商品取引法で定められた特定投資家などに参加者が限定された特定取引所金融商品市場として，2009年6月には東証とロンドン証券取引所の合弁でTOKYO AIM取引所が設立された。上場のハードルをより引き下げ，情報開示や上場基準の面で柔軟な規制体系を実現するために，新規上場の判断が取引所の指定するアドバイザーに委ねられた点が大きな特徴であった。だが，設立後2年余り上場企業が現れず，その後も上場が2社にとどまるなど不振であったことから，2012年3年に合弁が解消され，同年7月には東証内の市場としてTOKYO PRO Marketと改称された。

2013年1月には東京証券取引所グループと大阪証券取引所の合併により日本取引所グループ（JPX）が誕生し，同年7月に現物株市場が統合された。21世紀最初の10年余りにわたって繰り広げられた市場間競争は，東証・大証の合併により事実上終結したといえる。

だが，異なる経緯をもつ市場が集約されたことを反映して，東証はさまざまな市場部門を有する複雑な構成となった。そこで，市場コンセプトの明確化，上場会社の持続的な企業価値向上への動機づけ，ベンチャー企業の育成などを図り，市場をより活性化するために，2022年4月に市場区分の見直しが行われ，プライム市場，スタンダード市場，グロース市場の3市場に再編された（図6-2参照）。

3市場の中でプライム市場は最も厳しい上場基準となっており，国内外の機関投資家の投資対象となりうる大企業が上場している。

■ 図6-2　東証の市場再編

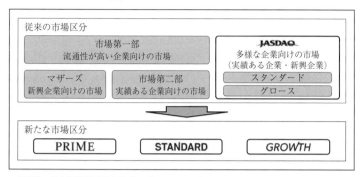

(出所)　日本証券経済研究所［2024］，183ページ。

東証は「多くの機関投資家の投資対象になりうる規模の時価総額（流動性）を持ち，より高いガバナンス水準を備え，投資者との建設的な対話を中心に据えて持続的な成長と中長期的な企業価値の向上にコミットする企業向けの市場」と位置づけている。

スタンダード市場は，「公開された市場における投資対象として一定の時価総額（流動性）を持ち，上場企業としての基本的なガバナンス水準を備えつつ，持続的な成長と中長期的な企業価値の向上にコミットする企業向けの市場」との位置づけで，一定規模の安定した業績・財務基盤をもつ企業向けの市場である。

グロース市場は「高い成長可能性を実現するための事業計画及びその進捗の適時・適切な開示が行われ一定の市場評価が得られる一方，事業実績の観点から相対的にリスクが高い企業向けの市場」とされており，主に成長したスタートアップ（ベンチャー企業）や中小企業が新規上場をめざす市場となっている。

3 株式発行市場

▷株式による資金調達

　株式市場を機能面で大別すると，株式の新規発行により投資家から資金を調達する**発行市場**と，過去に発行された株式が投資家間で売買される**流通市場**に分けることができる。これらの分類は概念的なものであり，実際には証券取引所や証券会社などが中心となって，発行市場，流通市場に関わる役割を果たしている。以下，本節では発行市場について説明を行う。

　株式の新規発行には，資金調達の目的で行われる**有償増資**（単に増資と呼ばれることも多い）と，資金の払い込みを伴わない**株式分割**がある。従来，発行価格の決定方法によって，有償増資には**額面発行，時価発行，中間発行**（額面と時価の間の価格で発行）の3通りがあった。だが，2001年の商法改正によって額面の概念がなくなり，現在は時価発行が基本となっている。また，新株の発行対象によって，広く不特定多数の投資家に対して募集する**公募**，既存株主に所有株数に応じて優先的に新株引受権を与えて発行する**株主割当**，株主以外の特定の第三者に対して新株を発行する**第三者割当**に分類される。株式分割では，たとえば1株が2株に分割されるように，資本金を変えずに発行済み株式数が増加する。新株が発行されるケースは上記のほかに，新株予約権の行使，株式交換制度による子会社株式との交換などがある。

　株式による資金調達のメリットとして，株主は出資額以上の責任を負う必要がないという**株主有限責任**の原則によって，直接経営には参加しない株主から小口資金を集約して投資することを可能とした点がある。さらに，上場株式の場合，流通市場で売却すれば株式を容易に換金可能であることが株式の発行を円滑にしている。会社

にとっては，返済の必要がない最も長期の資金調達手段であり，負債のように元本と利子を事前の契約通りに支払う必要はない。そのため，業績の変動を吸収し，財務の健全性を保つ上でも，一定水準以上の資金を株式で調達することが望まれる。

増資による資金調達は会社側だけが有利に見えるかもしれないが，株主となる投資家にとってもメリットがある。たとえば，業績が好調で多額の利益を上げた場合，負債契約に基づく資金提供では，事前に取り決められた元本や利子を受け取ることしかできない。一方，債権者に支払いを済ませた後の残余部分を，配当の増額や企業価値増加を反映した株価上昇を通じて，株主は享受することができる（残余請求権）。もちろん，業績が低迷しているときには，無配当や株価下落というリスクはあるが，株主有限責任の原則によって，会社が倒産した場合であっても損失は出資額までに限定されている。

また，株式と負債という異なる種類の資金提供・調達の手段が存在することによって，さまざまなタイプの投資家の選好をより満たすことが可能となる。その結果，資金移転のチャネルが充実したものになると考えられる。

ところで，増資の際には，証券会社が発行に関するさまざまなアドバイスをするだけではなく，株式の引受，投資家への分売，事務手続きの代行，売れ残りリスクの負担などを担っている。発行額が多く単独で売れ残りリスクを負担できない場合などは，複数の証券会社によって引受シンジケート団が組織される。その中で，シンジケート団を代表して発行会社と契約にあたるものが，主幹事証券会社である。従来，主幹事を大手証券会社が務めることが大半であったが，近年主幹事獲得競争が活発になり，準大手や外資系などが主幹事を務める例も増加している。

▷ 株式発行市場の現状

日本の株式発行市場については，1970年代半ばまでは株主割当

図6-3 株式による資金調達状況（東証上場会社）

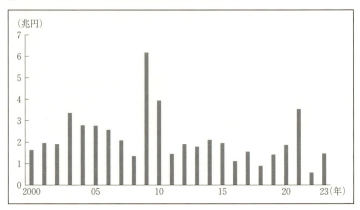

(出所)「上場会社資金調達額」（東京証券取引所）。

による額面発行増資が多かったが，それ以降は公募による時価発行増資が主流となっている。また，1980年代後半には，**エクイティ・ファイナンス**と呼ばれる資金調達がバブル経済期の高株価を背景に活発に行われた。バブル経済期のエクイティ・ファイナンスでは，事前に定められた条件で株式を購入可能な権利（新株予約権，ワラント）の付いた**新株予約権付社債**（ワラント債）や，同様に株式に転換可能な社債である**転換社債**（現在は，転換社債型新株予約権付社債）による資金調達が多く見受けられた。1990年代前半には，バブル経済崩壊後の株価急落を受けて，増資による資金調達は激減した。

図6-3に示されているように，2000年以降は1兆円から3兆円程度の水準で推移している。なお，2009年には金融機関が自己資本比率規制に対応する必要から積極的に増資を実施したこともあり，6兆円を超える資金調達が行われている。

▶新規上場（IPO）

不特定多数の投資家を対象に株式を発行し，広く流通させるためには，原則として株式が公開されている必要がある。新たに株式が

公開されることを**新規上場**（新規公開，株式公開；IPO: initial public offerings）という。新規上場をめざす際には，証券会社や監査法人のサポートを受けながら数年かけて準備を行い，いずれかの証券取引所の上場審査を受けることになる。なお，複数の証券取引所に上場している重複上場銘柄もある。

新規上場の際には，既存株主が保有する株式の売出，そして公募増資をあわせて行うことが多い。すでに上場されている株式と異なり，流通市場での価格を利用することができないため，公募・売出の価格（公開価格）を決定することが新規上場を行う場合には重要な問題となる。新規上場制度や公開価格決定方式は幾度も改正されたが，現在では投資家からの需要を積み上げて主幹事証券会社が公開価格を決定するブックビルディング方式が一般的となっている。

企業が証券市場からの資金調達を行う場合，上場していれば公募増資で多額の資金を集めることができる。また，証券取引所が定める上場基準を満たしているという一定の信用力があるので，社債発行，銀行借入れなどにおいても有利な条件で資金調達が可能になる。

図6-4には新規上場会社数の推移が示されている。2000年代初頭の新規上場をめぐる市場間競争の活発化に伴い，1999年から2007年の間，新規上場企業数は毎年100社以上を数えた。この水準は1990年代半ばについても観察されるものであり，それ自体は特筆すべきものとはいえない。市場間競争の本格化によってもたらされた大きな変化の1つは，会社設立から上場に至る所要年数の大幅な短縮である。特に，東証・大証に開設された両市場においては，設立後10年未満で新規上場を実現した企業が続出した。上場までの所要年数短縮は，スタートアップ（ベンチャー企業）投資の資金回収の目処，すなわち投資の「出口」（Exit）への展望を拓き，より多くの起業家と投資家をベンチャー・ビジネスに参入させる効果を

図6-4　新規上場会社数の推移

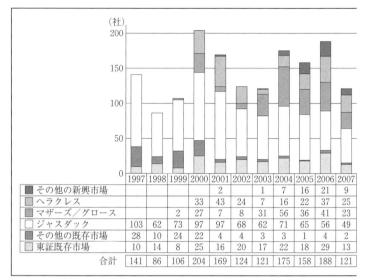

(注)　TOKYO PRO Market の新規上場は除く。その他の新興市場は，名証，福証，札証スタンダードの合計。その他の既存市場は大証，名証，福証，札証の新興企業向け市場
(出所)　日本取引所グループ，『株式公開白書』(プロネクサス)，『株式上場白書』(亜細亜

生むと期待された。

だが，その後の株式市場全体の低迷，とりわけ新規上場株のパフォーマンスが低迷したこと，世界的な金融危機などを背景に，2008年以降，新規上場企業数は急速に減少した。

このような状況のもと，2010年には大証とジャスダック証券取引所の合併に伴い，大証ヘラクレス，大証 NEO，ジャスダックの3市場部門が統合され，新たなジャスダック市場として再スタートした。

さらに，2013年には東証と大証の現物株部門が統合され，図6-2に示されている市場再編前の状態となった。東証と大証の統合以降は，新規上場をめざす企業の大半は東証マザーズをめざすように

3 株式発行市場　131

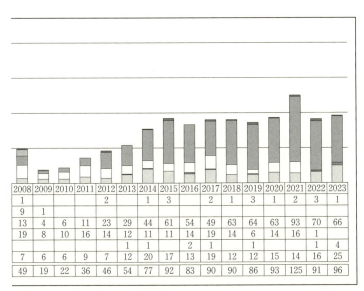

の新興企業向け市場部門の合計。東証既存市場は，東証市場第一部，第二部，プライム，ス
部門以外の市場合計。
証券印刷），『商事法務（臨時増刊・増資白書）』（商事法務研究会）より作成。

なった。2022年の東証市場再編後は，マザーズを実質的に引き継いだグロース市場がIPOの登竜門となっている。

▶**株主還元**

　株主が企業に出資する主な目的は，リターンを得ることと考えられる。会社から株主への利益還元方法としては，配当として現金を株主に支払う方法と自己株式取得（自社株買い，自社株取得）を行う方法があり，両者をあわせて**株主還元**と呼ぶことが多い。自己株式取得とは，企業が自らの資金を使って株式市場から自社の株式を買い戻すことであり，発行済み株式数は減少する。自己株式取得を行うと株価は上昇することが多い。なお，取得した自社株を消却するかどうかは企業側の判断に委ねられており，金庫株としてそのまま

図6-5　全上場企業の株主還元状況

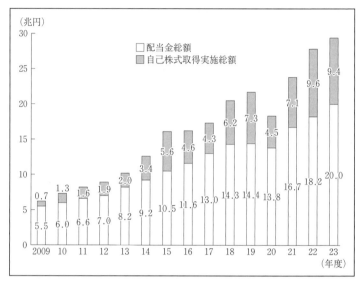

(注)　1)　配当金総額：上場企業の公表した決算短信より，配当金額を決算日の年度（4月～3月）で集計。
　　　2)　自己株式実施総額：2009年4月1日から2024年6月30日までに公表した案件を対象に，取得開始日ベースで集計（普通株式を対象とし，投資法人，外国株は対象外）。
(出所)　株式会社アイ・エヌ情報センター「eol」および「Funding Eye」。

保有し，従業員等に付与するストック・オプションや企業買収のための株式交換などに使うことも可能である。

　近年，資本効率を意識した経営の必要性が認識されるようになったことから，日本企業は株主還元を強化する傾向にあり，2023年度には全上場企業の配当金と自己株式取得実施の総額が合計で30兆円近くに達している（図6-5参照）。

4 株式流通市場

▷取引所の役割

　証券取引所ではさまざまな銘柄の株式が取引されている。多数の買い注文と売り注文の集約される場が存在することによって，買い手・売り手が個別に取引相手を探す場合に比べて，きわめて容易かつ短時間に取引を成立させることができる。株式や債券などの本源的証券がそのまま移転する直接金融では，流動性を確保して金融取引を円滑に行う上で，取引注文の集中は重要な点である。また，証券会社は，投資家と企業の間，あるいは投資家間に本源的証券を流通させる上で重要な役割を果たしている。銀行のような資産変換という形ではなく，売買注文の証券取引所への取り次ぎ，企業情報や市場情報の投資家への提供，企業等が発行する証券の引受・売出による資金調達支援などを行っている。

　取引所などを介して取引する場合，不特定多数の参加者によって取引条件が競争的に決定されるため，取引相手を識別することは困難である。また，相対型取引のように取引相手に関する情報生産に時間をかけることは，そもそも競争的な取引条件の決定にはそぐわない。そのため，取引条件を標準化することに加え，取引対象の質ないしは取引参加者の質が一定以上の水準となるような工夫がなされている。たとえば，幅広い投資家の参加を可能とするために，証券市場のように取引対象となる金融資産を規格化し取引所による上場審査によって一定の質を確保する場合や，あるいはインターバンク市場のように取引参加者に条件を設けて取引の確実な履行を確保する場合がある。

　株式市場で取引対象となる株式は，証券取引所での売買対象として認められていること，すなわち上場していることが必要である。

上場に関する制度としては，株式が証券取引所での取引に適しているかどうかを評価する上場審査制度，上場後にも適格性が維持されるための上場管理制度，投資判断の基礎となる企業情報を開示させるディスクロージャー制度などがあげられる。そして，参加者は企業が開示した情報，財務諸表，格付けをはじめとする公開された情報をもとに判断を下す。

市場の特徴の明確化，金利・価格形成メカニズムの整備，迅速かつ信頼性の高い決済システムの構築などを通じて，多数の注文を集約することは流動性を確保する上で大変重要である。流動性の高い市場には円滑・迅速な取引を求めて注文が集中し，より多くの情報に基づいて金利や価格が形成される。そのことは，金利や価格として公示される情報の信頼性を高める結果，「注文が注文を呼ぶ」という好循環につながり，市場機能を向上させることになると考えられる。

▷株式流通市場の現状

株式流通市場は発行済みの株式を投資家間で売買するための市場であり，企業の資金調達に直接は結びつかない。だが，発達した流通市場の存在は，購入後の株式の換金を容易なものとし，新規に発行される株式の販売を円滑にする。また，企業価値に関する評価が流通市場において株価に集約されることで，当該企業の資本コストについての有用な情報が発信されることにもなる。ただし，流通市場が情報公示機能を十分に果たすには，取引注文ができるだけ１カ所に集中され，多様な評価に基づいて株価が形成されることが望ましい。また，売り・買いそれぞれの注文に厚みのある流動性の高い市場であれば，企業価値の変化と無関係な一時的な注文の動きによって株価が乱高下する恐れは小さくなるだろう。そこで，従来，上場銘柄については取引所に注文を集中させることが義務づけられていた。

4 株式流通市場 135

　だが，ITC（情報通信技術）の発展は，取引所という場所に人手を介して注文を集約させる必要性を低下させた。すなわち，注文の回送，取引の執行，受渡し，清算といった証券取引に関わる一連の業務の大半が，コンピュータと情報通信ネットワークで構成されるシステム上で処理可能となったのである。そのため，売買注文や価格等の情報がネットワークを介して統合されていれば，取引所という地理的に特定の場所に注文を集中させる必要性は薄れたといえよう。

　このように注文を集中させる必要性が低下する一方，取引所集中義務による独占的な地位は，運営を非効率なものにする可能性があると認識されるようになった。また，小口注文も大口注文も同様に集中させて取引を行うことは，大量の資金を運用する機関投資家等にとっては，自らの売買によって株価を変動させることになり，必ずしも望ましいものではない。

　このような背景もあり，日本版ビッグバンにおける改革の1つとして，1998年12月から**取引所集中義務**が撤廃された。取引所に上場されている銘柄についても，大口取引や複数銘柄を一度に取引するバスケット取引を中心に取引所外取引が行われるようになった。取引所外取引では，証券会社がPTS（私設取引システム）と呼ばれる電子証券取引システムを提供して顧客間の注文を仲介している。

　日本において，全取引に占める取引所外取引の比率は15％超（2022年），売買代金は150兆円を超える水準（同年）であるが，依然として取引所における売買が中心となっている。なお，米国では，PTSが発展したECN（電子証券取引ネットワーク）が投資家の直接参加によって取引高を大きく伸ばしている。取引所外取引や他の証券取引所における取引が増加したため，ニューヨーク証券取引所（NYSE）を例にとると，NYSE上場銘柄の売買シェアは3割近くにまで低下している。

　取引所側も，取引所外取引に対抗して，通常の取引時間外に大口

136　第6章　株式市場

■ 図6-6　東証上場会社数の推移

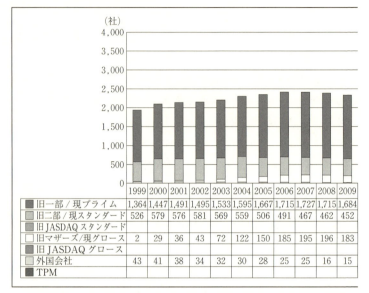

(注)　1)　「TPM」は2012年7月1日付の㈱TOKYO AIM取引所との合併により開設
　　　2)　2013年7月16日付の数値は，大阪証券取引所との現物市場の統合に伴い，東
　　　3)　東証は，2022年4月4日付で旧市場区分（市場第一部，市場第二部，マザー
　　　　　場）へと再編した。
　　　4)　2022年4月4日の市場再編後について，外国会社数は内数として含まれてい
　　　　　る。
(出所)　東京証券取引所「上場会社数・上場株式数」(https://www.jpx.co.jp/listing/co/

取引やバスケット取引などを対象とした立会外取引の制度を導入している。さらに，東証では，売買注文の増加に対応するとともに，機関投資家等からの大量注文を高速で処理するために，2010年1月から新たな売買システムとして「arrowhead」（アローヘッド）を導入しており，4回目のシステム更改を経たarrowhead4.0が2024年11月から稼働している。

図6-6には東証上場会社数の推移が示されている。2013年7月16日から東証と大証の現物市場が統合されたことを反映して，上

4 株式流通市場　137

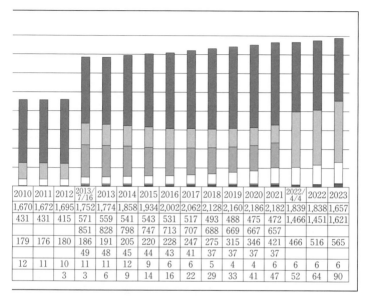

されたプロ向け市場「TOKYO PRO Market」を表す。
京証券取引所に上場した会社数を加えたものを示している。
ズ，JASDAQ）を，3つの新しい市場区分（プライム市場，スタンダード市場，グロース市
る。2023年末現在，プライム1社，スタンダード2社，グロース3社，TPM 0社となって
index.html）。

場会社数は急増している。その後，順調に増加して4000社に迫っている。

図6-7には東証プライム市場（旧市場第一部）の年間売買代金（縦棒グラフ〔左軸〕）と1営業日当たりの平均売買代金（折れ線グラフ〔右軸〕）が示されている。バブル期終盤の1989年にいったんピークをつけた後，90年代は低迷していた。2000年代に入ってからは，世界金融危機での落ち込みはあったものの，近年は増加傾向を示しており，23年には年間で700兆円を超える規模に達している。

図6-7 東証プライム（旧一部）上場株式売買代金の推移

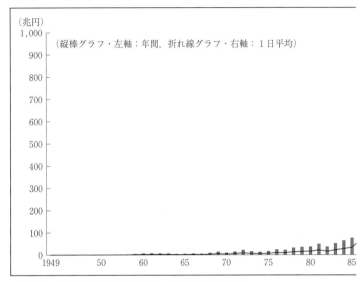

（出所）東京証券取引所「株式売買高・売買代金」より作成。

5 株式の取引方法

▶立会内取引

　日本の取引所における株式の代表的な取引方法は、個別競争売買（オークション）方式による売買立会と呼ばれるものである。コンピュータを利用した売買システムが導入されるまでは、取引所内の立会場と呼ばれる場所に、各会員証券会社の場立と呼ばれる人たちが集まり、取引を行っていた。コンピュータを用いた売買システムが導入された現在では、立会場は使用されていない。通常の取引のことを立会内取引（立会）、売買取引を行う時間のことを立会時間と呼んでおり、東証では午前立会（前場）が9時〜11時30分、午後立

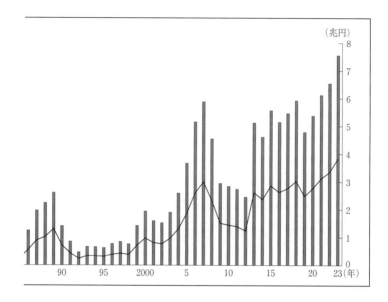

会(後場)が12時30分〜15時30分となっている(後場のザラバ取引終了は15時25分,5分間の注文受付時間の後,15時30分に板寄せを実施)。なお,取引開始を**寄り付き**,取引終了を**引け**(前場については前引け,後場については大引け)と呼んでいる。また,取引の決済は,大半を占める普通取引では売買成立日から起算して3日目に行われることになっている。なお,株式の売買単位は単元と呼ばれており,投資家の利便性向上のため,上場会社については2018年10月1日をもって1単元=100株に統一された。

売買注文する際の値段の刻みを**呼値の単位**といい,銘柄の流動性や価格帯に応じて,0.1円から10万円の間で定められている。

注文については,値段を指定しない**成行注文**,値段を指定する**指値注文**の2種類があり,注文の処理にあたっては,成行注文が優先

140 第6章 株式市場

■表6-1 板寄せの例

累　　計	売り注文（株）	（値段）	買い注文（株）	累　　計
		成行	5,000	
19,000	3,000	520	1,000	6,000
16,000	5,000	519	1,000	7,000
11,000	4,000	518	3,000	10,000
7,000	2,000	517	4,000	14,000
5,000	1,000	516	6,000	20,000
	4,000	成行		

　される。指値注文については，**価格優先の原則**（買い注文の中では最も高い注文，売り注文の中では最も安い注文が優先される）と**時間優先の原則**（同一値段の注文については，先に出された注文が優先される）に従って処理される。

　さらに，原則として寄り付きと引け・大引けでは**板寄せ方式**，板寄せ方式で最初に取引が成立した後の取引時間中は**ザラバ方式**，でそれぞれ注文が処理される。

　板寄せ方式は，立会開始後最初の約定（取引の成立）値段を出す際に用いられる。それまでの注文をすべて同時に出されたものと見なして，価格優先の原則に従って買い注文・売り注文を順次付け合わせていく。売りと買いの成行注文がすべて執行された後で，指値の売り注文と買い注文が同じ価格帯で合致したときに，それまでに付け合わされた注文も，その価格を約定値段として売買取引を成立させる。

　表6-1は板寄せ方式の例であり，取引開始時における注文板（銘柄ごとに売り・買いの値段別の注文状況を表したもの）の状況を示している。以下(1)から(5)は，表6-1の例において，注文が付け合わされ，始値が決まっていく過程を述べたものである。

　(1)　価格優先の原則に従うと，売り注文については成行→516円→517円……という順で約定されることになる。買い注文について

は，成行→520円→519円……という順になる。始値の目処をつけるために，売り注文，買い注文それぞれについて，優先順に注文の累計を確認する。この例では，518円のところで売り・買いの累計が逆転している。

(2) 成行の売り注文4000株と成行の買い注文5000株を約定させる。

(3) 残った成行の1000株ならびに518円より高い値段の買い注文2000株の計3000株を，518円より安い売り注文3000株と約定させる。

(4) 518円の売り注文4000株と，518円の買い注文3000株を約定させる。

(5) このとき，同じ価格帯である518円で，買い注文はすべて約定し，売り注文だけが1000株残っていることから，始値は518円となり，(4)までに約定したすべての注文は518円で取引が約定される。

板寄せ方式では，成行の売り注文・買い注文はすべて約定され，約定値段（この例では始値の518円）より高い買い注文・低い売り注文もすべて約定される。また，約定値段においては，売り注文または買い注文のいずれか一方すべてが約定されることになる。

ザラバ方式は，価格優先の原則と時間優先の原則に従って，最も安い売り注文と最も高い買い注文の値段が合致するときに，その値段を約定値段として取引を成立させるものである。

表6-2はザラバ方式の例であり，始値が決定した後の取引時間中における注文板の状況を示している。なお，同じ値段の注文については，中央側のものほど早い時間に出されたとする。

《ケース1》成行の買い注文2000株が出された場合

最も安い売り注文518円（価格優先の原則）のうち，より早く出された（時間優先の原則）(A)1000株と(B)2000株のうち1000株が，518

142　第6章　株式市場

■表6-2　ザラバの例

売り注文（株）	（値段）	買い注文（株）
(G)1,000, (F)5,000	521	
(E)3,000	520	
(D)2,000, (C)2,000	519	
(B)2,000, (A)1,000	518	
	517	(H)2,000, (I)1,000
	516	(J)1,000, (K)3,000
	515	(L)5,000, (M)1,000

円で約定される。

《ケース2》指値の売り注文（517円で4000株）が出された場合

最も高い買い注文（価格優先の原則）517円の(H)2000株と(I)1000株が517円で約定される。次に516円の買い注文のうち，より早く出された（時間優先の原則）(J)1000株が516円で約定される。

▷立会外取引

証券取引所における中心的な取引は上記の売買立会取引であるが，オークション方式では円滑な執行が困難な大口取引やバスケット取引に対応するため，1990年代後半に補完的な制度として**立会外取引**が導入された。1998年6月には東証にToSTNeTと名づけられた立会外電子取引システムが稼働し，2008年1月にはToSTNeT市場として通常の売買立会市場から独立した市場に位置づけられた。現在では，さまざまなニーズに応えるため，単一銘柄取引，バスケット取引，終値取引，自己株式立会外買付取引の4種類の取引が可能となっている。立会外取引は東証における総売買代金の10〜20％程度（2012〜23年）となっている。

単一銘柄取引は，立会市場の直近値から上下7％以内の価格で，相手方を指定した取引が最低単位から可能となっている。なお，取引時間は8時20分から18時である。

バスケット取引は，15銘柄以上かつ売買代金1億円以上から利

用可能で，構成銘柄の直近値から算出される基準売買代金の上下
5％以内で，相手方を指定した取引が可能となっている。なお，取
引時間は8時20分から18時である。

終値取引は，8時20分から8時45分，11時30分から12時15
分，15時30分から16時30分が取引時間となっており，直近の終
値またはVWAP（volume weighted average price；売買高加重平均価
格）で時間優先の原則に基づいて最低単位から取引が可能となって
いる。

自己株式立会外買付取引は，発行会社による自己株式取得専用の
取引であり，午前の立会前の8時45分に前日終値に基づいた取引
を行う方式となっている。

▶取引所外取引

1998年12月に施行された金融システム改革法により，**取引所外
取引**として PTS（proprietary trading system；私設取引システム）を
証券会社が認可業務として営むことが可能になった。取引規模は，
上場株式売買代金全体の10〜15％程度（2015〜22年）となっている。

PTS 業務において可能とされている売買手法には，**市場価格売
買方式**（証券取引所の価格を利用する方式），**顧客注文対当方式**（ある
顧客の指値と他の顧客の指値が一致した場合にその価格を用いる方式），**顧
客間交渉方式**（顧客間の交渉に基づく価格を利用する方式），**売買気配
提示方式**（PTS を運営する証券会社がマーケット・メイカーとして気配を
顧客に提示して注文に応じる方式），そしてオークション方式がある。

PTS の取引時間は，夜間に特化しているもの，昼夜にわたり長
時間取引可能なもの，昼間中心のものなどさまざまで，対象として
いる顧客層（個人投資家，機関投資家など）に応じて特徴を打ち出し
ている。

なお，PTS などの取引所外取引については，価格の公正性等を
確保するため，価格情報等をリアルタイムで日本証券業協会に報告

144 第6章 株式市場

する義務が課せられており，これらの情報は日本証券業協会のウェブサイトで公表されている。

▷信用取引

信用取引は，投資家が証券会社から融資ないしは貸株という信用供与を受けることによって行う取引である。ある銘柄が割安で将来株価が上昇すると予想した場合には，投資家は十分な資金をもっていなくても，証券会社から融資を受けることによってその銘柄を購入することができる。予想通りに株価が上昇した場合は，その銘柄を売却することによって借入金を返済するとともに利益を得ることができる。一方，ある銘柄が割高で将来株価が下落すると予想した場合は，証券会社から（資金ではなく）現物の株式を借りて売却し，予想通りに株価が下落した場合にはその銘柄を買い戻して現物の株式を返却することで，投資家は利益を得ることができる。融資を受けて株式を購入すること**信用買い**（あまり一般的ではないが，空買いともいう），現物の株式を借りて売却することを**信用売り**（または**空売り**）という。

信用取引においては，投資家の予想に反する方向に株価が変動した場合，借入金や借りた株式の返却が困難になる恐れがある。そのため，証券会社は**委託保証金**を投資家から預かることになっており，現金ないしは有価証券（認められた株式・国債等の時価に一定〔80％程度〕の掛け目を乗じて換算）で３割程度の金額となっている。実質的に保有資金の３倍程度の取引が可能となるため，予想した方向に株価が変動した場合の利益は保有資金に比して大きいが，逆の場合は損失が大きく膨らむ点に注意が必要である。なお，信用買いで買い付けた株式，信用売りでの売却代金は証券会社が管理することになっている。

また，証券会社に預け入れている委託保証金から株価の変動による評価損や金利・貸株料などの諸経費を差し引いた実質的な金額が

規定を下回った際には，追加保証金（追証）を差し入れる必要がある。

制度上の信用取引の分類としては，制度信用取引と一般信用取引がある。制度信用取引は，対象銘柄の選定，金利や品貸料（逆日歩とも呼ばれる），返済期限（最長6ヵ月）などを証券取引所が定めているものである。一般信用取引は，上場株式を対象に，証券会社と投資家の間で取引条件を自由に決定できるものである。

信用取引の決済については，**差金決済**または現物決済が用いられている。差金決済とは，信用買いの場合は証券会社が保管している当該銘柄を売却することによって，信用売りの場合は証券会社が保管している売却代金で当該銘柄を買い戻すことによって，差損益だけを証券会社と投資家の間で受け渡す方式である。現物決済については，信用買いでは，借入金を返済するとともに証券会社が保管していた株式を受け取ることになるため，「現引き」と呼ばれている。信用売りでは，売却代金を受け取るとともに，借りていたものと同じ銘柄を証券会社に引き渡すため，「現渡し」と呼ばれている。

信用取引の役割としては，実際に株式を購入するための資金や売却するための株式をもっている投資家による需給（実需給）に加えて，資金や株式の手持ちがない投資家による需給（仮需給）を株式市場に取り込むことがあげられる。市場に参加する投資家や需給の拡大は，投資判断に関するさまざまな情報が価格形成に反映されるだけでなく，流動性の向上にもつながると考えられる。ただし，信用取引の過度な利用による市場の過熱を防止するために，信用取引の利用が活発な銘柄については信用取引残高を毎日公表する措置（日々公表，なお通常は週1回），委託保証金の引き上げなどが実施されることがある。

6 株 価 指 数

　株価指数とは，株式市場における相場状況を示すために，一定範囲の銘柄を対象として，特定の計算方法で指数化したものである。日本における代表的な株価指数は，**日経平均株価**（日経平均，日経225）と**東証株価指数**（**TOPIX**: Tokyo Stock Price Index）である。株価指数は，相場状況・推移を把握するためだけでなく，デリバティブ商品などさまざまな金融商品において価格算出の基準としても活用されている。加えて，**パッシブ運用**（インデックス運用）と呼ばれる運用手法を採用する投資信託では，運用成果を連動させる目安となる指標（ベンチマーク）として用いられており，近年では投資対象としての性格を強めている。

　日経平均株価は，東証プライム市場上場銘柄のうち代表的な 225 銘柄を対象とし，対象銘柄の株価を用いて算出した指数である。日本経済新聞社が，業種や流動性のバランスを考慮して，対象銘柄の選定，年 2 回の入れ替え，指数の算出を行っている。算出開始は 1950 年 9 月 7 日（1949 年 5 月 16 日まで遡及計算）と 70 年以上の歴史があることから，海外でも広く知られる指数である。ダウ・ジョーンズ社が考案した方式を用いて，株式分割等の影響を取り除いて連続性を保つようにしていることから，ダウ式修正平均とも呼ばれている。なお，日経平均株価は採用銘柄の平均株価に基づいて指数化しているため，株価の高い銘柄の影響を受けやすくなっている。

　TOPIX は，東証プライム市場上場銘柄の大半を対象とした時価総額加重型の指数で，基準日（1968 年 1 月 4 日〔算出開始日は 69 年 7 月 1 日〕）の時価総額を 100 ポイントとし，各時点の時価総額との比較に基づいて算出している点に特徴がある。ただ，近年では，対象銘柄が多く，時価総額の小さな銘柄まで含まれていることから，パ

ッシブ運用を行う上での負担，対象銘柄というだけで投資資金が機械的に流入する問題などが指摘されるようになった。

算出開始当初は東証市場第一部全銘柄が対象となっていたが，東証市場区分再編を契機に，2025年1月にかけて流通時価総額100億円未満の銘柄については段階的なウェイト低減が行われている。さらに，全市場区分（プライム，スタンダード，グロース）を対象として，流動性をより重視した銘柄の定期入替の実施など，投資対象としての機能性向上に向けた見直しが検討されている。

●コラム：共益権の「価値」

　　現在（2024年7月1日時点），上場している種類株（いずれも東証プライム市場）には，「社債型種類株式」に分類される「ソフトバンク㈱第1回社債型種類株式」，「インフロニア・ホールディングス㈱第1回社債型種類株式」と，「優先株等」の「㈱伊藤園第1種優先株式」の3銘柄である。なお，他の上場企業が種類株を発行している例はあるが，それらの銘柄は上場していないため，一般の投資家が容易に売買できるものではない。

　　東証によれば，「社債型種類株式」とは優先株等として上場される株式のうち，社債に類似した商品性をもつ種類株の通称とされている。発行時に定められた固定配当を受け取ることができる点，発行から一定期間後に発行会社が発行価格相当額＋αの金額で取得できる点などから，社債に類似した性質をもつと見なされている。

　　「優先株等」として上場されている「㈱伊藤園第1種優先株式」は，同社の投資家向け情報によれば，下記の特徴をもっており，議決権がない代わりに配当を優先的に受けられる仕組みとなっている。

　　　　議決権：なし

　　　　配当：優先配当（普通配当額×125%。15円が下限）

　　　　残余財産分配権：普通株と同等

　　　　普通株への転換権：なし

　　　　単元株：100株（普通株と同じ）

　　　　株主優待：あり（普通株と同じ）

■図1　伊藤園の普通株と優先株の株価推移

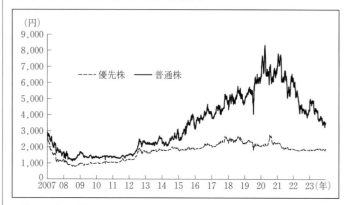

(注)　起点は9月。
(出所)　日経 NEEDS-Financial QUEST, Yahoo!ファイナンスより作成。

ところで，伊藤園は優先株のほかに普通株を上場している。したがって，普通株と優先株の株価を比較することによって，共益権の価値（および配当の違い）に関する投資家の評価を検討することができるかもしれない。

伊藤園の優先株は2007年9月3日に東証に上場された。その後の株価の推移を見てみると，普通株よりも優先株の方が一貫して下回っている（図1）。当初は数百円（15%から40%程度）であったが，その後株価の開きは大きくなり，2倍以上の差がついている時期も多くなっている。最低配当額が15円と定められている上に，普通配当額の25%増の配当を受け取ることができるにもかかわらず，なぜこのような差が生じているのだろうか。

1つの考え方は，共益権の代表格である議決権の価値を反映している，というものである。だが，別の要因も存在するかもしれない。たとえば，株価指数の算出に用いられないため，指数に連動した運用対象から外れることが影響しているとの指摘もある。

売買代金を見ると，優先株は普通株の1割にも満たないことが多い。発行済株式総数が，普通株8921万株，優先株3425万株（2023年4月30日現在の概数）であることを考慮しても，優先株の売買は極端

に少ないと考えられる。ほかに上場している優先株がないために詳細な分析は難しいが，優先株の価格形成にさまざまな問題があること（非効率的である可能性など）を示唆しているのかもしれない。

このコラムを読んでいるみなさんは，上記のような株価の違いを納得できるだろうか。関心をもった方には，インターネット等でデータを入手して，自分なりに検討してもらいたい。

◈この章で学んだこと

1. 株式会社の特徴として，損失が最大でも出資額の範囲に限定される「株主有限責任の原則」によって，株式という形で小口資金を集約して事業を行うことを容易にした点をあげることができる。資金提供者である株主への利益配分額は事前には確定していないが，事業が成功した際には配当や株価上昇という形で大きなリターンを獲得できる可能性がある。

2. 株式は多数の株主に分散して所有される一方，経営は専門的経営者に委ねられる「所有と経営の分離」は上場会社で特に顕著であり，コーポレート・ガバナンス（企業統治）のあり方が重要な課題となっている。市場で形成される株価には，当該企業に対する市場参加者のさまざまな評価が集約されていると考えられ，経営陣にとっても有益な情報を提供しているといえる。

3. 株式は株式会社の出資者としての地位を表すものであり，株主の権利は経済的利益に関わる自益権と経営参加に関わる共益権に大別される。株式の種類としては，株主としての権利に特に制限のない普通株と，株主の権利を特定の内容や範囲に限った種類株がある。種類株の代表的な例としては，配当や残余財産の配分において優先的な権利をもつ優先株式があげられる。

4. 不特定多数の投資家を対象に株式を発行し，広く流通させるためには，原則として株式が公開されている必要がある。新た

に株式が公開されることを新規上場（新規公開，IPO）と呼ぶ。また，証券取引所の設立をはじめとした市場の整備は，発行済株式の投資家間での売買を容易にすることで流動性・換金性を向上させた。企業にとっても幅広い投資家層から増資（株式の追加発行）による資金調達を行うことが可能となった。

5. 従来，取引所集中義務によって上場株式の売買は証券取引所で行うことが義務づけられていたが，1998年に撤廃された。現在では，取引所外取引は，認可された証券会社が運営するPTSと呼ばれる取引システムによって行われており，合計で1割弱程度のシェアとなっている。なお，取引所取引については，9割以上が東証に一極集中している状況である。2013年には東証と大証が合併し，両取引所を傘下にもつ日本取引所グループが誕生した。

6. 取引所での取引は，一般的なオークション方式による売買（売買立会取引）と立会外取引に大別される。売買立会取引における注文執行の方法としては，主として取引開始時・終了時に用いられる板寄せ方式と，板寄せ方式で始値がついた後に用いられるザラバ方式がある。なお，株式の売買単位のことを単元と呼んでおり，原則として会社が自由に決めることができる。

7. 信用取引は，投資家が証券会社から融資ないしは貸株という信用供与を受けることによって行う取引である。融資を受けて株式を購入することを信用買い，現物の株式を借りて売却することを信用売り（または空売り）という。投資家は取引額の3割程度の委託証拠金を証券会社に差し入れることになっている。実質的に保有資金の3倍程度の取引が可能となるため，予想した方向に株価が変動した場合の利益は保有資金に比して大きいが，逆の場合は損失が大きく膨らむ点に注意が必要である。

8. 株価指数とは，株式市場における相場状況を示すために，一

定範囲の銘柄を対象とし，指数の連続性を保つことも考慮して，特定の計算方法で指数化したものである。日本における代表的な株価指数は，日経平均株価と東証株価指数（TOPIX）である。株価指数は，相場状況・推移を把握するためだけでなく，パッシブ運用の投資信託における指標，デリバティブ商品における価格算出の基準など，幅広く活用されている。

▓ 練 習 問 題

[1] 株式と株式会社の特徴について，資金調達，利益配分，経営上の課題に整理して説明してみよう。

[2] 証券取引所に株式を上場させることの意義について検討してみよう。

[3] 売買立会取引における板寄せ方式とザラバ方式について説明してみよう。

[4] 信用取引の特徴について説明してみよう。

[5] 日本の代表的な株価指数とその算出方法の特徴について説明してみよう。

・参 考 文 献

足立光生［2010］，『テキストブック 資本市場』東洋経済新報社

岡村秀夫・田中敦・野間敏克・播磨谷浩三・藤原賢哉［2017］，『金融の仕組みと働き』有斐閣

東京証券取引所グループ渉外広報部『東証要覧』（各年版）

日本証券業協会・高橋文郎編［2012］，『新・証券市場 2012』中央経済社

日本証券経済研究所編［2024］，『図説 日本の証券市場』日本証券経済研究所

➤ さらに深く学習するために

大村敬一・俊野雅司［2014］，『証券論』有斐閣

早稲田大学大学院ファイナンス研究科編，太田亘・宇野淳・竹原均［2011］，『株式市場の流動性と投資家行動──マーケット・マイクロストラクチャー理論と実証』中央経済社

➤ 参考 URL

証券統計ポータルサイト http://www.shouken-toukei.jp/

152　第6章　株式市場

日経平均プロフィル https://indexes.nikkei.co.jp/nkave
日本証券業協会ホームページ https://www.jsda.or.jp/
日本取引所グループ https://www.jpx.co.jp/

第7章	株 式 分 析

　2024年2月22日，日経平均株価が34年ぶりに最高値を更新した。日本の代表的な企業の株価が，これまでに比べて高くなったということである。株価はどのように決まるのだろう。また，株式を購入するかどうかの意思決定は，どのように行えばいいのだろう。

　株式を購入するかどうかを判断する1つの方法は，株式の理論価格を測定することである。理論価格は，株式につけられるはずの価格である。したがって，理論価格を測定し，市場価格と比較することで，その株式を購入するかどうかの判断を下すことができる。ここで，市場価格に理論価格よりも低い価格がつけられている株式を見つけたとしよう。理論価格の計算が適切に行われていれば，時間の経過とともに株式の価格は理論価格に近づくことになる。誰もが，割安な値段がつけられているこの株式を購入しようとするからである。したがって，市場価格が理論価格よりも低く評価されている株式に投資することで，市場価格が理論価格へと近づく過程を通じて株式売却益（キャピタル・ゲイン）を得ることが可能となる。

　本章では，株式について理論価格を計算する方法を理解する。

1　株式投資とリターン

リターン（収益率，あるいは**投資収益率**）とは，投資の収益性の高

154　第7章　株式分析

さを表す指標である。投資から得られる投資利益を投資額で割ることによって計算される。投資利益は，将来得られる投資の回収額から投資額を引いたものである。したがって，リターンは以下のように求めることができる。

$$リターン = \frac{投資利益}{投資額} = \frac{投資の回収額 - 投資額}{投資額}$$

　投資から100万円の利益が得られる場合でも，1000万円の投資が1100万円になった場合と，1億円の投資が1億100万円になった場合とでは，投資の収益性は異なる。リターンを計算すれば，前者は10％，後者は1％であり，収益性が高いのは前者であることがわかる。このように，リターンを計算することで，投資の収益性を比較することが可能となる。リターンは，このような投資の収益性の違いを明らかにするために，投資利益を投資額で基準化したものである。

　株式投資におけるリターンを考えよう。株式を1株 P_0 円で取得し，1年後に D_1 円の配当金を受け取り，P_1 円で売却した場合，投資額は P_0 円，回収額は D_1 円と P_1 円の合計額となるため，1年間の（1年後に得られる）リターン r_1 は，

$$r_1 = \frac{D_1 + P_1 - P_0}{P_0} \tag{1}$$

と計算される。昨年から現在までのリターンも同様に計算することができる。昨年の株価が1株100円，この企業が5円の配当を支払い，現在の株価が102円である場合，この企業の株式のリターン r_0 は，以下のように求められる。

$$r_0 = \frac{5 + 102 - 100}{100} = 0.07$$

つまり，7％である。

　このように，リターンを計算することで，この株式の収益性の高

さが明らかになった。ここで，他の株式のリターンを計算したところ，この株式のリターンが他の株式に比べて高いことがわかったとしよう。この株式は購入するべきなのであろうか。

　投資はハイリスク・ハイリターンである。高いリターンを得るには，高いリスクを負担する必要がある。仮に，この株式から得られる7％のリターンが，他の株式のリターンに比べて高かったとしても，単にこの株式のリスクが高いだけである可能性がある。したがって，リターンを計算して株式を購入するかどうかを判断するには，負担するリスクに見合ったリターンよりも高いリターンが得られるのかどうかを明らかにする必要がある。

　証券のリスクに見合ったリターンは，第9章で学習するCAPMを利用することで計算することができる。第9章の(8)式によれば，無リスク利子率が2％，市場ポートフォリオのリターンが5％，この企業の株式のベータが1.2である場合，この株式のリスクに見合ったリターンは，以下の通り5.6％となる。

$$r=2\% +1.2\times (5\% -2\%)=5.6\%$$

　これは，この株式から得られる7％のリターンが，リスクに見合ったリターンよりも，1.4％高いことを意味している。したがって，この株式は購入するべきであると判断することができる。もし，この企業の株式のベータが1.8であった場合，この株式のリスクに見合ったリターンは8.4％となる。この場合，リスクに見合ったリターンよりも，1.4％低いリターンしか得られないことになるため，この株式は購入するべきではないと判断することになる。

2　株式価値の評価

　第2章で説明された通り，証券の価値は，証券から将来得られるキャッシュフローを，投資家の要求収益率で（投資家の要求収益率を

156　第7章　株式分析

割引率として用いて）割り引いた現在価値として求めることができた。
ここで，キャッシュフローとは，将来の時点において得られる現金
の金額のことである。

　また，このように計算された証券の価値は，無裁定価格となるこ
とも示された。このように計算されたキャッシュフローの現在価値
が，売り手と買い手を満足させる唯一の価格になるということであ
る。そのため，この価格は，その証券につけられるはずの価格を意
味している。したがって，本章では，このように決定される現在価
値を**理論価格**と呼ぶ[1]。この方法は，投資対象の理論価格を，投資対
象から将来得られるキャッシュフローの割引現在価値として計算す
ることから，**DCF**（discounted cash flow）**法**，あるいは**割引キャッシ
ュフロー法**と呼ばれる[2]。

　DCF 法に従えば，証券の理論価格は，証券から将来得られるキ
ャッシュフローの割引現在価値として計算することができる。以下
では，株式という証券について，DCF 法を適用することで，その
理論価格を計算する（価値を評価する）方法を学習する。

▶配当割引モデル

　株主が，株式を保有することから将来得られるキャッシュフロー
として，配当金がある。企業が配当を支払う場合，株主は配当金と
いう形で現金を受け取ることができるからである。さらに，株主が
保有株式を売却する場合，売却代金として売却時の株価を受け取る
ことができる。したがって，株主が保有株式から将来得られるキャ
ッシュフローは，配当金と売却時の株価ということになる。ここで
は，配当を支払う企業について，株式の評価モデルを考えよう。企
業は配当金を 1 年に 1 回，会計年度末（期末）に支払うものとする。

　株主が 1 年後に配当金を受け取り，株式を売却する状況を考えよ
う。ここで，1 年後（今期末）の配当金を D_1，1 年後（今期末）の
売却時の株価を P_1，株主の要求収益率を r とする。DCF 法に従え

ば，この企業の株式の理論価格は，以下のようになる。[3]

$$P_0 = \frac{D_1 + P_1}{1 + r} \tag{2}$$

したがって，企業の株式の価値を評価する場合，1年後の配当金と1年後の株価を予想して，(2)式に代入すればよい。ここで，D_1はどのように予想することができるだろう。企業は配当金を変化させることを嫌がる傾向があることが知られている。特に，日本企業の配当政策は安定配当政策と呼ばれ，1株当たりの配当金をできるだけ変化させないように支払う企業が多いことで知られている。一時的に利益が増加したり減少したりしても，企業は増配（配当を増やすこと）や減配（配当を減らすこと）をしないということである。したがって，このような企業については，過去の配当金を調べることで，将来の配当金を予想することが可能となる。

1年後の株価はどのように予想することができるだろう。配当金と異なり，1年後の株価を予想することは困難である。しかしながら，1年後の株価を測定する方法が存在する。DCF法を適用して，1年後の理論株価を計算すればよい。DCF法によれば，1年後の株価も，（1年後から見た）将来のキャッシュフローの（1年後時点の）現在価値として計算できるはずである。

したがって，2年後の配当金と株価を，それぞれD_2とP_2とすると，1年後の株価P_1は，

$$P_1 = \frac{D_2 + P_2}{1 + r} \tag{3}$$

と計算できる。(3)式において，現時点から2年後のキャッシュフロー，D_2とP_2は，1年後から見た場合，1年後のキャッシュフローであるため，$(1+r)$の1乗で割っていることに注意しよう。(3)式を(2)式に代入すると，

$$P_0 = \frac{D_1}{1+r} + \frac{D_2 + P_2}{(1+r)^2} \qquad (4)$$

となる。(4)式は，株式の理論価格が1年後と2年後の配当金と，2年後の株価の現在価値の合計額として計算できることを示している。ここでも2年後の株価を予想することは困難であるため，2年後の株価の理論価格を計算して(4)に代入することになる。[4] この作業を繰り返すと，株式の理論価格 P_0 は，

$$P_0 = \frac{D_1}{1+r} + \frac{D_2}{(1+r)^2} + \frac{D_3}{(1+r)^3} + \cdots + \frac{D_T + P_T}{(1+r)^T} \qquad (5)$$

と求められる。つまり，理論株価は1年後から T 年後までの配当金と，T 年後の株価の現在価値の合計額となる。

(5)式は，理論株価の計算において，将来の株価（P_T）が必要になることを示している。どこまで先の株価を計算すればよいのだろう。企業に終わりはなく，永久に活動を続けると想定されるため，限りなく遠い将来の株価が必要となる。しかしながら，このような，限りなく遠い将来の株価の現在価値はきわめて小さな値となり，それが理論株価 P_0 に占める割合はごくわずかなものとなるため，その影響を無視することができる。したがって，株式の理論価格 P_0 は，

$$P_0 = \frac{D_1}{1+r} + \frac{D_2}{(1+r)^2} + \frac{D_3}{(1+r)^3} + \cdots = \sum_{t=1}^{\infty} \frac{D_t}{(1+r)^t} \qquad (6)$$

として計算することが可能となる。

(6)式は，株式の理論価格が，将来の配当金の割引現在価値として求められることを明らかにしている。このように配当を割り引くことで株式の理論価格を計算する方法を**配当割引モデル**という。配当割引モデルは，株式から将来得られるキャッシュフローが配当だけであり，売却時の株価を考慮していないように見えるが，そうではないことに注意しよう。

▷ゼロ成長モデル

配当割引モデルに従えば，株主の要求収益率を r とすると，今期末以降，毎期一定額の配当金 D を永久に支払う企業の株式の理論価格は，以下のように求められる。

$$P_0 = \frac{D}{r} \tag{7}$$

ここで，(7)式は，第2章の(13)式を用いて導出されることに注意しよう。この配当割引モデルは，配当金が毎期一定で成長しないため，**ゼロ成長モデル**と呼ばれる。

たとえば，今期末に5円の配当金を支払い，その後，毎年5円の配当金を支払い続ける企業について，株主の要求収益率が5％の場合，この企業の理論株価は，

$$P_0 = \frac{5}{0.05} = 100$$

となる。

▷定率成長モデル

配当割引モデルを用いることで，配当金が毎年一定の率で成長する（増加する）企業の株式の価値も評価することができる。今期末の配当金を D_1，配当金の成長率を g，株主の要求収益率を r とすると，この企業の株式の理論価格は，

$$P_0 = \frac{D_1}{r-g} \tag{8}$$

となる。ただし，$r > g$ である。ここで，(8)式の導出は，第2章の(14)式を用いていることに注意しよう。このモデルは，配当金が一定の率で成長するため，**定率成長モデル**と呼ばれる。

たとえば，今期末に5円の配当金を支払い，それ以降は，毎年3％の成長率で配当金が成長する企業について，株主の要求収益率が5％である場合，この企業の理論株価は以下のように求められる。

160　第7章　株式分析

■表7-1　ROE，再投資率と配当金の成長率の関係

(単位：万円)

	t	$t+1$	$t+2$	$t+3$	$t+4$	…
①期首株主資本	1,000	1,060	1,124	1,191	1,262	
②ROE（%）	10	10	10	10	10	
③当期純利益	100	106	112	119	126	
④再投資	60	63.6	67.4	71.5	75.7	…
⑤配当金（③−④）	40	42.4	44.94	47.64	50.5	
⑥期末株主資本（①+④）	1,060	1,124	1,191	1,262	1,338	
⑦配当金の成長率(%)		6	6	6	6	…

$$P_0 = \frac{5}{0.05-0.03} = 250$$

▷成長率の推定

　配当金が毎年増加する企業については，配当金の成長率が与えられた場合，定率成長モデルを用いて株式の価値を評価することができた。たとえば，上述の例では，成長率は3％であった。しかしながら，実際には配当金の成長率（(8)式の g ）を推定する必要がある。配当金の成長率は，どのように予想することができるだろう。

　ここで，企業の期首の株主資本が1000万円（①）である企業を考えよう。表7-1の通り，この企業のROE（株主資本利益率）は10％（②）とする。この場合，今期（t 期）の当期純利益は100万円（③）となる。したがって，企業が利益を配当せず，投資にも使わない場合，期末の株主資本は10％増加し，1100万円となる[5]。ここでは，この企業が利益の60％を投資に使い（再投資）（④），残りの40％を配当金として株主に還元したとしよう[6]。このとき，企業は40万円の配当金を支払い（⑤），期末の株主資本は期首の株主資本1000万円に，再投資の60万円を加えた1060万円（⑥）となる。

　今期の期末の株主資本は，翌期（$t+1$ 期）の期首の株主資本である。したがって，$t+1$ 期の期首の株主資本は1060万円となり，

ROE は 10%であるため，$t+1$ 期の当期純利益は 106 万円となる。また，企業はその 60%を再投資するため，再投資額は 63.6 万円，配当金は 42.4 万円となる。表には，この企業の配当金は，毎年 6%増えることが示されており（⑦），配当の成長率が 6%となることがわかる。

この 6%という成長率は，再投資率（60%）に ROE（10%）を掛けた値と一致する。つまり，成長率 g は，

$$g＝再投資率×ROE$$

として測定することが可能となる。

この企業が 1 万株の株式を発行しているとしよう。今期末の 1 株当たりの配当金は 40 円となり，これが毎年 6%の成長率で増加することになる。したがって，株主の要求収益率が 8%であるとすると，この企業の株式の理論価格は，

$$P_0＝\frac{40}{0.08－0.06}＝2,000$$

と計算することができ，2000 円と求められる。

▷成長率と株価の関係

上述の企業が利益を再投資せず，その全額を配当金として支払う状況を考えよう（表 7-1 の再投資を 0 円，配当金を 100 万円として考えよう）。企業は再投資をしないため，株主資本は増加せず，今期末以降，毎年 100 万円の配当金，つまり，1 株当たり 100 円の配当金を支払い続けることになる。このとき，この企業の理論株価はゼロ成長モデルを用いて，以下のように，1250 円と求められる。

$$P_0＝\frac{100}{0.08}＝1,250$$

この企業が利益の 60%を再投資する場合，株価は 2000 円と求められた。したがって，この企業は利益を再投資することによって，株価を高めることが可能となることがわかる。

162   第7章　株式分析

■表7-2　要求収益率が8％である場合のROE，再投資率と
　　　　　株価の関係

ROE（%）	再投資率（%）			
	0	50	60	70
6	750	600	545.45	473.68
8	1,000	1,000	1,000	1,000
10	1,250	1,666.67	2,000	3,000

　それでは，すべての企業は配当を減らし，利益のほとんどを再投
資すべきなのであろうか。このことを確認するため，上述の企業の
ROEが10％ではなく，仮に8％であったとした場合を考えよう。

　まず，この企業が利益を再投資せず，その全額を配当する場合，
理論株価は，今期末の配当金は80万円（1株当たりの配当金は80円）
となり，これを要求収益率の8％（0.08）で割ることで1000円と計
算できる。

　次に，この企業が利益の60％を再投資する場合，期末の配当金
は32万円（1株当たりの配当金は32円），成長率は4.8％（$g=0.6\times$
$0.08=0.048$）となる。したがって，理論株価は

$$P_0 = \frac{32}{0.08-0.048} = 1,000$$

となり，再投資率を高めたとしても，株価を高めることができない
ことがわかる。

　表7-2は，6％，8％，10％のROEのもとで，再投資率を変
化させた場合の理論株価を計算したものである。表から，ROEが
10％である場合は，再投資率を高めることで，再投資しない場合に
比べて株価を高めることができることがわかる。

　表はまた，ROEが6％である場合は，再投資をすることで株価
が低下してしまうこと，ROEが8％の場合は，再投資率を変化さ
せたとしても，株価は変化しないこと示している。

2 株式価値の評価 163

■ 表7-3　多段階成長モデルにおける配当金の予想

(単位：万円)

	t	$t+1$	$t+2$	$t+3$	$t+4$	$t+5$	…
①期首株主資本	1,000	1,120	1,254.4	1,367.30	1,435.66	1,507.44	
②ROE（％）	20	20	15	10	10	10	
③当期純利益	200	224	188.16	136.73	143.57	150.74	
④再投資	120	134.4	112.90	68.36	71.78	75.37	…
⑤配当金（③－④）	80	89.6	75.26	68.36	71.78	75.37	
⑥期末株主資本（①＋④）	1,120	1,254.4	1,367.30	1,435.66	1,507.44	1,582.82	
⑦配当金の成長率（％）		12	−16	−9,167	5	5	…

　この企業の株主の要求収益率は，8％であったことを思い出そう。表7-2は，ROEが要求収益率を上回る場合（ROE＞要求収益率）に，企業は株価を高めるために再投資をするべきであること，ROEが要求収益率を下回る場合（ROE＜要求収益率）は，利益を再投資せず，配当として株主に還元するべきであることを明らかにしている。

▷ **多段階成長モデル**

　定率成長モデルは，配当が一定の成長率で永久に増加すると仮定していた。しかしながら現実には，配当を増やし続ける企業を見つけることは困難である。たとえ企業が高い利益率（ROE）を達成する事業を見つけたとしても，そのような事業は他企業の参入を招くことになり，徐々に利益率は低下してしまうからである。したがって，実際には，当初数年間は高い利益率が続き，その後，利益率は徐々に低下すると考えられる。

　表7-3の通り，企業の当初2年間のROEが20％で，その後15％に低下し，その後は10％まで低下する場合を考えよう。表7-3では，ROEの低下を受けて，企業は4年後の再投資率を60％から50％へと低下させ，純利益の50％を配当するとしている。この場合，4年後の配当金68.36万円が成長率5％（$g=0.5×0.1=0.05$）で成長することになる。この企業が1万株の株式を発行している場

■表7-4 多段階成長モデルにおける定率成長モデルの適用

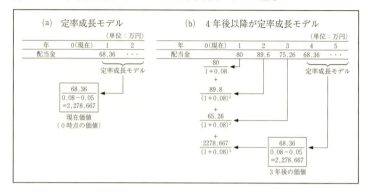

合, 1株当たりの配当金68.36円が5％で成長することになる。したがって, 4年後以降は定率成長モデルとなる。定率成長モデルの計算式を適用すると,

$$P' = \frac{68.36}{0.08-0.05} = 2,278.667$$

と計算できる。ここで, P'は3年後時点の価値であることに注意しよう。定率成長モデルの計算公式（(8)式）は, 1年後の配当金D_1が成長率gで成長する場合の現在価値（つまり0時点の価値）を求める計算式である（表7-4(a)）。ここでは, この計算式を4年後から定率成長する配当金に適用しているため, P'は3年後時点の価値となる。

P'は現在価値ではなく, 3年後の価値であるため, 現在価値に割り引く必要がある（表7-4(b)）。

したがって, この企業の理論株価は以下のように, 2019.885円と求められる。

$$P_0 = \frac{80}{1+0.08} + \frac{89.6}{(1+0.08)^2} + \frac{75.26}{(1+0.08)^3} + \frac{2,278.667}{(1+0.08)^3}$$
$$= 2,019.885$$

このように，今期末（1年後）以降，一定額の配当金を永久に支払うと仮定したゼロ成長モデルや，配当金が一定の成長率で増加すると仮定した定率成長モデルのように，配当金の予想を単純化するのではなく，数年先の配当金については可能な限り正確に予想し，それ以降についてはゼロ成長モデルや定率成長モデルを援用することで，より高い精度で理論株価を求めることが可能となる。この方法は，**多段階成長モデル**と呼ばれる。

3　企業価値と株式価値，負債価値の関係

企業が配当金を支払わない場合や，支払ったとしても安定的に支払わない場合，将来の配当金を正確に予想することは困難になる[7]。このような場合，たとえ配当金を予想して配当割引モデルを適用したとしても，計算結果は実際の理論株価と大きく異なるだろう。つまり，配当割引モデルには，配当金を正確に予測できなければ，理論株価としての精度は低くなってしまうという問題がある。しかしながら，このような配当割引モデルが適用できない企業についても，**企業価値**を評価し，企業の理論価格を求めることで，理論株価を計算することが可能となる。

企業価値とは，企業の市場価値を表す言葉である。市場価値とは現時点の価値である。時価と呼ばれることもある。企業は資産を用いて事業活動を行い，価値を創出しているため，資産を時価評価した（時価に換算した）値が企業価値となる。

貸借対照表において，資産は借方（左側），負債と株主資本は貸方（右側）に記載される。ここで，負債の時価を**負債価値**，株主資本の時価を**株式価値**とすると，貸借対照表の借方の資産と，貸方の負債と株主資本の合計額が一致するように，それらを時価評価した企業価値についても同様の関係が成立する。つまり，株主資本と負

166　第7章　株式分析

債を利用している一般的な企業については，企業価値，株式価値，そして負債価値の間に，以下の関係が成立する。

　　　企業価値＝株式価値＋負債価値

ここで，株式価値は企業の現在の株式の価値である。企業の株式に，今いくらの価値があるのかは，市場に存在するすべての株式（発行済み株式数）に，現時点の株価を掛けることで計算することができる。この値は**株式時価総額**と呼ばれる。したがって，

　　　株式価値＝株式時価総額＝1株当たり株価×発行済み株式数

である。

　同様に，負債価値は**負債時価総額**である。株式と異なり，企業が発行する社債は1種類だけではなく，満期や利率が異なるさまざまなものが存在するため，株式価値のように簡単に計算することができない。加えて，債務不履行（約束された利子や元本が返済できない状態）となる確率がきわめて低い企業においては，負債の時価は簿価と大きく異なることはないと考えられるため，このような企業については，負債時価総額を負債簿価で代用することができる。

　ここでは，話を簡単にするために，負債に債務不履行のリスクがない企業を考えよう[8]。このような場合，現在の企業価値は以下のように求めることができる。

　　　企業価値＝株式時価総額＋負債時価総額
　　　　　　　＝現時点の1株当たり株価×発行済み株式数
　　　　　　　　＋負債簿価

4　DCF法を用いた企業価値の評価

　DCF法によれば，投資対象の理論価格は，投資対象から将来得られるキャッシュフローを，要求収益率で割り引いた現在価値として求めることができた。企業を投資の対象とするのは，投資家，つ

■ 図7-1 要約損益計算書

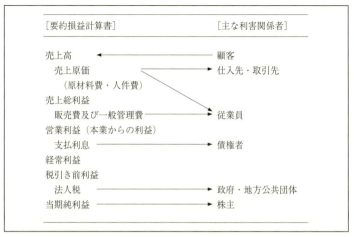

（出所） 朝岡・砂川・岡田［2022］，図表2-7(a)を許可を得て複製。

まり株主と債権者である。したがって，企業の理論価格は，投資家である株主と債権者が，企業から将来受け取るキャッシュフローを，彼／彼女ら（投資家）の要求収益率で割り引くことで計算することができる。

▶フリー・キャッシュフロー

投資家（株主と債権者）が，企業から将来得られるキャッシュフローは，企業からすれば，投資家に自由に分配できる現金の金額であるため，フリー・キャッシュフローと呼ばれる。

図7-1は，損益計算書を要約したものであり，さまざまな利益の概念を示している。図から明らかなように，営業利益は，顧客に製品やサービスを販売することから得た売上高から，それらを生産し，販売するまでに要した費用を支払った後に残された利益である。したがって，営業利益は株主と債権者に分配することができる利益となる。

168 第7章 株式分析

　営業利益からは，まず債権者への利子の支払いが行われる。そして，法人税を支払った後に残された当期純利益は，株主に帰属する利益である。したがって，フリー・キャッシュフローは税引き後営業利益と考えることができそうである。

　しかしながら，フリー・キャッシュフローは税引き後営業利益とは異なる。通常，会計上の利益は，企業が獲得する現金の金額と一致しないからである。したがって，フリー・キャッシュフローを計算するために，税引き後営業利益を出発点として，いくつかの調整をする必要がある。フリー・キャッシュフローは，以下のように求めることができる。

　　　フリー・キャッシュフロー＝税引き後営業利益−設備投資

　　　　＋減価償却費−（＋）運転資本の増加（減少）　　　(9)

　この計算式は，今期のフリー・キャッシュフローを求める場合，税引き後営業利益から出発し，企業が今期に設備投資を行った場合は，**設備投資**の金額を引き，**減価償却費**を加え，さらに期首に比べて期末に**運転資本**が増加する（減少する）場合には，その金額を引けば（足せば）良いことを意味している。

▷**設備投資と減価償却費**

　企業が今期，設備投資として固定資産を取得した場合を考えよう。その金額は今期の現金の流出となるが，会計上はこれを減価償却費として扱い，その一部しか今期の費用に計上しない。したがって，たとえ売上総利益と現金流入額が一致していたとしても，売上総利益から減価償却費を引くことで計算される営業利益は，現金の流入額とは一致しないことになる[9]。

　たとえば，企業の今期の売上総利益が現金流入額に等しく，500万円であるとしよう。そして，今期1000万円の固定資産を取得し，今期末以降10年間にわたり毎年100万円を定額償却する場合を考えよう。この場合，今期は企業から500万円の現金が流出している

4　DCF 法を用いた企業価値の評価　169

にもかかわらず，400 万円の営業利益が計上されることになる。このため，(9)式のように，営業利益 400 万円から設備投資 1000 万円を引き，減価償却費 100 万円を加えることで，この違いを調整するのである。この結果，今期の現金流出額が 500 万円と計算できる。

▷ **運転資本の増減**

　次に，運転資本について考えよう。運転資本とは**流動資産**から**流動負債**を引いた金額である。したがって，(9)式の運転資本の増加（減少）は，期末の運転資本から期首の運転資本を引くことで，（期末の流動資産－期末の流動負債）－（期首の流動資産－期首の流動負債）として求められる。流動資産の主なものは**売上債権**と**棚卸資産**であり，流動負債の主なものは**仕入債務**である。

　通常，売上高は現金流入額と一致しない。売上高には，売掛金や受取手形といった売上債権が含まれるからである。売上高が 1000万円であり，売上原価が現金流出額に等しく 500 万円であれば，売上総利益は 500 万円である。しかしながら，売上高のうち，売上債権が 300 万円なのであれば，現金流入額は 200 万円となる。

　また，棚卸資産については，これを取得するために支払った金額は，それが販売されるまで売上原価に計上されない。たとえば，棚卸資産が 100 万円増加しており，これを現金で取得していたとしよう。この場合，たとえ売上高が 500 万円，売上原価が 300 万円で，それぞれ現金流入額，流出額に等しかったとしても，棚卸資産の増加額 100 万円は売上原価に反映されていないため，売上総利益は200 万円であるのに対し，現金流入額は 100 万円となる。

　このように，今期に発生した売上債権や棚卸資産の増加の分だけ，売上総利益の方が現金流入額よりも大きくなる。したがって，現金流入額を計算するために，これらを税引き後営業利益から差し引く必要がある。

　次に，売上原価も現金流出額と一致しない。売上原価には，買掛

金や支払手形といった仕入債務が含まれるからである。売上高が現金流入額に等しく 1000 万円であり，売上原価が 500 万円であれば，売上総利益は 500 万円である。しかしながら，売上原価のうち，仕入債務が 200 万円なのであれば，現金流入額は 700 万円となる。

つまり，今期に発生した仕入債務の分だけ，売上総利益の方が現金流入額よりも小さくなる。したがって，現金流入額を求めるために，この金額を税引き後営業利益に足し戻す必要がある。

注 10 より，運転資本の増加（減少）は，（期末の流動資産−期首の流動資産）−（期末の流動負債−期首の流動負債）であった。前者は今期に発生した売上債権と，増加した棚卸資産の金額であり，後者は今期に発生した仕入債務の金額である。したがって，(9)式のような調整をすることにより，現金流入額を計算することが可能となる。

▶投資家の要求収益率

次に，投資家の要求収益率を考えよう。株主の要求収益率は，株式のリスクに見合ったリターンであり，CAPM を用いて計算することができる。同様に，債権者の要求収益率は，負債のリスクに見合ったリターンである。今，この企業の負債にはリスクがなく，債権者はリスクを負担していないため，リスク・プレミアムを要求することはできない。したがって，債権者の要求収益率は無リスク利子率となる。ここで，株主の要求収益率が 8 ％，債権者の要求収益率が 4 ％だとしよう。また，この企業の株主資本は 5000 万円，負債は 3000 万円であるとしよう。このとき，投資家の要求収益率は，

$$投資家の要求収益率 = \frac{5,000}{8,000} \times 8\% + \frac{3,000}{8,000} \times 4\% = 6.5\%$$

と計算できる[11]。投資家全体で考えれば，投資家は投資額 8000 万円のうち株主資本の 5000 万円については 8 ％のリターン，負債の 3000 万円については 4 ％のリターンを求めるからである[12]。

4 DCF法を用いた企業価値の評価 171

■表7-5 負債利用による節税効果

	負債を利用しない企業	負債を利用する企業
①税引き前の営業利益	100	100
②利子支払額（20万円）	0	20
③課税対象額（①－②）	100	80
④法人税（40%）（③×40%）	40	32
⑤当期純利益（①－②－④）	60	48
⑥税引き後の営業利益（②＋⑤）	60	68

　したがって，投資家の要求収益率は，株主の要求収益率と債権者の要求収益率の加重平均値として計算することができ，

$$r = \frac{E}{V} \times r_e + \frac{D}{V} \times r_d$$

と求めることができる。ここで，r_e は株主の要求収益率，r_d は債権者の要求収益率である。r_e は CAPM から求めることができ，負債にはリスクがないため，r_d は無リスク利子率に等しくなる。E は株主資本（時価），D は負債である。$V = E + D$ であり，V は使用している資本合計であるため，総資本と呼ばれる[13]。また，E/V は**株主資本比率**，D/V は**負債比率**と呼ばれ，これらは企業の**資本構成**を表す。

　企業は法人税を支払う必要がある。法人税は負債の利子を支払った後の利益に課せられるため，負債を利用する企業の法人税は，負債を利用しない企業に比べて小さくなる。これを**負債利用による節税効果**と呼ぶ。この結果，税引き後の営業利益（したがって，(9)式で求められるフリー・キャッシュフロー）は，負債を利用する企業の方が，負債を利用しない企業よりも大きくなる。

　表7-5は，税引き前の営業利益が100万円の企業について，法人税率が40%である場合に，負債を利用する企業と利用しない企業で，税引き後の営業利益を比較したものである。ここで，負債を利用する企業の利子支払額は20万円とする。

172　第7章　株式分析

　表7-5の通り，負債を利用しない企業については，法人税は税引き前の営業利益の全額に課税されるため（③），40万円となり（④），税引き後の営業利益は60万円（⑥）となる。一方，負債を利用する企業においては，税引き前の営業利益から，債権者への利子が支払われる（②）。法人税は，利子を支払った後に残された金額に課せられるため，課税対象額は80万円となり（③），法人税は32万円となる（④）。これが負債利用による節税効果である。この結果，負債を利用する企業の税引き後の営業利益は68万円となり，節約した法人税の分だけ，負債を利用しない企業を上回ることになる。

　この節税効果は，債権者の要求収益率を法人税率の分だけ小さくすることで調整することができる。したがって，投資家の要求収益率は法人税を考慮すると，

$$r = \frac{E}{V} \times r_e + \frac{D}{V} \times r_d \times (1-t)$$

と求められる。ここで，t は法人税である。

▶投資家の要求収益率と企業の資本コスト

　図7-2は，ヒト，モノ，カネという経営資源と企業の関係を示している。企業はこれらの経営資源を用いて製品やサービスを生産し，それを販売することで収益を得ている。

　企業はこれらの経営資源を無料で入手することはできない。ヒトという経営資源を提供する従業員は，給料が支払わなければ労働力を提供しない。また，モノという経営資源を提供する取引先も，原材料の代金が支払われなければ原材料を提供しないだろう。カネという経営資源を提供する投資家も同様である。資金に対する支払いがなければ資金を提供することはない。これは，経営資源の提供者が，資源提供の見返りに支払いを求めることを意味している。

　これらの経営資源の提供者の中で，カネという経営資源を提供する投資家だけが，資金を提供して資金の形で支払いを受ける。つま

■図7-2 経営資源と企業の関係

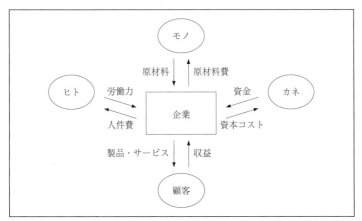

(出所) 砂川・笠原 [2015], 図表 1.1 を許可を得て複製。

り, 投資家が要求する支払いは, 資金の増加率である収益率で表すことができる。これが**投資家の要求収益率**である。

企業から見れば, 投資家の要求収益率は, 資金を提供してもらう見返りに支払わなければならない費用となる。従業員に対する給料を人件費, 原材料に対する支払いを原材料費と呼ぶのと同様, 資金に対する支払いは, 資本に対する費用であるため, **資本コスト**と呼ばれる。つまり, 投資家の要求収益率は, 企業にとっての資本コストという関係が成立する。企業からすれば, 株主の要求収益率は**株式の資本コスト**であり, 債権者の要求収益率は**負債の資本コスト**である。したがって, 投資家の要求収益率 r は, 企業から見た場合,

$$WACC = \frac{E}{V} \times k_e + \frac{D}{V} \times k_d \times (1-t) \tag{10}$$

と表される。ここで, k_e は株式の資本コストであり, k_d は負債の資本コストである。(10)式は, 企業の資本コストが, 株式の資本コストと負債の資本コストの加重平均値として計算されることを示して

174 第7章 株式分析

いる。したがって，企業の資本コストは**加重平均資本コスト**，あるいは $\overset{\text{ワック}}{\text{WACC}}$（weighted average cost of capital）と呼ばれる。

5 企業価値の評価と理論株価の算出

▷企業価値の評価

第4節は，企業の理論価格が，フリー・キャッシュフローを，WACCを割引率として用いた割引現在価値となることを示している。企業活動は終わりを想定していないため，企業は毎年，永久にフリー・キャッシュフローを獲得することになる。したがって，企業価値は，

$$V = \sum_{t=1}^{\infty} \frac{FCF_t}{(1 + WACC)^t} \tag{11}$$

と計算することができる。

ここで，配当割引モデルと同様，より正確に企業価値を求めるために，直近のフリー・キャッシュフローについては正確に予想し，それ以降については予想を単純化し，フリー・キャッシュフローが一定額で続くと仮定したり，一定の成長率で増加すると仮定することが多い。

(11)式に基づき，企業価値を評価しよう。表7-6は，この企業が将来獲得すると予想されているフリー・キャッシュフローである。企業は，1年後から5年後まで，900万円，700万円，800万円，600万円，500万円のフリー・キャッシュフローを獲得し，6年後以降は毎年400万円を獲得すると予想されている。

ここで，マーケット・ポートフォリオの期待リターンが10％，無リスク利子率が5％であるとしよう。また，法人税率は40％，この企業の株式の β は2.1で，株主資本を2000万円，負債を3000万円使用しており，負債に債務不履行のリスクはないものとする。

5 企業価値の評価と理論株価の算出 175

■表7-6 フリー・キャッシュフロー

(単位：万円)

年	1	2	3	4	5	6	…
フリー・キャッシュフロー	900	700	800	600	500	400	…

この企業の企業価値を評価するために，割引率である WACC を求めなければならない。まず，CAPM より，株式の資本コストは，

$$k_e = 5\% + 2.1(10\% - 5\%) = 15.5\%$$

となる。負債の資本コストは 5 ％であるため，WACC は，

$$WACC = \frac{2,000}{5,000} \times 15.5\% + \frac{3,000}{5,000} \times 5\% \times (1-0.4) = 8\%$$

と計算できる。

次に，8 ％を割引率として，フリー・キャッシュフローを割り引くことになる。フリー・キャッシュフローは 6 年後以降，毎年 400 万円となり，この部分については，ゼロ成長モデルの計算式を適用することになる。このように，将来のフリー・キャッシュフローの予想を単純化し，ゼロ成長モデルや定率成長モデルの計算式を用いて計算される金額を**ターミナル・バリュー**（terminal value），あるいは**継続価値**と呼ぶ。したがって，継続価値は以下のように計算できる。

$$継続価値 = \frac{400}{0.08} = 5,000$$

ここで，継続価値は現在価値ではないことに注意しよう。多段階配当割引モデルで確認したように，6 年後以降のフリー・キャッシュフローにゼロ成長モデルの計算式を適用したため，継続価値は 5 年後時点の価値である。

したがって，この企業の企業価値 V は，

$$V = \frac{900}{1+0.08} + \frac{700}{(1+0.08)^2} + \frac{800}{(1+0.08)^3} + \frac{600}{(1+0.08)^4}$$

$$+ \frac{500}{(1+0.08)^5} + \frac{5,000}{(1+0.08)^5} \quad (12)$$

$$= 6,255$$

となり，この企業の企業価値は6255万円と評価される。最後の項は，継続価値の現在価値であることに注意しよう。

●コラム：現在価値の計算方法

(12)式のような現在価値の計算を行う場合，たとえば，マイクロソフト社のエクセルなどの表計算ソフトを利用することができる。エクセルでは，現在価値を計算するNPV関数が用意されている。

図1のように，NPV関数の割引率のボックスで8％（B1），そして，値1のボックスで1年後から5年後までのフリー・キャッシュフロー（D4：H4）を選択し，OKを押すと，現在価値は¥6253と計算される。ここで，5年後のフリー・キャッシュフローを5500としていることに注意しよう。エクセルで計算する場合，小数点を四捨五入する影響によって，複利現価表を用いた計算結果（(12)式）とわずかに異なることがある。

▒ 図1　NPV関数

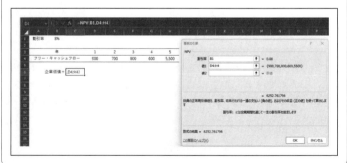

5 企業価値の評価と理論株価 177

▷**理論株価**

　第3節で，企業価値は株式価値と負債価値の合計に等しいことを理解した。

　　　　企業価値＝株式価値＋負債価値

　　　　　　　　＝株式時価総額＋負債時価総額

であり，現在の企業価値は，

　　　　企業価値＝現在の1株当たり株価×発行済み株式数＋負債簿価

であった。企業価値評価によって求められるのは，企業の理論価格である。この場合，企業価値は，

　　　　企業価値＝1株当たり理論株価×発行済み株式数＋負債簿価

になる。したがって，企業の理論価格から負債簿価を引き，発行済み株式数で割ることによって，1株当たり理論株価を求めることができる。たとえば，⑿式で企業価値を計算した企業については，

　　　　株式時価総額＝6,255（企業価値）－3,000（負債簿価）＝3,255

より，株式時価総額は3255万円となる。したがって，この企業の発行済み株式数が7000株の場合，

$$1株当たり理論株価＝\frac{3,255万円}{7,000株}＝4,650$$

となり，1株当たり理論株価は4650円となる。

　ここで，この企業の株式が，市場で4000円で売られているとしよう。この場合，株価は今後4650円まで値上がりすると考えられるため，この株式を購入するべきである。一方，5000円で売られている場合，株価は今後4650円まで値下がりすると考えられるため，購入するべきではない。

　このように，たとえ配当割引モデルが適用できない企業であっても，企業価値を評価することで，理論株価を求めることができる。したがって，市場価格と比較することで，株式を購入するかどうかを判断することが可能となる。

178　第7章　株式分析

6　株式投資に関連する指標

▷配当利回り

配当利回りは，1株当たり配当金を株価で割ることで，以下のように計算できる。

$$配当利回り＝\frac{1株当たり配当金}{株価}$$

株式売却益をキャピタル・ゲインというに対して，配当金をインカム・ゲインという。投資家の中には，株価の値上がりによって得られるキャピタル・ゲインを望む者もいれば，配当金を望む者もいる。配当利回りは，配当金を望む投資家にとって，銘柄を選択する際の重要な指標となる。

▷株価収益率

株価収益率（PER: price earnings ratio）は，株価を1株当たり純利益で割った値である。したがって，

$$株価収益率＝\frac{株価}{1株当たり純利益}$$

である。表7-2の通り，企業は，ROEが株主の要求収益率を上回る事業に投資することで株価を高めることができた。そのため，PERは，将来においてこのような有益な投資機会を豊富に有し，それを実施する企業において高くなる。有益な投資機会を豊富に有する企業は，成長性が高い企業である。したがって，PERは企業の成長性の高さを表す指標となる。

PERはまた，企業の株価が割安な状態にあるのかどうかを判断する指標にもなる。他の企業に比べてPERが低い場合，割安な状態にあると判断することができる。PERは，株価を1株当たり純利益で割ることによって，企業間で1株当たり純利益が同じである

と仮定した場合に，株式にいくらの価格がつけられているのかを測定しているからである。ここで，PER は，企業が属する業種によって異なることが知られている。したがって，企業の PER を計算し，業種の平均値と比較することで，当該企業の株価が割安な状態にあるのかどうかを判断することが可能となる。

PER は**乗数**と呼ばれることがある。PER に純利益を掛けることで，株価を計算することができるからである。たとえば，株式が活発に取引されていないことにより，株式に値段がつけられておらず，現在の株価がいくらであるかわからない企業を考えよう。そして，この企業の属する業種の PER の平均値が 13 であり，企業の 1 株当たり純利益が 10 円であったとしよう。この場合，この企業の 1 株当たり株価は，PER（13）に 1 株当たり純利益（10 円）を掛けた 130 円と計算することが可能となる。

▷**株価純資産倍率**

株価純資産倍率（PBR: price book-value ratio）は，株価を 1 株当たり純資産で割ることで，

$$株価純資産倍率 = \frac{株価}{1 株当たり純資産}$$

と求められる。株式時価総額を純資産（株主資本）で割ることでも計算できる。[14] 株主資本は簿価，株式時価総額は株主資本の時価であった。したがって，株価純資産倍率は，**時価簿価比率**と呼ばれることもある。

PBR が 1 を上回る場合，時価が簿価を上回ることを意味し，企業は株主資本を用いて価値を生み出したことを意味する。また，株価は，将来において有益な投資機会を豊富に有する企業において高くなるため，株価純資産倍率は企業の成長性の高さを表す指標となる。PBR が 1 を下回るのは，企業の株価が簿価に比べて低くなっている場合である。この場合，簿価よりも安い価格で株式を取得で

180　第7章　株式分析

きるということである。したがって，株価純資産倍率は，株価が割安な状態にあるのかどうかを判断する指標としても用いられる。

◆この章で学んだこと

1．株式投資において，リターン（1年後のリターン）は，

$$r_1 = \frac{D_1 + P_1 - P_0}{P_0}, \quad である。$$

2．株式の理論価格は，配当割引モデルで求めることができる。ゼロ成長モデルや定率成長モデル，多段階成長モデルがある。

3．配当金の成長率 g は，$g =$ 再投資率×ROE，として測定することができる。

4．企業価値は，資産を時価評価したものであり，株主資本の時価である株式価値と，負債の時価である負債価値の合計に等しい。つまり，企業価値＝株式価値＋負債価値，である。

5．DCF法に従い，企業価値は，フリー・キャッシュフローをWACCで割り引くことで計算することができる。この場合，企業価値は企業の理論価格となる。

・注

1）　本源的価値と呼ばれることもある。

2）　DCF法は，証券だけではなく企業の投資プロジェクトを含む，投資対象全般に適用することができる。

3）　(2)式は，(1)式からも導くことができる。

4）　2年後の株価 P_2 は，$P_2 = \dfrac{D_3 + P_3}{1+r}$ である。

5）　貸借対照表上は，株主資本，自己資本，そして純資産は厳密には異なるが，この章ではこれらを区別せず，株主資本として説明する。この場合，当期純利益は，$t-1$ 期の株主資本から t 期の株主資本への増加額（当期純利益$_t$＝株主資本$_t$－株主資本$_{t-1}$）を表す。ここで，ROEは当期純利益を期首の株主資本で割った値（ROE＝当期純利益$_t$／株主資本$_{t-1}$）であるため，ROE

が10％である場合，期末の株主資本は期首の株主資本に比べて10％増加することになる。

6）　純利益に対する配当金の割合を**配当性向**という。

7）　当期純利益のうち，配当金として支払う割合（配当性向）を決めている企業も存在する。このような企業については，将来の当期純利益を正確に予測することは不可能であるため，配当金を正確に予測することはできない。

8）　負債に債務不履行のリスクがない状態とは，どれほど企業の業績が落ち込んだとしても，少なくとも債権者への利子と元本の支払いができるということである。

9）　ここでは，説明を簡単にするため，販売費及び一般管理費として，減価償却費だけを考えている。

10）　したがって，運転資本の増加（減少）は，（期末の流動資産－期首の流動資産）－（期末の流動負債－期首の流動負債）でもある。

11）　株主は現在の株価に対してリターンを要求するため，株主資本は時価を用いる必要がある。ここでは，株主資本の時価が5000万円ということである。

12）　株式と負債から構成されるポートフォリオのリターンと考えることもできる。

13）　株主資本は時価であるため，総資本は企業価値を評価する時点の企業価値でもある。

14）　注5の通り，株主資本，自己資本，そして純資産は厳密には異なるが，この章ではこれらを区別せず，株主資本として説明する。

▨ 練習問題

1　株主の要求収益率が10％である場合，1年後以降，1株につき毎年50円の配当を支払う企業の1株当たり理論株価を求めてみよう。

2　1の企業のROEが10％，再投資率が50％である場合，配当の成長率を求めてみよう。また，この企業が1年後に50円の配当金を支払い，その後，その成長率で配当が増加する場合，1株当たり理論株価を求めてみよう。

3　株主資本が1500万円，負債が2500万円の企業について，株式の資本コスト10％が，負債の資本コストが6％である場合，この企業のWACCを求めてみよう。ただし，法人税率は40％とします。

4　3の企業が1年後以降，毎年300万円のフリー・キャッシュフローを

182　第7章　株式分析

獲得する場合，この企業の企業価値を求めてみよう。

⑤　③の企業の発行済み株式数が1000株である場合，この企業の1株当
　たり理論株価を求めてみよう。

〈解答〉

① 　500 円

② 　1000 円

③ 　6 ％

④ 　5000 万円

⑤ 　5 万円

• 参 考 文 献

朝岡大輔・砂川伸幸・岡田紀子 [2022]，『ゼミナール コーポレートファイナ
　ンス』日本経済新聞出版社

砂川伸幸・笠原真人 [2015]，『はじめての企業価値評価』日本経済新聞出版社
➤ さらに深く学習するために

日本証券アナリスト協会編，浅野幸弘・榊原茂樹監修，伊藤敬介・荻島誠治・
　諏訪部貴嗣 [2009]，『新・証券投資論Ⅱ 実務篇』日本経済新聞出版社

Bodie, Z., A. Kane, and A. J. Marcus [2009], *Investments,* 8th ed., McGraw-
　Hill. (平木多賀人・伊藤彰敏・竹澤直哉・山崎亮・辻本臣哉訳『インベス
　トメント（第8版）（上・下）』マグロウヒル・エデュケーション，2010)

Brealey, R. A., S. C. Myers, and F. Allen [2010], *Principles of Corporate Fi-
　nance,* 10th ed., McGraw-Hill. (藤井眞理子・國枝繁樹監訳『コーポレー
　トファイナンス（第10版）（上・下）』日経 BP 社，2014)

| 第8章 | 投 資 信 託 |

　「今日，満期がきた定期預金を預け直そうと思って銀行に行ったら，"トーシン"，とかいうのを薦められたよ」と，大学生のＡ君に祖母が話しかけてきた。「今は金利が低いから，５年預けてもほとんど利子が付かないって言うしね。それだったら，"トーシン"にした方がいいって言うんだよ。でも，銀行が預金じゃないものを薦めるって，時代も変わったんだね」。

　そういえば，大学の授業で「投資信託のことを略して"投信"っていう話を聞いたよ。専門家に任せて，いろいろな株式や債券に投資してもらえるし，"リスク分散"のメリットがあるんだって」とＡ君は祖母に先日習ったことを話した。「じゃあ，預金より，その"投信"にした方がいいんだね」と祖母に聞かれたが，Ａ君は自信をもって答えることができなかった。「もうちょっと勉強してみるよ」。Ａ君は預金や株などよりも，ちょっとややこしそうな気がしていた"投信"について，この機会に勉強し直してみることにした。

1　投資信託とは何か

▷投資信託の特徴

　投資信託（投信）は，「小口資金の集約による規模の経済性獲得」「分散投資によるリスク低減」「専門化・分業化を通じた収益性の向上」が特徴の金融商品である。すなわち，多数の投資家から小口の

■図8-1 投資信託の概要

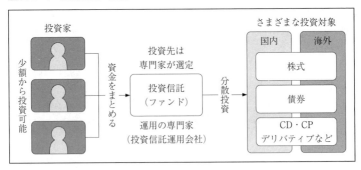

(出所) 投資信託協会ホームページ。

資金を集めて大口の資金とし，資産運用の専門家が株式・債券等の有価証券や不動産をはじめとするさまざまな資産に投資を行い，その運用収益を投資額に応じて投資家に還元する仕組みの商品である。複数の投資家からの資金を集めて大口の基金（fund）とし，投資・運用を行う集団投資スキームであることから，「ファンド」とも呼ばれる（図8-1参照）。

「すべての卵を1つの籠に盛るな」という分散投資の大切さを説く格言がある。投資家にとってのメリットとして，個人で有価証券・不動産等に直接投資する場合に比べて，小口資金であっても分散投資の効果を享受しやすい点があげられる。（詳しくは第9章参照）。分散投資のためにさまざまな資産を保有しようとすれば，多額の資金が必要になる。また，不動産のように最低投資単位が大きな資産への投資，外国証券への投資なども，個人投資家にとってはハードルが高い。投資信託を活用すれば，一個人では実施が困難な投資手法であっても，資金の大口化により投資が可能になると考えられる。さらに，専門家による運用・管理を通じた投資収益向上，費用の削減等を効果的に行うことが可能となる。

なお，日本における投資信託の主流である非上場の契約型投資信

1　投資信託とは何か　185

託を実際に購入・換金する際には，取引単位である口当たりの**基準価額**で取引することになる。投資信託の資産のうち投資家に帰属する額を**純資産総額**と呼び，純資産総額をその投資信託の総口数で割ると基準価額を算出することができる。多くの投資信託では，組み入れているさまざまな資産の時価評価をもとに，1日ごとに1つの基準価額が公表されている。したがって，投資信託の運用状況は基準価額の変動という形で日々知ることができる。

また，投資信託の決算が行われる際に，運用して得た収益を**分配金**として支払う仕組みがある。分配金は投資信託の信託財産から支払われるため，分配金支払後に純資産総額や基準価額は下落することになる。なお，分配金は運用の収益部分から支払われるのが通例であるが，定期的・安定的な分配金支払いを商品特性として打ち出している投資信託の中には，収益部分を超えた分配金を支払う例もある。

投資信託の運用パフォーマンスについては，当該期間における基準価額の変動と受け取った分配金を総合して検討する必要がある。したがって，分配金の多寡のみを投資判断の基準とすることには注意が必要である。

▷**分業の仕組み**

預金では金融商品の販売・資金運用・管理といった機能・サービスが銀行という単一の組織によって提供される。投資信託の場合，販売は証券会社・銀行等，運用は投資信託委託会社，管理は信託銀行，がそれぞれ行っており，分業の仕組みをもった金融商品という特徴がある。

証券会社や銀行などの販売会社にとっては，販売手数料および分配金等の事務代行に関する信託報酬を獲得できるというメリットがある。1998年に銀行における投資信託の窓口販売が解禁された後，銀行による販売額は増加し，現在では純資産残高の3分の1程度を

占めるようになっている。

　信託財産を受託管理する信託銀行にとっては，信託財産の分別管理・保管を通じて，信託報酬を確保することができる。保管業務には規模の経済性が強く働くため，信託財産をより多く受託することが信託銀行にとって重要となる。

　投資信託の運用を行う投信委託会社は，通常，運用残高に応じた信託報酬を獲得することができる。また，パッシブ運用のファンドは信託報酬が低く，アクティブ運用のファンドは信託報酬が高めに設定されていることが一般的である。パッシブ運用のファンドは，ベンチマーク（TOPIX などのインデックス〔株価指数〕）に連動した運用を目的としているため運用コストが安いのに対して，アクティブ・ファンドではベンチマークを上回る成果をめざすため，市場や企業の分析などにコストがかかる分，信託報酬が高いと考えられる。

▷ 投資信託法制の概要

　投資信託の原型となる仕組みは 19 世紀後半に英国で生まれ，1920 年代に米国で顕著な成長を見せた。日本においては，戦前にも存在はしていたが，1951 年の「証券投資信託法」施行で契約型公募証券投資信託が誕生し，本格的にスタートした。当時，財閥解体による株式の供給過剰や，資金不足時代の産業資金調達などが課題となっており，その対処のために政策的に導入されたという経緯があった。

　1960 年代に入り証券市場は低迷期に陥った。証券投資信託についても，基準価格の下落，解約の増加に伴う純資産額の著しい減少など，厳しい時期を迎えた。証券投資信託法は 1967 年に一部改正され，運用会社の忠実義務の明確化など，投資信託制度の改善策が実施された。

　近年では，1980 年代末から 90 年代初めにかけて外資系も含めた運用会社の新規参入，免許基準の緩和など規制緩和が進められた。

日本版ビッグバン実現に向けた 1998 年施行の「金融システム改革法」で大幅な改正がなされ，証券投資信託法は「証券投資信託及び証券投資法人に関する法律」に名称も変更された。具体的な内容としては，それまでの契約型投信に加えて会社型投信が導入された点，設立が承認制から届出制に緩和された点，私募投信が認められた点，銀行等の金融機関による窓口販売（銀行窓販）が認められ販売チャネルが拡大された点，などがあげられる。

2000 年に施行された「投資信託及び投資法人に関する法律」では名称から「証券」が外され，投資対象が有価証券以外にも拡大された。2005 年には郵政民営化に先駆け，郵便局での販売が開始された。2007 年には「金融商品取引法」が施行され，おおむね現行の制度となった。

近年，運用業者・販売業者にはフィデューシャリー・デューティー（顧客本位の業務運営）が求められるようになってきた。NISA やiDeCo など（本章コラム参照），個人の資産形成を促進する税制優遇制度の拡充と相まって，投資信託のさらなる発展が期待されている。

2 投資信託の仕組みと類型

投資信託に関する全体的な枠組みについては「投資信託及び投資法人に関する法律」が規定している。また，「金融商品取引法」（金商法）が投資信託委託会社に関する規制を定めているほか，金商法上の自主規制機関である投資信託協会が自主規制ルールを定めて投資家保護を図っている。

投資信託は，契約型と会社型という設立の形態で大別される。さらに，運用期間中の払い戻し可否（オープンエンド型とクローズドエンド型），募集の形態（公募と私募），投資対象（株式投信と公社債投信），追加設定の有無（追加型と単位型），収益の分配方法，上場の有

▆ 図8-2 契約型投資信託の仕組み（委託者指図型投資信託）

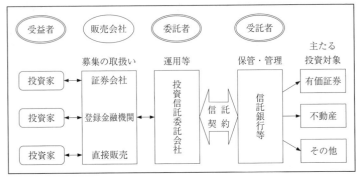

（出所）投資信託協会『日本の投資信託 2014』掲載図（24ページ）を一部修正。

無（上場型と非上場型）等の観点から分類することができる。

まず，設立の形態に関しては，契約型の投資信託と会社型の投資信託に分類できる。契約型には，**委託者指図型投資信託**と委託者非指図型投資信託がある。図8-2には，日本において主流である契約型の委託者指図型投資信託の仕組みが示されている。

委託者指図型投資信託は，信託約款をもとに，運用を行う委託者（**投資信託委託会社**）が受益者（投資家）に対して受益証券を発行する。投資家から募った資金の運用指図は委託者が行い，運用資産の管理を受託者（**信託銀行**）が行うというタイプの投資信託である。

会社型の投資信託では，投資を目的とする投資法人を設立し，投資家はその投資法人が発行する投資証券を取得して，株主に相当する**投資主**となり，運用成果の分配を受ける（図8-3）。投資法人は，株主総会に相当する**投資主総会**，役員会など通常の事業会社に近い形態で運営される。ただし，実際の資産の運用・保管，一般事務・募集などは，外部の資産運用会社（金融商品取引業者），資産保管会社（信託銀行など）に委託しなければならない。

日本における会社型投資信託の代表例は不動産投資信託（Real

■図 8-3　会社型投資信託（投資法人）の仕組み

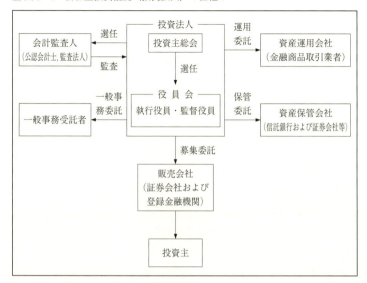

（出所）　投資信託協会『日本の投資信託 2014』53 ページ。

Estate Investment Trust: REIT）であり，運用先が主に不動産に限定され，配当可能額の 90％超を配当として投資家に分配すれば法人税が免除されている。また，多くの不動産投資信託の受益証券は，証券取引所に上場され一般に売買されている。

次に，投資信託の換金に関して，オープンエンド型とクローズドエンド型に分類される。オープンエンド型は，受益者が発行者に対して買い取り（解約）を請求し，基準価額での買い取りに応じるタイプの投資信託である。クローズドエンド型は，買い取りに応じないタイプのため，発行証券を株式と同様に取引所で売買することにより換金することになる。日本では，契約型はオープンエンド型，会社型はクローズドエンド型が大半となっている。

販売対象の違いでは公募と私募に分類される。公募は 50 人以上の不特定多数の投資家に販売される投資信託である。私募は，金融

190   第8章 投資信託

商品取引法で規定されている機関投資家・特定投資家，または50人未満の少数の投資家が対象であり，1998年の法改正により解禁された。

投資対象による分類では，株式を組み入れることができる株式投信と，株式を一切組み入れずに国債や社債など比較的リスクの小さい有価証券を中心に運用する公社債投信がある。株式投信は，運用スタイルや運用対象の違いによって，アクティブ型とパッシブ型（インデックス型），国内株式型，国際株式型，業種特化型，中小型株特化型などに分類されることもある。公社債投信には，短期金融市場の商品で運用するもの，長期債中心に運用するものなどがある。

追加設定の有無に関しては，追加設定ができない単位型（ユニット型）の投資信託と，随時追加設定が可能な追加型（オープン型）の投資信託に分けられる。現在，日本では追加型が主流となっている。

収益の分配方法については，分配型と無分配型に分類される。分配型は，定期的に運用収益から分配金を支払うタイプのもので，低金利の長期化などを背景に毎月分配型のように多分配型の投信が個人投資家の根強い人気を集めている。

日本における大半の投資信託は非上場であるが，上場されている投資信託も存在する。**上場投資信託**（Exchange Traded Fund: ETF）とは，発行証券が取引所に上場され，市場価格で取引されるもので，株価指数・商品指数・商品価格などと連動するもの，不動産に投資するものなどが代表的である。運用対象資産の特性上，投資家からの買取請求に応じることは難しく，グローズドエンド型として設定されるのが一般的である。なお，株価指数等と連動するタイプについては，対応する現物資産等の拠出により設定され，ETFの市場価格と運用対象の指数の乖離が小さく保たれるよう工夫されている。

なお，ETFは日本銀行を含む金融機関が大半を保有しており，個人による保有は数％程度にとどまっている。

3 日本における投資信託の現状と課題

▷投資信託純資産額の推移

1951年の証券投資信託法施行で日本における投資信託は本格的にスタートしたが，60年代に入り証券市場は低迷期に陥った。その後，1980年に誕生した公社債投信の1つである中期国債ファンドは，預金に近い利便性と預金以上の収益性をあわせもっていることから，人気を集めることとなった。1980年代後半のバブル経済期に株式市場は活況を呈し，株式投信を中心に著しい成長・拡大を見せ，88年には証券投資信託の純資産総額は50兆円を超えるまでになった。

だが，バブル崩壊後，証券投資信託の純資産総額は大幅に減少することとなった。1989年末の58兆6492億円から97年末には40兆6495億円にまで減少した。なかでも株式投信の落ち込みが激しく，1989年末の45兆5494億円から97年末には9兆9865億円にまで減少した。一方，中期国債ファンドや日本円MMF（Money Management Fund）といった公社債投信は純資産規模を拡大させ，1999年末には契約型証券投資信託の純資産残高は51兆円に達していた。

しかし，エンロン事件（2001年秋に米国のエネルギー会社エンロンが経営破綻した際に，エンロン社の社債を大量に保有していたMMFが元本割れを発生させてしまった事件）の影響を受けてMMFの残高が急減した。また，株式市場低迷の影響もあり，2002年末には契約型証券投資信託の純資産残高は36兆円まで落ち込んだ。

このような状況の中で，1999年に初めて設定された私募投信は，低金利に伴う運用難を背景に機関投資家や企業年金基金などが運用額を増やして残高が大きく伸び，投信全体の純資産残高を底上げしている。

192　第8章　投資信託

▰ 図8-4　投資信託の純資産残高の推移

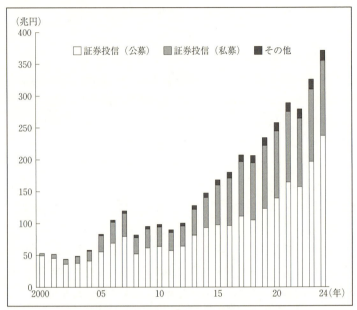

(注)　1)　データはファンド・オブ・ファンズ（複数の投資信託を投資対象とする投資信託）の重複計上部分を含む。
　　　2)　数値は2024年以外各年12月末。2024年は6月末（その他に含まれる不動産投資法人およびインフラ投資法人は2024年5月末）。
　　　3)　「その他」は証券投信以外の契約型投信，証券投資法人，不動産投資法人，インフラ投資法人。
(出所)　投資信託協会「投資信託の主要統計」。

　図8-4は近年の投資信託純資産残高の推移を示したものである。純資産残高は2000年の53兆円から2007年には120兆円を超える規模になった。世界的な金融危機による株価下落の影響を受けて，2008年には80兆円台にまで減少したが，10年代に順調に増加し続け，24年には370兆円に達している。

　図8-5は，2024年6月末時点で投資信託の純資産残高を類型別にまとめたものであり，公募投信と私募投信を合計した投資信託全体の純資産残高は約371兆円で，約3分の2の250兆円近くが公募

3 日本における投資信託の現状と課題 193

図8-5 投資信託の全体像

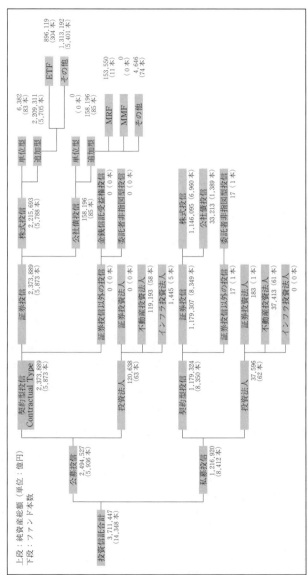

上段：純資産総額（単位：億円）
下段：ファンド本数

(注) 数値は2024年6月末現在（不動産投資法人・インフラ投資法人は2024年5月末現在）。
(出所) 投資信託協会「投資信託の主要統計」。

投信であり，大半を契約型投信が占めている。

投資信託の販売に関しては，1951 年の証券投資信託法施行以来，長期にわたり証券会社のみが行ってきたが，1998 年になって銀行等の金融機関が直接販売することが認められた（いわゆる銀行窓販）。銀行等が販売した公募投信残高は，全体の 35％程度（2024 年 6 月末）となっており，重要な販売チャネルとなっている。このことは，銀行がもっている顧客との豊富な接点や顧客からの信頼感が，投資信託の販売に活かされた結果といえるかもしれない。また，低金利環境の長期化による預金金利の低迷が，利回りの高い投信への資金流入を促した可能性も考えられる。

▷日本における投資信託の課題

日本銀行の資金循環統計によれば，個人金融資産に占める投資信託のウェイトはわずか 5.8％（2024 年 6 月末〔投信 128 兆円/個人金融資産 2212 兆円〕）であり，米国の約 13％（2024 年 3 月末）に比べて半分以下の割合にすぎず，残高の順位で見ても 8 位に顔をのぞかせている程度である（図 8-6 参照）。また，投資信託協会の調査（2023 年）によれば，投信保有比率は 20 代 22.5％，30 代 28.7％，40 代 26.1％，50 代 22.5％，60 代 24.9％，70 代以上 22.8％となっており，各年代を通して 4 分の 1 前後の人々しか保有していない。

「小口資金の集約による規模の経済性獲得」「分散投資によるリスク低減」「専門化・分業化を通じた収益性の向上」といった点は，個人投資家が長期的な視点で資産形成を行うにあたって魅力的な特徴であろう。それにもかかわらず，なぜ日本において投資信託の位置づけは低いのだろうか。

たとえば，預金では金融商品の販売・運用・管理といった機能・サービスが銀行という単一の組織によって提供されるが，投資信託の場合は，販売は証券会社・銀行等，運用は投資信託委託会社，管理は信託銀行，がそれぞれ提供することになる。このような分業化

■ 図8-6 世界投信残高（四半期末）と上位10カ国の投信残高（2024年3月末）

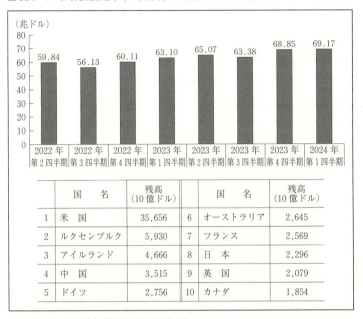

（出所）投資信託協会「投資信託の世界統計」。

は，専門性が発揮されれば長所となりうるが，各主体が個別の利益のみを追求すれば投資家の利益が損なわれる可能性がある。

投資信託委託会社と投資家との間では，投資家から見て最も望ましい運用を行っているのかどうかという点に関して，情報の非対称性が存在する。インデックスに追随するパッシブ型では情報の非対称性による問題は比較的小さいと考えられるが，運用担当者の裁量が大きいアクティブ型の場合は，情報の非対称性に起因する非効率性は大きくなる可能性がある。また，パフォーマンスがインデックスよりも悪いアクティブ型投信が比較的多い点，運用担当者の報酬体系が不明瞭である点，さらに，家計の投信保有残高に対するファンド本数が非常に多く，ファンドの小規模化，運用の非効率化も課

題といえる。

　販売会社と投資家との間では，販売会社の推奨する投資信託が投資家のニーズや選好にあったものかどうかという点に関して，情報の非対称性が存在する。たとえば，販売会社が，販売手数料獲得のために，投資家にとっては必ずしも望ましくない投資信託を推奨販売するケースや，既存の投資信託を継続保有する方が望ましいにもかかわらず，短期間で別の投資信託への乗り換えを勧めるケース等が考えられる。

　また，証券会社の系列である投資信託委託会社に対しては，親会社としての影響力や投資信託の販売力を背景として，売買委託手数料獲得のために，株式売買注文の強制や頻繁な新商品の組成等が行われる可能性がある。

　実際，政府の審議会等における議論の中でも，日本においては純資産残高の少ない投信が量産され，販売会社から投資家に対しては次々と新しい投信に乗り換えていくことが推奨されているとの問題が指摘されている。その結果，投資家は販売手数料や信託報酬等の取引コストに見合った十分な収益を獲得しにくくなっていると考えられる。

　投資家自身も，高い分配金にこだわることによる運用効率の低下，流行のテーマにあわせて次々と設定される投信を保有することによるポートフォリオの偏りなど，自らの金融リテラシー向上を通じて改善可能な課題に取り組むことが必要だろう。

　以上の課題とその対応策を整理すると，①投資信託の商品特性や運用結果に関する情報公開方法の改善（目論見書や運用報告書の作成，比較検討の容易な投信のパフォーマンス評価システム），②取引コスト低減と収益性改善に向けた取り組み，③投資信託委託会社の独立性確保，④投資家の金融リテラシー向上に向けた金融業界の取り組みと政府による支援，といったことがあげられる。

●コラム：NISA と iDeCo

2024 年 1 月に NISA（少額投資非課税制度）が大幅に拡充された。また、公的年金に上乗せされる形で、税制優遇を受けることが可能な私的年金制度である iDeCo（個人型確定拠出年金）も 2024 年 12 月から掛金拠出限度額が引き上げられる。これらの制度では、「長期・積立・分散投資」を通じた個人の資産形成を促進する上で、投資信託の活用に主眼が置かれている。

通常、株式・投資信託などの金融商品に投資をした場合、運用益（売却益、配当金、分配金）には約 20％の税金が課せられる。一方、NISA 口座で投資した金融商品から得られる運用益に対しては非課税となる。NISA は 2014 年 1 月に創設されたが、24 年 1 月からは制度の恒久化、非課税保有期間の無期限化、年間投資枠・非課税保有限度額の拡大、非課税保有限度額の再利用など、大幅に拡充された。

とりわけ、つみたて投資枠における投資対象商品が、金融庁の基準を満たした「長期・積立・分散投資」に適した投資信託に限定されている点は、大きな特徴といえよう。つみたて投資枠では、「1 カ月に 1 度」といったように定期的に一定金額の買付を行うが、ここでは低コストのパッシブ（インデックス）運用の投資信託が対象金融商品の中心となっている。なお、成長投資枠では、つみたて投資枠で投資可能な投資信託に加えて、上場株式、投資信託等も投資可能となっている。

iDeCo や企業型確定拠出年金なども、税制優遇のある資産形成制度である。これらは国民年金や厚生年金に上乗せされる私的年金と位置づけられており、資金の引き出し可能なタイミングは原則 60 歳以降となっている。投資対象商品は、投資信託、定期預金、保険商品などである。税制優遇に関しては、掛金の全額所得控除、運用益非課税、受取時の公的年金等控除（分割受取りの場合）、または退職所得控除（一括受取りの場合）対象、といった充実した内容になっている。

NISA と iDeCo はいずれも利益が非課税という特徴があるが、表 1 に整理されているような特徴と違いに留意する必要がある。資産形成の目的、年齢、所得、働き方などを踏まえ、自身のライフプランに応じて活用方法を検討することが望ましい。

なお、税制優遇措置のある資産形成制度は海外にも存在しており、

■表1　NISA と iDeCo のポイント

	NISA		iDeCo
	つみたて投資枠　併用可　成長投資枠		
目　的	住宅購入，教育資金，将来のための資金など自由		老後資金
非課税保有期間	無制限		無制限
年間投資枠(iDeCoは年間拠出上限額)	120万円	240万円	年間 144,000～816,000 円**
運用上限額	1800万円		
		1200万円（内数）	
投資対象商品	長期の積立・分散投資に適した一定の投資信託（金融庁の基準を満たした投資信託に限定）	上場株式・投資信託等*	投資信託，定期預金，保険商品
対象年齢	18歳以上		原則 20 歳以上 60 歳未満の国民年金加入者
引出可能期間	いつでも可		原則 60 歳以上
税制優遇	運用益が非課税		掛金の全額所得控除　運用益が非課税　受取時に公的年金控除（分割受取の場合），または退職所得控除（一括受取の場合）の対象

(注)　*　①整理・監理銘柄，②信託期間 20 年未満，毎月分配型の投資信託およびデリバティブ取引を用いた一定の投資信託等を除外。

　　　**　iDeCo の年間拠出上限額は 2024 年 7 月現在。今後引き上げ予定。

　　　2023 年末までに，つみたて NISA および一般 NISA の口座において投資した商品は，2024 年 1 月以降は NISA の外枠で管理され，23 年までの NISA 制度における非課税措置が適用される。

(出所)　金融庁「NISA 特設サイト」，投資信託協会「NISA と iDeCo の違い」から作成。

　たとえば NISA のモデルとなった英国の ISA（Individual Savings Account：個人貯蓄口座），企業型確定拠出年金のモデルとなった米国の 401(k) プラン，iDeCo に近い米国の IRA（Individual Retirement Account：個人退職勘定）などがあげられる。

　2024 年 7 月に，金融経済教育を広く提供・推進する組織として，認可法人としての金融経済教育推進機構（J-FLEC）が発足した。適切な金融サービスの利用に資する知識・能力を国民一人ひとりが身につけることは，投資信託を活用した資産形成をはじめとして，経済的な観点からの安定・安心を得る上で重要な課題である。

◆この章で学んだこと

1. 投資信託（投信）は，「小口資金の集約による規模の経済性獲得」「分散投資によるリスク低減」「専門化・分業化を通じた収益性の向上」が特徴の金融商品である。

2. 非上場の契約型投資信託を実際に購入・換金する際には，取引単位である「口」当たりの「基準価額」で取引することになる。投資家に帰属する金額を「純資産総額」と呼び，純資産総額をその投資信託の総口数で割ると基準価額を算出することができる。また，投資信託の決算が行われる際に，「分配金」を支払う仕組みがある。分配金は投資信託の信託財産から支払われるため，分配金支払後に純資産総額や基準価額は下落することになる。

3. 投資信託は，契約型と会社型という設立の形態で大別される。日本においては，契約型投資信託（委託者指図型投資信託）が主流となっており，販売が証券会社・銀行等，運用が投資信託委託会社，管理が信託銀行，といった形でさまざまなタイプの金融機関が分業する仕組みとなっている。

4. 上場投資信託（Exchange Traded Fund: ETF）とは，発行証券が取引所に上場され，市場価格で取引されるもので，株価指数などに連動するもの，不動産に投資するものが代表的であり，グローズドエンド型として設定されるのが一般的である。なお，株価指数等と連動するタイプについては，対応する現物資産等の拠出により設定され，ETF の市場価格と運用対象の指数の乖離が小さく保たれるよう工夫されている。

5. 約 2200 兆円の個人金融資産に占める投資信託のウェイトはわずか 6 %・130 兆円程度（2024 年 6 月末）であり，日本における位置づけは低く，必ずしも個人投資家の主要な資産形成手段として十分普及しているとはいえない。今後，情報公開方法

の改善，取引コスト低減と収益性改善に向けた取り組み，投資信託委託会社の独立性確保，投資家の金融リテラシー向上に向けた幅広い取り組みが必要である。

▨ 練 習 問 題

1 投資信託の代表的な特徴について説明してみよう。

2 投資信託の仕組みについて，日本で最も代表的な契約型（委託者指図型）投資信託を例にとって説明してみよう。

3 投資信託の販売・運用・管理の分業体制が，投資家の不利益を生じさせる可能性がある理由について説明してみよう。

4 銀行等の預金取扱金融機関において投資信託を販売する際に，注意が必要な点について検討してみよう。

5 日本における投資信託の課題について，具体例をあげて説明してみよう。

• 参 考 文 献

岡村秀夫・田中敦・野間敏克・播磨谷浩三・藤原賢哉 [2017]，『金融の仕組みと働き』有斐閣

投資信託協会『日本の投資信託 2014』（投資信託協会ホームページからダウンロード可能）

日本証券経済研究所編 [2024]，『図説 日本の証券市場』日本証券経済研究所

➤ さらに深く学習するために

杉田浩治 [2019]，『投資信託の世界』金融財政事情研究会

➤ 参考 URL

金融庁ホームページ https://www.fsa.go.jp/

投資信託協会ホームページ https://www.toushin.or.jp/

| 第9章 | ポートフォリオ理論と資本市場理論 |

　　サラリーマンのＡさんは少しお金の余裕ができたので株を買うことを決心した。しかし，どの株を買うか，インターネットや財務諸表や投資に関する本を読んでいろいろ調べてみても，なかなか決められない。最終的には自分が愛用している携帯電話会社の株を買おうと考えながら道を歩いていたら，大学時代の友人Ｂ君に久しぶりに再会した。彼は金融機関に勤めているという。

　　彼との世間話の中で，リスクとリターンという言葉が出てきた。株式の選択は企業のことをあれやこれや調べなくても，リスクとリターンに基づいて投資をすればよいという。また，単一の銘柄ではなく複数の銘柄に投資をするとリターンを安定させながらリスクを減らすことができるという。究極の投資方法は，世界を代表する株価指数であるインデックス・ファンドを買うことだそうだ。したがって，あれやこれやどの株式を買うべきかどうかに時間をかけるべきではないと，わけのわからないことを言い出した。Ｂ君が正しくないかもしれないので，少し勉強してみるか。

1　リターン

　　10万円を日本の国債に投資するとしよう。満期は1年間で，金利は1％とする。税金や取引にかかるコストは考慮に入れない。満期になる1年後，確実に1000円の利息と元金10万円を受け取ることができる。発行元である国が倒産の危機に陥ることがないなら

202 第9章 ポートフォリオ理論と資本市場理論

■表9-1 証券の予想投資収益率

	好景気	不景気
確率	0.5	0.5
証券1の予想投資収益率	6%	−2%
証券2の予想投資収益率	−4%	12%

ば，国債への投資は確実である。

では，株式への投資はどうであろうか。株式には満期が存在しない。また，企業が好業績ならば，株価は変動し，上昇を期待できる。一方，業績が悪化し，最悪，倒産し，株式が紙くずと化す危険性もある。株式は国債よりも価格変動リスクが高いため，リターン，すなわち期待収益率が国債の金利よりも高くない限り誰も投資しようとしないだろう。

実際，将来高いリターンを得るためには高いリスクを負担しなければならないことをわれわれは経験的に知っている。逆に，低いリターンはそれほどリスクを負担しなくていいことも知っている。すなわち，ハイリスク・ハイリターン，ローリスク・ローリターンである。では，リターンはどのように計算するのであろうか。

リターンは各状況下で生じる予想投資収益率[1]を加重平均したものである。ここでいうリターンは統計用語でいうところの期待値に相当する。ただし，リターンは単に加重平均であってそれが将来実現できるものでないことに注意しなければならない。価格変動リスクがゼロである場合のみ，リターンは確実に実現する。

表9-1は現時点で，好景気の可能性が半分で，不景気の可能性も半分あると仮定したときの各証券の1年後の予想投資収益率である。表9-1を使って，リターンは以下のように計算できる。

　　　リターン＝好景気の確率×好景気での予想投資収益率

　　　　　　　　＋不景気の確率

$\times$不景気での予想投資収益率 (1)

(1)式より，

株式1のリターン＝0.5×6％＋0.5×（−2)％＝2％

株式2のリターン＝0.5×（−4)％＋0.5×12％＝4％

株式1は株式2よりも2％だけリターンは低くなる。

2 リスク

リスクとは何であろうか。リスクとは価格変動性をいうが，実際に計算するときはリターンからどれだけ離れているかを見る。予想投資収益率がリターンから離れていればいるほどリスクは大きくなり，予想投資収益率がリターンの回りに集まれば集まるほどリスクは小さくなる。予想投資収益率がリターンに一致すれば，リスクはゼロである。すなわち，予想投資収益率は1年後確実に実現する。

このようなリスクは統計用語でいうところの分散（variance）と標準偏差（standard deviation）で表すことができる。

リスク（分散）は各状況下での予想投資収益率からリターンを差し引いたものを2乗し，その合計を加重平均したものである。リスク（標準偏差）は分散の平方根である。

表9-1を使ってリスクを計算してみよう。

リスク（分散）＝好景気の確率

$\times$（好景気の予想投資収益率−リターン$)^2$

＋不景気の確率

$\times$（不景気の予想投資収益率−リターン$)^2$

(2)

(2)式より，

証券1のリスク（分散）＝0.5×$(6-2)^2$＋0.5×$(-2-2)^2$

＝16

204　第9章　ポートフォリオ理論と資本市場理論

■表9-2　リターンとリスク

	証券1	証券2
リターン	2%	4%
リスク（分散）	16	64
リスク（標準偏差）	4%	8%

証券1のリスク（標準偏差）$=\sqrt{16}=4\%$

証券2のリスク（分散）$=0.5\times(-4-4)^2+0.5\times(12-4)^2$

$\qquad\qquad\qquad\qquad =64$

証券2のリスク（標準偏差）$=\sqrt{64}=8\%$

以上の結果を要約したのが表9-2である。

3　共分散と相関係数

　いろいろな株式・債券などの組合せを**ポートフォリオ**（portfolio）と呼ぶ。次節で多数の証券からなるポートフォリオ・リターンとリスクの計算を行う。そこで，われわれは，複数の証券からなるポートフォリオのリスクは加重平均したものよりも大幅に低減できることを知ることになる。ではなぜそういうことが起こるのであろうか。それは，各証券の価格がある経済状況下において同じ方向に変動する場合でも，その程度が異なるか，あるいはまったく別の動きをするからである。これも統計用語でいうところの共分散と相関係数によって説明できる。

　共分散は同じ状況下で，ある証券が変動したとき他の証券がどの程度変動したのかを見るのに用いる。

　共分散は次のようにして計算できる。ある状況下（好景気か不景気）ごとに，各証券の予想投資収益率から各証券のリターンを差し引いたものを互いに掛けあわせる。それに確率を掛けてすべて合計

すればよい。表9-1の証券1と証券2の各状況下の予想投資収益率と表9-2の各証券のリターンを使って計算してみよう。

　　証券1と証券2の共分散＝好景気の確率

　　　　×（証券1の好景気の予想投資収益率－証券1のリターン）

　　　　×（証券2の好景気の予想投資収益率－証券2のリターン）

　　　　＋不景気の確率

　　　　×（証券1の不景気の予想投資収益率－証券1のリターン）

　　　　×（証券2の不景気の予想投資収益率－証券2のリターン）

(3)

(3)式より，

　　共分散＝$0.5 \times (6-2) \times (-4-4) + 0.5 \times (-2-2) \times (12-4)$

　　　　＝-32

　相関係数は共分散と同様，同じ状況下において，ある証券が変動したとき他の証券がどのように変動したか，その関連性を見るのに用いられる。共分散と相関係数は次のような関係にある。

　　証券1と証券2の共分散＝証券1と証券2の相関係数

　　　　　　　　　　　　×証券1の標準偏差

　　　　　　　　　　　　×証券2の標準偏差　　　　(4)

　先ほど計算した共分散と表9-2の標準偏差の数値を(4)式にあてはめると，

　　-32＝証券1と証券2の相関係数$\times 4 \times 8$

　　⇔証券1と証券2の相関係数＝-1

　相関係数は $+1$ から -1 の範囲をとる。$+1$（-1）に近づけば近づくほど同じ（逆）方向に2証券が連動している程度が強いことを意味する。ゼロに近づけば近づくほど2証券の価格変動の程度が弱い（無相関）。証券1と証券2の価格の相関係数は -1 であり，完全相関であり，まったく同じように逆方向に変動する。しかし，現実には，好景気のときは株価が上昇しやすく，不景気のときは株価が

206　第9章　ポートフォリオ理論と資本市場理論

下落しやすいので，互いの証券は同じ状況下では同じように変動する傾向にある。マイナスの相関関係にある証券の組み合わせを見つけるのは難しい。

4　2証券からなるポートフォリオ・リターンとリスク

では，ポートフォリオ・リターンを計算してみよう。ポートフォリオ・リターンは各証券のリターンと，資金を各証券に割り当てる投資比率によって決まる。たとえば，資金100万円を証券1に投資資金の50％，証券2に50％割り当てるとしよう。

ポートフォリオ・リターンは上記の例で計算した各証券のリターンに投資比率を掛けあわせて，それをすべて合計すればよい。証券1と証券2のリターンはそれぞれ2％，4％であるから，それに投資比率を掛けて合計すればよい。

　　　2証券からなるポートフォリオ・リターン

　　　＝証券1の投資比率×証券1のリターン

　　　　＋証券2の投資比率×証券2のリターン　　　　　　　　(5)

(5)式より，

　　　ポートフォリオ・リターン＝0.5×2％＋0.5×4％＝3％

ここで計算されたポートフォリオ・リターンはポートフォリオに含まれる証券の加重平均にすぎないことに注意しなければならない。また，投資比率を変えることでポートフォリオ・リターンも変化する。

証券1の単独投資は表9-1からもわかるように，好景気では6％の予想投資収益率を生み出すが，不景気下では予想投資収益率が−2％である。将来が確実に好景気であると予測できるのであれば，証券1のみに投資する方が賢明である。逆に証券2の単独投資は，不景気では12％の予想収益率を生み出すが，好景気になると −4％

になる。

　しかし，リスク社会での予測は将来が好景気になるか不景気になるかは確率で判断するしかない。ここでは，この2つの状況が単純に同じ確率で起きると仮定しているから，この12%から −4%の範囲にある予想投資収益率の価格変動リスクを減らすことで，好景気・不景気にかかわらず安定したリターンを獲得できるような投資行動をとる方がよいのかもしれない。

　では，価格変動リスクを減らすにはどうしたらよいだろう。それは，証券1と同じような価格変動をしない証券2を組み合わせてポートフォリオを作ることである。証券1は好景気下では証券2よりも高い投資収益率を生み出すが，不景気下では証券2よりも劣っている。では，実際に証券1あるいは証券2単独で所有するよりもリスクが減少しているか計算してみよう。ポートフォリオ・リスクは以下の手順で計算できる。

　(1)　次のような行列を作ってみよう。

	証券1	証券2
証券1	証券1の分散	証券1，2の共分散
証券2	証券2，1の共分散	証券2の分散

　ここで2行2列目は証券1と証券1の価格変動性，すなわち，証券1の分散である。同じように3行3列目は証券2と証券2の価格変動性，証券2の分散である。2行3列目は証券1と証券2の共変動性である証券1と証券2の共分散，同様に，3行2列目は証券2と証券1の共分散である。ただし，証券1と証券2の共分散と証券2と証券1の共分散は同じである。

　(2)　次に，ポートフォリオは各証券の組み合わせであるから，上の行列に投資比率（証券1：証券2〔0.5：0.5〕）を追加しよう。

	証券1	証券2
投資比率	0.5	0.5
証券1　0.5	0.5×0.5×証券1の分散	0.5×0.5×証券1，2の共分散
証券2　0.5	0.5×0.5×証券2，1の共分散	0.5×0.5×証券2の分散

(3)　最後に，上記の行列をすべて合計しよう。これが2つの証券からなるポートフォリオ・リスクである。これを数式で表すと，

　　　ポートフォリオ・リスク（分散）

　　　　＝証券1の投資比率×証券1の投資比率×証券1の分散

　　　　＋証券2の投資比率×証券2の投資比率×証券2の分散

　　　　＋2×証券1の投資比率×証券2の投資比率

　　　　×証券1と証券2の共分散　　　　　　　　　　　　　　(6)

表9-2を使って(6)式より，

　　　ポートフォリオ・リスク（分散）

　　　　＝0.5×0.5×16＋0.5×0.5×64＋2×0.5×0.5×（−32）

　　　　＝4＋16−16＝4

　　　ポートフォリオ・リスク（標準偏差）＝$\sqrt{4}$＝2%

　同じようにして，ポートフォリオ・リスクは相関係数を使っても計算することができる。

　　　証券1と証券2の共分散＝相関係数×証券1の標準偏差

　　　　　　　　　　　　　　　　×証券2の標準偏差

であるから，(6)式に代入して，

　　　ポートフォリオ・リスク（分散）

　　　　＝証券1の投資比率×証券1の投資比率×証券1の分散

　　　　＋証券2の投資比率×証券2の投資比率×証券2の分散

　　　　＋2×証券1の投資比率×証券2の投資比率×相関係数

　　　　×証券1の標準偏差

　　　　×証券2の標準偏差　　　　　　　　　　　　　　　　(7)

相関係数 −1と表9-2の数値を使って(7)式に代入すれば，

$$\text{ポートフォリオ・リスク (分散)} = 0.5 \times 0.5 \times 16 + 0.5 \times 0.5 \times 64$$
$$+ 2 \times 0.5 \times 0.5 \times (-1) \times 4 \times 8$$
$$= 4 + 16 + (-16)$$
$$= 4$$

$$\text{ポートフォリオ・リスク (標準偏差)} = \sqrt{4} = 2\%$$

証券1と証券2からなるポートフォリオのリスク（分散）は，単純に証券1と証券2を加重平均（$0.5 \times 16 + 0.5 \times 64 = 40$）したものよりも大幅に減少していることがわかる。証券1あるいは証券2に集中するよりもポートフォリオで分散投資する方がリスクを減らすのに有効であるようだ。これは各証券間の相関関係が大きく貢献している。リスク削減の程度は $+1$ より小さく，-1 に近づけば近づくほど大きくなる。また，投資比率を変えることによって，さらにリスク消去が可能である。

しかし，相関係数が -1 になるのは一般的にありえない。ただ，すべての企業が同じ方向に同じ程度，完全に変動するわけではないから複数の証券を所有することでリスクを減らせることは間違いない。

ここでは，2つの証券のリスク分散効果を観察したが，さらに証券数を増やすことでリスクを消去することが可能であることを見ていこう。

5　システマティック・リスクと非システマティック・リスク

これまで2つの証券からなるポートフォリオを形成することによってリスクを消去できることを学習した。

図9-1からわかることは，証券数を増やすとポートフォリオのリスクが大幅に減少する。しかし，ある一定の証券数になると，さらに証券の数を増やしてもリスクが減らなくなってくる。この消去

図9-1 非システマティック・リスクとシステマティック・リスク

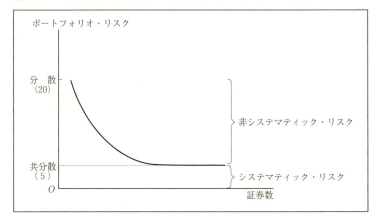

可能なリスクのことを**非システマティック・リスク**（unsystematic risk）と呼び、消去不能なリスクを**システマティック・リスク**（systematic risk）と呼ぶ。

非システマティック・リスクは個別企業固有の要因による株価の変動である。株式市場全体の変動から独立している部分である。たとえば、企業経営者の突然の解雇、ある企業の製品が爆発的に売れることなどがこれにあたる。これら個別企業固有の株価変動はポートフォリオを形成することによって取り除かれる。一方、システマティック・リスクは自国あるいは世界の政治や経済の影響により、すべての企業が影響を受ける株価変動であり消去不能である。

6 海外リスク

日本の株式を多数所有することでリスクをさらに減らすことは可能である。しかし、すべてを消去することはできない。なぜならば、ある経済状況下であれば、多くの株式は完全とはいわないまでも同

じ方向に変動するからだ。では，それ以上のリスクを減少させることは不可能なのだろうか。可能である。国際分散投資を行うことでリスクはさらに減少させることができる。

日本が不景気であっても他の国は好景気かもしれない。たとえば，石油産油国が減産政策をとれば，原油価格が高騰し輸入国は不景気になり，輸出国は好景気になる。そうであれば，日本は輸入国であるので輸出国の株式をポートフォリオに組み込むことで自国のみの株式を組み合わせるよりもさらにリスクを減少させることができるはずである。ただし，ここでは価格変動リスクのみを考慮に入れている。為替リスクは考えていない。

最近では，グローバル化の進展により，他の国の経済状況が日本経済に及ぼす影響が大きくなっている。そのため，他の国の株価変動と同じような変動が自国でも起きやすくなり，かつてのようなリスク削減効果が働きにくくなっている。

7　最適ポートフォリオ

多くの投資家はリスクが一定ならば，より高いリターンを好み，リターンが一定ならば，より小さいリスクを好むだろう。では，彼／彼女らにとって望ましいポートフォリオはどのような組み合わせかを見ていこう。

株式のようなリスク証券のみからなる組み合わせを考えると図9-2のような縦軸にポートフォリオ・リターン（$E(R)$），横軸にポートフォリオ・リスク（$\sigma(R)$）からなるグラフを作ることができる。ただし，2証券間の相関係数は +1 より小さく −1 より大きいとする。×印をつけた領域は個々の証券やポートフォリオのリターンとリスクを示している。証券の数を増やすことにより，リターンを安定させながらリスクを減らすことができることはすでに学んだ

▓ 図9-2 リスク証券の効率的フロンティア

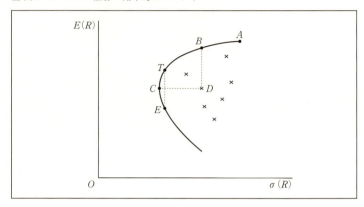

はずだ。図9-2からわかるように,点 A, B, T, C 上のポートフォリオは他のポートフォリオよりも望ましい組み合わせであることがわかるであろう。なぜならば,これらポートフォリオは同じリターンであれば,最も小さいリスクをもち,同じリスクであれば最も高いリターンをもつからである。これら, A, B, T, C 上を結ぶ線を**効率的フロンティア**といい, A, B, T, C 上のポートフォリオは**効率的ポートフォリオ**と呼ばれている。

図9-3はリスク証券のみからなるポートフォリオ T と無リスク証券 f の組み合わせである。最も優れたポートフォリオは無リスク利子率 (R_f) を切片とする直線が効率的ポートフォリオである T に接しながら伸びる点である。この直線であれば,同じリスクで最も高いリターンが,同じリターンであれば,最も小さいリスクが得られる。さらに,この効率的フロンティア内で,接点ポートフォリオ T がリスク証券のみからなる唯一の**最適ポートフォリオ**になる。

たとえば,投資資金が100万円あるとしよう。すべての資金を無リスク証券に投資するならば,リスクゼロで,リターン R_f(4%)を獲得できるとする。点 T はすべての資金をリスク証券に投資し

▰ 図9-3 効率的フロンティア

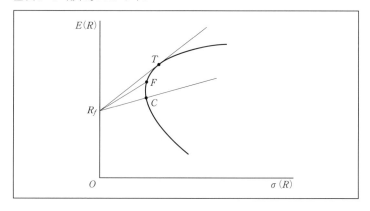

たときのリターン (10%) とリスク (12%) である。点 R_f–T 上のポートフォリオ（両端を除く）は資金の一部を R_f に，残りの資金をポートフォリオ T に投資したときのリターンとリスクである。100万円のうち50万円を無リスク証券に，残り50万円をポートフォリオ T に投資すれば，リターンは $1/2 \times 4\% + 1/2 \times 10\% = 7\%$，リスクは $1/2 \times 12\% = 6\%$ になる。

T 点よりも右上は，無リスク利子率で借り入れた資金と手持ちの資金すべてをポートフォリオ T に投資したときのリターンとリスクを表している。たとえば，自己資金100万円に加えて，無リスク利子率で借り入れた100万円をポートフォリオ T に投資するならば，リターンは $2 \times 10\% - 1 \times 4\% = 16\%$，リスクは $2 \times 12\% = 24\%$ になる。

したがって，投資家は自身のリスクの許容度に応じて，最適な証券である無リスク証券 f とリスク証券 T にどのように資金を配分するかどうかを考えるだけでよいのである。

214 第9章 ポートフォリオ理論と資本市場理論

8 資本市場線

前節で効率的ポートフォリオが接点ポートフォリオ T と無リスク証券 f の2つからなることを学習した。では，接点ポートフォリオ T の正体は何だろうか。

以下の2つの仮定があるとしよう。

(1) すべての投資家はリターン，リスク，共分散について同じ期待をもつ。

(2) すべての投資家は同じ利子率で好きなだけ貸借できる。

この2つの仮定によって，所有するポートフォリオはすべての投資家で同じであるから，リスク証券の最適な組合せである接点ポートフォリオ T は均衡下（すべての証券の供給量と需要量が一致）では，市場に存在するすべての証券を含み，かつその時価で所有するような**市場ポートフォリオ** M になる。ある証券の時価総額（株価×発行済み株式数）がすべての証券からなる時価総額の1％であるならば，ある証券の投資比率は1％でなければならない。

図9-4は**資本市場線**と呼ばれている。切片である無リスク証券 f と市場ポートフォリオ M とを結ぶ直線である。効率的ポートフォリオはこの線上に存在するので，すべての投資家は資本市場線上のどこかのポートフォリオを所有することになる。すなわち，すべての投資家は個々のリスク許容度に応じて資金を無リスク証券か市場ポートフォリオ，あるいはその両方に配分するのである。リスクをあまりとりたくなければ，無リスク証券 f に投資資金を多く配分し，リスクをとってもよいのであれば，市場ポートフォリオに投資資金を多く配分すればよい。

▰ 図9-4　資本市場線

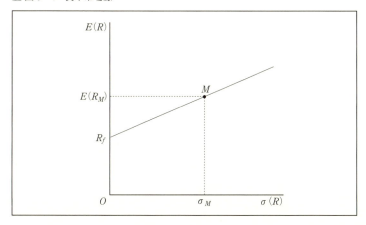

9　CAPMと証券市場線

　資本市場線は効率的ポートフォリオのリターンを説明するが、それ以外のポートフォリオや個別証券のリターンは説明できない。では個別の証券などのリターンとリスクはどのように表すことができるだろうか。

　個別証券のリスクは標準偏差で表され、それは前述したように、2つの要素である非システマティック・リスクとシステマティック・リスクに分解できる。非システマティック・リスクは分散化によって消去可能であるが、システマティック・リスクは消去不可能である。したがって、分散投資を考えるならば、個別証券のリターンはシステマティック・リスクのみに依存する。いくら非システマティック・リスクが高くても消去されるのでリターンには貢献しない。

　たとえば、A証券の総リスクである標準偏差が20％で、B証券

の標準偏差が 15% であるとしよう。この場合，どちらのリターンが大きいかは判断できない。仮に，A 証券は分散化により非システマティック・リスクが大きく減少したが，B 証券はそれほどでもなく，最終的に B 証券のシステマティック・リスクが A 証券のそれよりも大きかったとしよう。どちらのリターンが大きいかはわかると思う。B 証券である。

では，システマティック・リスクの尺度は何であろうか。リターンの重要な決定因はシステマティック・リスクであり，その尺度はベータ (β) である。ベータ[2]はある証券のシステマティック・リスクが市場ポートフォリオ（市場ポートフォリオはこの世に存在するすべての資産から構成されるが，このようなポートフォリオを組み合わせるのは不可能である。実務的には，たとえば東京証券取引所上場株式全銘柄の加重平均などが用いられる）と比較してどれくらい大きいかを表している。

定義により，市場ポートフォリオのベータは 1 である。0.1 のベータをもつ個別証券は市場ポートフォリオ・システマティック・リスクの 10 分の 1 である。0.1 のベータをもつ個別証券のリターンは市場が 10% 上昇すれば 1% 上昇し，市場が 10% 下落すれば 1% 下落することが期待される。

次に，ポートフォリオ・ベータを考えてみよう。この場合，総リスクからなるポートフォリオ・リスクを計算するよりも簡単である。ポートフォリオ・リターンの計算方法と同じである。たとえば，A 証券のベータが 0.5 で，B 証券のベータが 1.5 であるとしよう。資金は 100 万円で，それぞれ半分ずつを A 証券と B 証券に投資するとしよう。

ポートフォリオ・ベータ＝0.5×0.5＋0.5×1.5＝1

以上の結果から A 証券と B 証券を組み合わせることにより市場ポートフォリオのリスクを作り出すことができる。

■ 図9-5 証券市場線

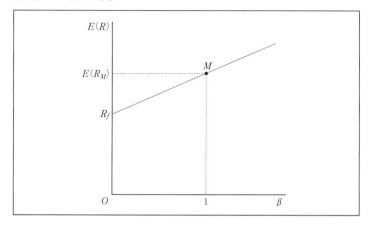

個別証券のリターンとリスクの関係は以下の式で示せる。

個別証券のリターン $(E(R))$ ＝無リスク利子率＋ベータ

×(市場ポートフォリオ・リターン－無リスク利子率)　(8)

(8)式は **CAPM** あるいは**資本価格形成モデル**と呼ばれている。CAPM は無危険利子率とリスク・プレミアム (市場ポートフォリオ・リターンから無リスク利子率を差し引いた市場のリスク・プレミアムにベータを掛けたもの) を合計したものからなる。

たとえば，無リスク利子率が1％，市場ポートフォリオのリターンが6％であるときのA証券，B証券のリターンはいくらになるであろうか。(8)式より，

A証券のリターン＝1％＋0.5×(6％－1％)＝3.5％

B証券のリターン＝1％＋1.5×(6％－1％)＝8.5％

次に，A証券，B証券にそれぞれ半分ずつ投資したときのポートフォリオのリターンとリスクはいくらになるであろうか。

ポートフォリオ・リターン＝0.5×3.5％＋0.5×8.5％＝6％

ポートフォリオ・リスク＝0.5×0.5＋0.5×1.5＝1

218　第9章　ポートフォリオ理論と資本市場理論

　A証券とB証券を組み合わせることで，市場ポートフォリオと同じリターンとリスクを作ることができた。

　上記の結果は図9‒5に示してある。縦軸はリターン，横軸はベータの直線の式になる。これは**証券市場線**と呼ばれている。

1О　ポートフォリオのパフォーマンス評価

　リスクを考慮に入れたポートフォリオあるいは第8章で取り上げた投資信託の運用成績であるパフォーマンス評価はどのように行うべきであろうか。ここではこれまで学習した資本市場理論などを応用したものを簡単に紹介しよう。

　資本市場理論を応用したパフォーマンス評価測度として，著名なファイナンス研究者の名をつけた，**シャープ測度，ジェンセン測度，トレーナー測度**がある。これら測度はリスクを負担することで獲得できるよりも高いリターンである超過収益を得られるかどうかを判定するのに用いられる。当然，超過収益率が高ければ高いほどポートフォリオあるいは投資信託の運用成績がよいことになる。

　シャープ測度はリスクである標準偏差を負担することによりどれだけの超過収益を獲得できるかを判定するのに用いる。

　　　　シャープ測度＝(ポートフォリオの投資収益率－無リスク利
　　　　　　　　子率)÷ポートフォリオの標準偏差　　　　(9)

　ジェンセン測度はポートフォリオ投資収益率がCAPMよりもどれだけの超過収益を得られるかを判定するのに用いられる。

　　　　ジェンセン測度＝ポートフォリオ投資収益率－｛無リスク利
　　　　　　　　子率＋ベータ×(市場ポートフォリオ・リ
　　　　　　　　ターン－無リスク利子率)｝　　　　(10)

　トレーナー測度は，リスクであるベータを負担することにより，どれだけの超過収益率を獲得できるかをみる測度である。

トレーナー測度＝(ポートフォリオ投資収益率－無リスク利
子率)÷ポートフォリオ・ベータ　　(11)

●コラム：インデックス投資

　ポートフォリオ理論では最も優れたリスク証券への投資は市場ポートフォリオを買うことだと教えてくれる。市場ポートフォリオは株式市場全体を表す指標である。日本では日経 225 や TOPIX を指す。ニュース番組で株式が上がったとか下がったとかを表すのによく用いる指標だ。

　投資家が行うのは，自分が許容できるリスクの大きさに応じて資金を短期国債のような無リスク証券と市場ポートフォリオに配分するだけなのだ。リスクをとりたくなければ，短期国債のような無リスク証券にすべての資金を投資すればよいし，リスクをとりたければ，リスク許容度の大きさに応じて市場ポートフォリオへの投資の比重を高めればよい。

　市場ポートフォリオはインデックス・ファンドという名前の投資信託として，ネット証券でも金融機関の窓口でも購入できる。上場投資信託は個別株と同じように取引期間中は自由に売買できる。

　インデックスと無リスク証券に取引を特化すれば，どの個別株を買うか自分で調べたり，投資の専門家に相談したり，金融専門雑誌を購入することも必要がなくなる。

　しかし，一方で，インデックス運用を上回るようなリターンが獲得できるという研究もある。そうであれば，これからも個別株を研究したりする楽しみ（？）は続くかもしれない。

◆この章で学んだこと

1. この章ではリターンとリスクの定義とその計算方法について説明した。

2. 証券数を増やすことにより，リスクを減らすことができる。

3. 削減できるリスクは非システマティック・リスクで，削減で

きないリスクはシステマティック・リスクと呼ばれる。

4. 多くの投資家にとって最適なリスク証券は市場ポートフォリオである。したがって，投資家は無リスク証券と市場ポートフォリオに資金をどのように配分するかが重要になる。

5. 個別証券については，システマティック・リスクであるベータに対してのみリターンは報われる。

6. 個別証券のベータとリターンの関係は CAPM で表される。

• 注

1) 株式の投資収益率は ｛配当＋（売却価格－購入価格）｝÷購入価格×100 で計算する。たとえば，A 社の株を 1000 円で 1 株購入し，1 年後配当を 10 円受け取った後，1100 円で売却したとしよう。投資収益率は （10＋100）÷1000×100＝11％である。

2) ベータ（β）は以下の式で計算することができる。

$$\beta = \text{Cov}(Ri, RM)/\sigma M^2$$

ただし，$\text{Cov}(Ri, RM)$＝証券 i と市場ポートフォリオの共分散，σM^2＝市場ポートフォリオの分散。

練習問題

[1] 株式を 1 株 100 円で購入し，1 年後配当を 5 円受け取った後，すぐに株式を 110 円で売却したとする。投資収益率を計算してみよう。

[2] 以下のデータを使って A 証券，B 証券のリターンを計算してみよう。

状態	確率	予想投資収益率	
		A 証券	B 証券
好況	0.5	10％	20％
不況	0.5	－10％	－20％

[3] [2]のデータを使ってリスク（分散，標準偏差）を計算してみよう。

[4] [2]のデータを使って共分散を計算してみよう。また，相関係数も計算してみよう。

[5] [2]から[4]までの計算結果を使って，A 証券と B 証券からなるポート

フォリオのリターンとリスク（分散，標準偏差）を計算してみよう。ただし，A証券とB証券の投資比率は0.5：0.5とします。

6 C証券のベータが1.2，無リスク利子率が2％，市場ポートフォリオのリターンが15％としよう。C証券のリターンはいくらだろうか。CAPMを使って計算してみよう。

〈解答〉

1 15%

2 A証券のリターン　0％
　B証券のリターン　0％

3 A証券の分散（標準偏差）　100（10％）
　B証券の分散（標準偏差）　400（20％）

4 共分散　200
　相関係数　1

5 ポートフォリオ・リターン　0％
　ポートフォリオ・リスク　225（15％）

6 C証券のリターン　17.6％

●参考文献

榊原茂樹・青山護・浅野幸弘［1998］，『証券投資論（第3版）』日本経済新聞社

榊原茂樹・新井富雄・太田浩司・山﨑尚志・山田和郎・月岡靖智［2023］，
　『新・現代の財務管理』有斐閣

Malkiel, B. G.［2023］, *A Random Walk Down Wall Street : The Best Investment Guide That Money Can Buy*, 13th ed., W. W. Norton & Company.（井手正介訳『ウォール街のランダム・ウォーカー──株式投資の不滅の真理（原著第13版）』日本経済新聞出版社，2023）

➤ さらに深く学習するために

Brealey, R. A., S. C. Myers, and F. Allen［2010］, *Principles of Corporate Finance*, 10th ed., McGraw-Hill.（藤井眞理子・國枝繁樹監訳『コーポレートファイナンス（第10版）（上・下）』日経BP社，2014）

Ross, S. A., R. W. Westerfield, and J. F. Jaffe［2010］, *Fundamentals of Corporate Finance*, 9th ed., Irwin McGraw-Hill.（大野薫訳『コーポレートファイナンスの原理（第9版）』金融財政事情研究会，2012）

第 10 章　　　　　行動ファイナンス

　A 投資情報会社から M 氏に 1 通のメールが届いた。B 社の株が今後 2 カ月間で上昇するという。2 カ月後，実際にその株は上昇した。その後，また同じ会社からメールが届いた。今度は C 株が 2 カ月間で上昇するという。驚くべきことに 2 カ月後その株は上昇した。しばらくして，また A 投資情報会社からメールが来て今度は 2 カ月間で D 社が上昇するという。実際にその株を買うと，上昇し，2 カ月の間に，いくばくかの利益を得ることができた。その後，A 投資情報会社からメールが来た。文面の内容は，「これまでの情報はすべて当たったでしょう。今後わが社の情報が必要ならば，有料になります。以下の口座に振り込んでください」。

　A 社の言う通りに投資を行えば，この不況下にもかかわらず，情報料を支払った後でも，ひと財産築けるかもしれない。善は急げとネット銀行を使って，振り込みの手続きをしようとしたら，後ろから肩をたたかれた。仲の良い行動ファイナンス研究者である。彼にこれまでのいきさつを説明し，振り込みをすることにしたと話したら，彼はやめておけという。心理のワナに陥っているというのである。

　A 社が立て続けに正しい予測ができたカラクリは実に単純である。最初に，8 人の見込み客のうち，4 人に B 社の株が上がるというメールを送り，残り 4 人に B 社の株が下がるというメールを送る。2 カ月後，正しい予測を受け取った 4 人のうち，2

人に C 社の株が上がるというメールを，残りの 2 人に C 社の株が下がるというメールを送る。次の 2 カ月後，正しい予測のメールを受け取った 2 人のうち，1 人に D 社の株が上がるというメールを，1 人に D 社の株が下がるというメールを送ったのである。

これは何百人も一堂に会したじゃんけん大会に似ている。じゃんけんを行うごとに敗者が脱落し，勝った者同士が最終的に 1 人になるまでじゃんけんを繰り返す。最終的なじゃんけんの勝者は必ずしもプロではなく偶然に運よく最後まで勝ち残った人である。

A 社の 3 回連続して正確な予測メールを見た M 氏は，偶然ではなく A 社の予測能力が非常に優れていると誤って判断してしまったのである。これは，これから述べる心理のゆがみにより引き起こされたものである。

1　行動ファイナンス理論の基礎[1)]

行動ファイナンス（behavioral finance）とは人の心理上の偏りなどが投資行動や証券価格にどのような影響を及ぼすか明らかにしようとする学問である。これまでのファイナンス理論では，投資家は情報を受け取るとそれを合理的に処理し最適な意思決定に結びつけると考えられていた。ところが，行動ファイナンスでは彼／彼女らが必ずしも情報を合理的に処理できない，われわれとまったく変わりがない普通の人間と仮定している。普通とは，ある状況下においては合理的に行動するが，他の状況下においては他の人と同じ過ちを繰り返し行うことである。不確実性下における株式市場での投資家もこのような同じ過ちを繰り返すことがあるのである。

この章では，最初に，行動ファイナンスの理論的基礎である**認知誤差**（cognitive error），**保守主義**（conservatism），**自信過剰**（overconfidence），**プロスペクト理論**（prospect theory），**メンタル・アカウンティング**（mental accounting）について簡単に説明する。次に，これら心理の偏りが株価にどのような影響を及ぼすかを説明する。

▷**認 知 誤 差**

人は，株価のように将来不確実な数値，あるいは将来の世界情勢のような不確実な事象を予測するのに**簡便法**を用いる。簡便法は，確率を評価し，将来を予想するという複雑な作業を人の制約された情報処理能力の中で思考判断することをいう。簡便法を使うことで，人は多大なるデータをコンピュータで処理して導かれた正しい解答と同じものを，経験に基づいて楽に見つけることができる。しかし，簡便法に従った予測は非常に有用であるが，ある状況下では同じ誤りを繰り返しおかす。ここでは，3つの簡便法である**代表性簡便法**（representativeness heuristic），**検索容易性**（availability），**調整と係留**（adjustment and anchoring）について述べてみたい。

(1) **代表性簡便法**

代表性簡便法とはある事象が母集団をどれだけ代表しているかを表すものである。つまり，ある事象がどれだけ集団に類似しているかを示すものである。仮に，EがFに似ている程度が高ければ，EがFから生じる確率は高いと判断される。他方，EがFに似ていないならば，EがFから生じる確率は低いと判断される。たとえば，G社の株価がG社の将来の業績を象徴しているならば，G社に関する好ましい情報はG社の株価を上げるであろう。他方，G社に不利な情報は株価を引き下げるであろう。

代表性簡便法は非常に有用な予測方法ではあるが，ある状況下では，多くの人が同じ誤りをおかしやすい。以下でいくつかの例をあげてみよう。

(a) 基準率の無視

情報には，ある事象を代表するものと，代表性には直接影響を及

ぼさないけれども，確率に大きな影響を及ぼすものとがある。後者は**基準率**（base rates）と呼ばれるもので，過去からこれまでに蓄積されたデータベースである。A社株は上昇・下落する頻度が同じくらいであるという過去から蓄積された基準率のみがあるとすれば，投資家は株が高くなったら売ろうとするであろう。ところが，A社に有利な情報が公表され，それがその株を代表する程度が非常に高ければ，投資家は基準率を無視して買い行動をとるかもしれない。実際，実証結果でも，人は最新の関連情報を与えられないならば，基準率を正しく評価するという。しかし，ある事象を代表する情報が与えられると人は基準率を軽視する傾向がある。

(b) 小数の法則

大数は母集団を代表している。人は小数もまた母集団を代表していると考える傾向がある。たとえば，コインの表か裏が出る確率は2分の1である。これは何千回，何万回も回数を重ねることによってはじかれた確率である。ところが，同じ法則が小数でも適用されると誤って考えられることがある。10回の試行回数のうち，コインが5回連続して表が出たとき，人はもうそろそろ次に裏が出ると考えがちである。しかし，何回連続して表が出ようが裏が出ようが，次に表か裏が出る確率は2分の1である。

別の例として，あるファンド・マネジャーの投資パフォーマンスが2～3年間首尾一貫して市場平均を上回っていたとしよう。通常，投資家の資金はこのファンドに殺到する。投資家はこの小数のデータだけでこのファンド・マネジャーのパフォーマンスが母集団を代表していると誤って評価するからである。次年度以降，ファンド・マネジャーのパフォーマンスが優れているという保証はない。パフォーマンスのデータが蓄積されるにつれて，ファンド・マネジャーの実力が優れているか否か明らかになるはずである。

1 行動ファイナンス理論の基礎 227

(c) 予測可能性の無視

確実な世界では，予測は人の印象に対応させることができる。すなわち，昨日上昇した株は今日も上昇することが確実であれば，代表性簡便法は有効である。しかし，不確実な世界では，その程度によって，予測値は印象と分布から導き出された平均値の間にあるべきである。完全に不確実な世界では，予測は平均値でなければならない。株式市場は不確実であるにもかかわらず，投資家は過去起きたことは将来も起きるはずであると思いがちである。投資家の予測は確実性・不確実性の程度を表す予測可能性を無視しているのである。

(d) 回帰に対する誤った認識

実力と比べてあまりにも高くなりすぎた株価はその後下落する。他方，低くなりすぎた株価はその後回復する。これは平均への回帰現象と呼ばれるものである。一般に，人は回帰現象を認めない。仮に認めるとしても，それに対するもっともらしい説明を要求する。しかし，実際，回帰現象はわかりにくい。たとえば，ある年度，Ｈ社は業績が優れていた従業員に，高いボーナスを支払ったとしよう。次年度，彼ら，あるいは，彼女らの業績が落ち込んだので，Ｈ社は低いボーナスしか支払わなかったとする。その後，従業員の業績は回復したとしよう。ここでＨ社が従業員の業績はボーナスの多寡によって説明できると考えた場合，ボーナスを増やせば，従業員は仕事を怠け，減らせば発憤すると思うかもしれない。その結果，Ｈ社は従業員に仕事をさせるために，ボーナスは増やさない方がよいという方針をもつかもしれない。これを経営者がまともに信じたら，この会社に勤める従業員はあまりにもかわいそうである。回帰現象では，ボーナスの多寡に関係なく，従業員の業績は悪くなったり良くなったりするのである。従業員の日々の仕事の能力に関するデータが増えるにつれて大数の法則が働き，実力に応じたもの

228　第10章　行動ファイナンス

（平均）に回帰するのである。

(2)　検索容易性

　検索容易性とは心に浮かぶ容易さによって確率を評価することをいう。もし，過去において同じあるいは似たようなイベントを経験しているならば，検索が容易であるため，その確率は高くなる。たとえば，株式市場が1日で急激に下落した場合，投資家はその下落が突然のことであったために，その後の株価動向について実際以上に下落の確率を高めに評価するのである。すなわち，最新の顕著な事象は将来の判断に重大な影響を及ぼす。その状況の記憶が生起しやすければしやすいほど，いかに平均から逸脱しようともそれが持続する傾向にある。

　検索を容易にする手段はマスメディアであろう。経済が不調なとき，メディアは景気が良いニュースよりも悪いニュースを流す傾向にある。後者のニュースの方が前者よりも記憶が生起しやすいからである。そのため，人は経済に対する見通しを実力よりも悪く評価するかもしれない。メディアは心に浮かぶ容易さに対して誤った偏りをもたらす可能性があるのである。米国経済の低迷が世界経済に伝染し，株価の暴落を招いたとしよう。その後それをさらに強化する悪いニュースの氾濫が株価をさらに実力以上に低下させるかもしれない。

(3)　調整と係留

　まったく関係のない値をいわれたのち，あることを予測するとしよう。人は，最初のある値から出発し，それから調整する傾向にある。しかし，いかなる場合でも最初の値が重り（係留）になり，その調整は不十分である。たとえば，あるグループには，最初に，N市の人口は40万以上かそれ以下かと聞いた後，人口がいくらと推定するかと質問したとしよう。このグループは40万という数値に引きずられた予測を行う傾向にある。他方，別のグループではN

市の人口が 10 万以上かそれ以下かと聞いた後，人口の推定を行う
よう求められたとしよう。後者は 10 万を出発点としたためか前者
よりも少ない人口の数を述べる傾向にある。

　投資家は，過去の株価を最初の値とするならば，その企業の予想
外の良い（悪い）業績を正しい水準まで株価に反映させることがう
まく調整できなくなり，株価を過大あるいは過小評価することにな
るのかもしれない。

▷保守主義

　保守主義とは，人間が新しい事象に直面したとき，これまで彼／
彼女らがもっていた信念が妨げになって，その信念を変えるまでに，
ある程度の情報と時間を要することをいう。人間が，ある情報の内
容を完全に理解するのに時間を要するため，その反応がゆっくりし
ているということである。株式市場で観察される，情報を株価に反
映させるまでに時間を要する過小反応現象は保守主義に影響されて
いるのかもしれない。

▷自信過剰

　人は合理的であれば，不確実な状況下においても正しい確率分布
を知っているかのように意思決定を行う。しかし，心理学の実証分
析で最も頑健な検証結果は人が意思決定を行う際，必ずしも合理的
に判断しているわけではなく，自信過剰になる傾向にあるというこ
とである。自信過剰は勝つ確率を過大に評価することから起きる。
したがって，株式市場に参加する投資家は株式を売買することによ
って損することは考えないで，儲けることのみ考える自信過剰な人
たちかもしれない。

　人はまた自分自身の能力の幻想から自信過剰になっているのかも
しれない。人は成功が自分の実力で，失敗は運が悪かったと思いが
ちである。多くの人は自身の能力および将来見通しに対して他の人
よりも高いと評価する傾向にある。

230　第10章　行動ファイナンス

　自信過剰は企業経営者，証券アナリスト，エコノミストなどの専門家の分野でも広範囲にわたり観察されている。専門家は予測性が高く，すぐにフィードバックできる継続的な仕事を達成するときには素人よりも優れている。プロの将棋士，気象予報士などはその一例である。しかし，予測性が低いときでも専門家は素人よりも自信過剰になる傾向にあるといわれている。ある企業の株価予測とか，今後の日本経済を現在のデータから予測することが難しいとき，専門家は当該の問題を処理するための優れた理論とモデルをもっているがために，それをもたない素人よりも自信過剰になりがちであるという。

▷ **プロスペクト理論**

　ポートフォリオ理論によれば，合理的投資家はリスク回避的であると仮定している。リスク回避的であるということは，投資収益の期待値が同じである場合，よりリスクが小さいものを好み，リスクが同じであれば，より高い投資収益を期待することをいう。

　しかし，プロスペクト理論によれば，利益が獲得できる場合，人は確実なものを好むリスク回避的行動をとり，損失の場合は，人はリスク追求的行動をとるという。リスク追求的行動とは，損失を確定するよりも，損失を取り返すためその後も取引を行うことをいう。

　以下の例を見てみよう。

（i）2つのうちどちらを選択しますか。

　　⑦確実に8万5000円受け取る。

　　⑦85％の確率で10万円を受け取り，15％の確率で何も受け取らない。

　2つの選択肢は同じ期待値をもつ。しかし，多くの人は何も受け取れない可能性がある⑦の選択よりも確実に8万5000円を獲得できる⑦を好む。これは，同じ期待値であれば，リスクが小さければ小さいほどよいというリスク回避的考えである。

■図10-1 価値関数

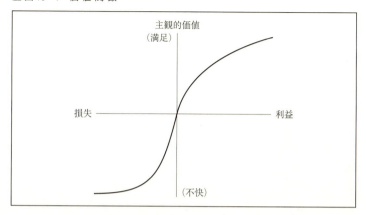

しかし、リスク回避的行動はある状況では成立しない。

(ii) 2つのうちどちらを選択しますか。

　㋒確実に8万5000円を失う。

　㋓85％の確率で10万円を失い、15％の確率で何も失わない。

これも同じ期待値をもつ。しかし、多くの人はリスクが大きい㋓を好む。これはリスク追求的行動である。

図10-1は**価値関数**（value function）と呼ばれているもので、利益と損失に対する反応度を示している。横軸は利益と損失の実際の値を示している。縦軸は個人の主観的評価である。原点よりも上にいけばいくほど満足感は高まり、原点より下にいけばいくほど不快感が高まる。価値関数は以下のような3つの特性をもつ。

(a) 価値関数は利益と損失によって定義される。人は参照点（reference point）と比較して利益か損失で判断する。参照点とは、図の原点であり、現状、たとえば、株式の購入価格である。

(b) 価値関数は非対称的である。損失線は利益線よりも傾きが急である。同じ金額であれば、損失によって被る不快感の方が利益を獲得したときの満足感よりも大きいように思われる。この特性は**損失**

232　第10章　行動ファイナンス

回避（loss aversion）と呼ばれる。コインを投げて表ならば1000円もらえ、裏だったら1000円支払うようなゲームの参加者を募ったとしても、このゲームの参加者は損失に対する不快感を回避するため参加者は多くはないだろう。

　投資家が1000円で株を買い、この購入価格を参照点と仮定しよう。その後、株価が1100円まで上昇すれば、この投資家は購入価格と比較して100円の利益を獲得することになる。株価はその後さらに同じ確率で1300円まで値上がりするか、あるいは900円まで値下がりするとしよう。株価上昇が継続した場合、利益はさらに200円増える。株価が下落した場合は、購入価格よりも値下がりし、損失は−100円になる。この場合、投資家は追加的利益の喜びよりも損失に対する不快感の方が大きいから、株式購入後の最初の株価上昇時点で株式を売ることを決定する。投資家は利益の領域ではリスク回避的であるから、追加的利益を追求するよりも最初の100円の利益を確定する方を好む。

　次に、購入後、株価が値下がりした場合を考えてみよう。1000円で株式購入後、株価が値下がりし、900円になったとしよう。その後の株価変動は同じ確率で株価がさらに下がって800円になるか、反転して1000円に戻るとしよう。株価下落が継続した場合、損失は拡大し、−200円、株価が反転した場合、損失はゼロになる。損失の領域では、投資家は追加的損失を実現する不快感を回避したいがゆえにその後値上がりし、実現損失がゼロになる方を選択する。

　これらは、利益が出ると早く売りたがり、損失が出ると最低でも購入価格に戻るまで待つという投資家行動の特性である。

▷メンタル・アカウンティング

　メンタル・アカウンティングは会計と同じ考え方である。会計では、現金勘定、売掛金勘定などがあり、決算時、利益、損失で勘定項目を閉める。メンタル・アカウンティングも心の中に数多くの勘

1 行動ファイナンス理論の基礎 233

定項目が存在し，人はある勘定は利益，またある勘定は損失というように個別に取引収支を考えるのである。

メンタル・アカウンティングでは，多くの人が問題を統合してではなく個々で評価するので，部分最適な決定が選択されやすくなる。

たとえば，株式投資を行い，朝に1万円の利益，午後に1万円の損失が生じたとしよう。その日を評価するとき，人は損をしたように感じる。なぜならば，価値関数のところで述べたように，個々の取引を見ると，1万円の損失は1万円の利益よりも気持ちを落ち込ませるものだからである。もし朝と午後の取引を組み合わせたとするならば，ゼロであるから，そんなに悪い日ではないと気づくであろう。

次の例を見てみよう。

(iii) 2つの選択肢があった場合どちらを選択しますか。

　　㋕確かな利益240万円。

　　㋙25％の確率で1000万円の利益，75％の確率で損得なし。

同様に，

(iv) 2つの選択肢でどちらを選択しますか。

　　㋖確かな損失750万円。

　　㋗75％の確率で1000万円の損，25％の確率で損得なし。

前者では，多くの人は㋕を選択する。彼／彼女らはリスク回避的であるから確かな利益の方を好む。後者では㋗を選択する。彼／彼女らはリスク追求的であるために損失が減る方を好む。

次に，統合した結果を見てみよう。

　　　㋕＋㋗＝25％の確率で240万円の利益，75％の確率で760万円の損失

　　　㋙＋㋖＝25％の確率で250万円の利益，75％の確率で750万円の損失

結果を統合すると，㋕＋㋗は㋙＋㋖よりも最適な選択でないこ

234 第10章 行動ファイナンス

とがわかるであろう。多くの人は利益勘定と，損失勘定にそれぞれ
分けて，その中で部分最適な選択をする傾向が観察されるのである。

2 株式市場の過剰反応と過小反応

上記のような心理的偏りがある投資家行動は株価を過小に評価し
たり過大に評価したりする。

図10-2(a)，(b)，(c)は，予想外に良いニュースと考えられる新情
報に対する株価の反応パターンを示している。縦軸は株価を示し，
横軸は期間を示している。−6，−4，−2日はそれぞれ公表6，4，
2日前，+2，+4は公表2，4日後を示している。

(a)は効率的市場下での株価変動を示している。この場合，投資家
は予想外の新情報をその日のうちに反映させるから，公表時以降，
株価はある一方向に変動することはない。(b)は株価に対する過小反
応を示している。投資家が情報を誤って過小に評価したために，株
価が情報を反映するまで多少の時間を必要とする。(c)は株価の過剰
反応であり，過小反応とは反対に，情報を誤って過度に反映しすぎ
ていて，その誤った部分を修正するのに長い時間を必要とする。(b)
(c)は市場が効率的でないことを示している。もし予想外に良いニュ
ースを市場が過小反応しているのであれば，投資家はこの過小反応
パターンを利用して公表時に株式を買い，数日後に売却すれば，こ
のパターンを知らない投資家よりも高い超過投資収益を獲得できる。

また，(b)(c)は連続して起きる可能性もある。たとえば，最初に，
株価は予想外に良い情報に過小反応する。数日間で，実力に見合っ
た株価水準まで上昇する。この期間中，プラスの株価トレンドが観
察される。その情報に基づき，投資家は株価上昇を期待してさらに
株式を買い続けると株価の過剰反応が起きる。この期間，株価上昇
を裏づけるために，本当の良い情報をさらに誇張したようなバラ色

2 株式市場の過剰反応と過小反応　235

■図 10-2　株価の変動パターン

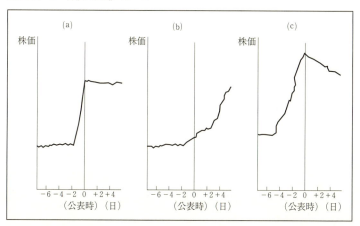

の嘘の情報が流れているかもしれない。しかし，この株価上昇は実力以上に評価されたものであるから，最終的にある程度の時間を要して株価は真の水準に向かって平均回帰するだろう。

●コラム：男性は女性よりも自信過剰

　株式市場の参加者は基本的に自信過剰である。誰も株式の売買で損をするかもしれないと思って取引をしたりしない。自信過剰の強さは売買の回数に反映される。取引期間中に，株式市場は，上昇したり，下落したりする。自信過剰が強い人は自分自身が相場の流れを読み取る力が強いと思いがちである。したがって，自分が買うとその後株価は上昇し，自分が売ると株価が下落すると思う傾向にある。しかし，売買回数の多さは取引のパフォーマンスに悪影響を及ぼす。売買するたびにコストがかかるからである。

　年間買い持ちしている人と，頻繁に取引する人を比較すると，取引コスト控除前ではパフォーマンスは同じだとしても取引コスト控除後は買い持ちの人の収益率は高くなる。

　頻繁な取引は，女性よりも男性により多く観察される。また，同じ男性でも年配者よりも若者が頻繁に取引を行う。デイトレーダーに男

236　第10章　行動ファイナンス

性の若者が多いのは彼らが自信過剰の程度が高いことの証左かもしれない。

◆この章で学んだこと
1. 行動ファイナンスは人の行動の偏りなどが投資家行動や証券価格にいかなる影響を及ぼすかを研究する学問である。
2. 行動ファイナンスに登場する投資家は通常は正しい行動をとるものの，時として誤った行動をとる人たちである。
3. 投資家は印象に基づいて取引をする。最近起きたニュースを過大に評価する一方で，頑固にこれまでの考えを変えない人たちでもある。
4. 投資家は確実な利益を好み，損失を嫌う人たちで，さらに，メンタル・アカウントごとの利益にこだわり，全体の利益を損なうこともある人たちである。
5. このような投資家が市場に参加すると株価が過大評価されたり，過小評価されたりする。

・注

1) この節は行動ファイナンスの先駆者である Kahneman and Tversky ［2000］などの研究成果に基づいている。詳細については参考文献を参照のこと。

▨練習問題
1 なぜ投資家は有名企業の株式を好むのだろうか。行動ファイナンスを使って説明してみよう。
2 なぜ投資家は購入価格よりも値上がりした株式を早く売りたがり，購入価格よりも値下がりした株式を長期的に所有するのであろうか。行動ファイナンスを使って説明してみよう。

③ なぜ投資家は頻繁に取引をするのだろうか。行動ファイナンスを使って説明してみよう。

④ 同じ 10 万円でもパチンコなどで稼いだものは浪費し，大好きだったおばあちゃんからの遺産は貯蓄に向かわせるのはなぜだろうか。行動ファイナンスを使って説明してみよう。

⑤ バーゲンセールと異なり，なぜ投資家は企業の実力と比較して割高な株式を購入したがり，割安な株式を購入したがらないのであろうか。行動ファイナンスを使って説明してみよう。

● 参 考 文 献

城下賢吾［2002］，『市場のアノマリーと行動ファイナンス』千倉書房

Kahneman, D. and A. Tversky (eds.) [2000], *Chices, Values, and Frames,* Cambridge Universty Press.

➤ さらに深く学習するために

城下賢吾・森保洋［2009］，『日本株式市場の投資行動分析——行動ファイナンスからのアプローチ』中央経済社

Malkiel, B. G. [2023], *A Random Walk down Wall Street : The Best Investment Guide That Money Can,* 13th ed., W. W. Norton & Company.（井手正介訳『ウォール街のランダム・ウォーカー——株式投資の不滅の真理（原著第 13 版）』日本経済新聞出版社，2023）

Shleifer, A. [2000], *Inefficient Market : An Introduction to Behavioral Finance,* Oxford University Press.（兼広崇明訳『金融バブルの経済学——行動ファイナンス入門』東洋経済新報社，2001）

第11章　デリバティブ市場

　世の中にはさまざまな不確実な状況が存在する。たとえば，大量の小麦を使用する製粉会社は，天候不順などにより小麦が不作になれば，小麦の仕入価格が上昇し，製粉コストの上昇によって利益が減少することになる。また，企業が銀行から資金を借り入れる場合，変動金利で借り入れた後で金利が上昇すれば，当初の想定よりも多額の利子を支払わなければならなくなる。このような不確実な状況に直面するのは，企業だけではない。株式投資においては，株価の上昇によって利益が得られる場合もあれば，株価下落によって損失を被ることもある。このような，将来の不確実な状況をリスクという。

　ほとんどの人が，将来は不確実なのだから，リスクを受け入れることは仕方のないことだと考えるだろう。しかしながら，このようなリスクを回避する方法も存在する。デリバティブを利用すればよい。デリバティブという言葉には派生物という意味がある。この章で学習するデリバティブとは，金融派生商品のことである。つまり何らかの商品から派生した金融商品である。派生元となる商品は原資産と呼ばれる。代表的なデリバティブとして，先物取引，オプション取引，そしてスワップ取引がある。本章では，これらのデリバティブについて概観する。

240　第11章　デリバティブ市場

1　先物取引

▶先渡取引

　先渡取引は，あらかじめ定められた期日に，事前に合意された
価格で原資産を受け渡すことを約束する契約である。あらかじめ定
められた期日は満期日，事前に合意された価格は先渡価格と呼ばれ
る。たとえば，ポップコーンを販売する会社を考えよう。この会社
の利益は，原材料であるとうもろこしの価格によって変動すること
になる。来年のとうもろこしの価格が上昇すれば，仕入価格の上昇
を通じてポップコーン販売会社の利益は減少してしまうからである[1]。

　また，とうもろこしの価格の変化は，生産者にとっても問題とな
る。来年のとうもろこしの価格が下落すれば，販売価格の下落を通
じて，とうもろこしの生産者の利益が減少してしまうからである。

　ポップコーンの販売会社は，とうもろこしの生産者と先渡取引を
行い，来年のとうもろこしの価格を現時点で確定することで，とう
もろこしの価格の変化によって生じる利益の変動を回避することが
可能になる。

▶先物取引

　先渡取引は，当事者間で行われる相対取引である。これに対して，
この取引が取引所に上場され，複数の取引参加者間で市場取引によ
って行われる場合，先渡取引は先物取引と呼ばれる[2]。つまり，両者
は基本的に同じ内容の契約であり，どのように取引されるかによっ
て，異なる名称で呼ばれることになる。

　先渡取引では，契約当事者間で合意することで，約束された期日，
原資産，そして先渡価格を自由に決めることができる。一方，先物
取引は取引所に上場されているため，契約を結ぶことで誰でも取引
に参加することができる。したがって，先物取引では，取引所によ

1 先物取引 241

■表11-1 先物価格

(a) とうもろこし先物

	始値	高値	安値	清算値	前日比
《トウモロコシ》（1トン）					
1月	—	—	—	37,720	0
3月	38,110	38,110	38,000	38,000	△1,600
5月	40,100	40,100	40,000	40,000	△300
7月	38,300	38,300	38,300	38,300	0
9月	39,710	39,710	39,710	39,710	△90
11月	39,360	39,420	39,130	39,190	△120

(b) 日経225先物

年/月	始値	当日始値	高値	安値	終値	前日比	売買高	建玉
〈日経平均先物・大阪取引所（大取）〉								
23/12	33,400	33,170	33,470	32,790	33,010	−440	40,219	91,553
24/3	33,320	33,090	33,390	32,710	32,860	−520	66,905	172,760
24/6	33,050	32,870	33,050	32,480	32,580	−520	39	15,204

って原資産と取引最終日が決められており，満期日は取引最終日と
なる。また，原資産が商品である先物取引については，原資産の受
渡しを行う必要があることから，その内容が細かく規定されている。

　表11-1(a)と(b)はそれぞれ，日本取引所グループ大阪取引所で取
引されている，とうもろこしを原資産としたとうもろこし先物と，
日経平均株価指数を原資産とした日経225先物について，2023年
12月8日付の『日本経済新聞』に掲載された，12月7日の取引の
結果である。[3]大阪取引所では，とうもろこしのほか，貴金属，農産
物，エネルギー等を原資産とする先物が取引されている。このよう
に商品を原資産とする先物取引を**商品先物取引**と呼ぶ。これに対し
て，金融商品を原資産とする先物取引は**金融先物取引**と呼ばれる。
大阪取引所では，株価指数のほか，国債を原資産とした先物など，
さまざまな金融先物が取引されている。

　表11-1(a)には，1月から11月までの6つの月が記載されてい

る。これは，とうもろこし先物の取引最終日が設定されている月を表しており，限月（げんげつ）と呼ばれる。取引できる期限の月という意味である。また，たとえば，限月が3月である先物は3月限（ぎり）と表現されることもある。表11-1(a)は，2024年の限月を示しているため，とうもろこし先物は2024年の各限月に満期を迎える。[4]

また，表11-1(a)には4つの価格が示されている。これらは先物価格であり，とうもろこし先物の買い契約を結んだ買い手が，満期日まで契約を保有した場合に，とうもろこし1トンの受取りと引き換えに支払わなければならない価格である。

始値，安値，高値はそれぞれ，取引日の中で最初に取引が成立した価格，その日に成立した取引の中で最も安い価格，最も高い価格を指す。清算値については後述する。

とうもろこし先物の取引単位は50トンである。したがって，12月7日に，3月限のとうもろこし先物1枚（1単位）を，高値の3万8110円で買い契約を結び，満期日まで契約を保有した買い手は，満期日に市場価格がいくらになっていたとしても，とうもろこし50トンを，先物の売り手から190万5500円（38,110円×50トン）で購入する必要がある。同様に，この日の高値で先物1枚の売り契約を結んだ売り手は，満期日に市場価格がどのような価格になっていたとしても，190万5500円の受取りと引き換えに，先物の買い手にとうもろこし50トンを引き渡さなければならない。

上述の通り，先渡取引と先物取引は契約であり，それぞれ先渡契約，先物契約と呼ばれることもある。契約は履行する義務がある。したがって，先渡契約では，買い手は満期日に先渡価格を支払い，売り手は原資産を引き渡すことで取引を決済する必要がある。[5] 先物取引においても同様である。満期日まで契約を保有した場合，買い手は先物価格を支払う必要があり，売り手は原資産を引き渡す必要がある。しかしながら，先物取引については，この方法以外にも取

引を決済する方法がある。

▷先物取引の決済

先物取引を通じて，将来の定められた期日に先物価格で原資産を購入する契約を結び，その契約を保有している状態を**買い持ち**，あるいは**ロング・ポジション**という。単に先物を買うという場合，買い持ちする（ロング・ポジションをとる）ことを意味する。逆に，将来において原資産を先物価格で売却する契約を結び，その契約を保有している状態を**売り持ち**，あるいは**ショート・ポジション**という。先物を売るという場合，売り持ちする（ショート・ポジションをとる）ということである。

先物契約が先渡契約と異なる点は，先物取引は満期日まで契約を保有し続ける必要はないということである。先物取引を買い契約（売り契約）で始めた場合は，満期日までに売り契約（買い契約）を結ぶことで，ロング・ポジション（ショート・ポジション）を解消し，先物取引を決済することができる。これを**反対売買**という。また，反対売買によってポジションを解消することを**手仕舞**いという。

反対売買によって解消されていない買い契約，あるいは売り契約の数は，**建玉**と呼ばれ，取引の未決済残高を表す。買い契約（売り契約）を結ぶことを，先物を**買い建てる**（**売り建てる**）ということもある。ここで，買い契約（売り契約）を結ぶことができるのは，同じ先物価格で売り契約（買い契約）を結ぶ相手がいるからである。そのため，買い契約の建玉と売り契約の建玉は同じ数だけ存在する。取引が行われると建玉は増加し，反対売買によって減少することになる。表 11-1(b)には，2023 年 12 月限の日経 225 先物の 12 月 7 日時点の建玉が 9 万 1553 枚であったことが示されている。

先物を買い（売り）建てた場合，反対売買による損益は，買い（売り）契約を結んだ時点の先物価格と，売り（買い）契約を結んだ時点の先物価格の差額となる。たとえば，昨日，先物価格 100 円で

買い建てた先物について，今日の先物価格 110 円で売り契約を結んで反対売買をした場合，買い手には 10 円の利益，売り手には 10 円の損失が発生することになる。先物取引では，この 10 円だけが，買い手と売り手の間で受払いされる。

このように，先物取引では，先物の契約に際して先物価格の支払いや受取りは行われないため，価格差によって生じた損益だけが受払いされることになる。これを差金決済という[6]。これに対し，反対売買をせず，満期まで契約を保有した場合に行われる決済を**最終決済**という。

▷受渡決済と特別清算数値による差金決済

上述の通り，先物取引を契約し，取引最終日までに反対売買をしなかった場合，取引は最終決済されることになる。たとえば，とうもろこし先物を買い建てた（売り建てた）場合，先物価格を支払い（受け取り），とうもろこしを受け取る（引き渡す）ことになる。これを受渡決済という[7]。上述したように，先物取引は上場されており，誰もが取引に参加することができるため，商品先物取引については，取引所によって，原資産の品質，受渡し期間，場所が細かく指定される。たとえば，とうもろこし先物では，品質はアメリカ合衆国産黄とうもろこしのうち，アメリカ合衆国農務省穀物検査規格 No. 3（未通関のものに限る）とされる。受渡し期間は，各限月の 1 日から末日までのうち，最初の荷受渡予定日の前営業日の正午までとされている[8]。また，受渡し場所は，川崎，横浜，千葉および鹿島の各港に所在する取引所の指定埠頭とされる。

これに対し，日経 225 先物のように，株価指数を原資産とした先物の場合，最終決済において，原資産を受け渡すことはできない。したがって，**最終清算数値**による決済が行われる。具体的には，日経 225 先物については，取引最終日の翌日に算出される，**SQ 値**（special quotation）と呼ばれる特別清算数値で反対売買を行った場

1 先物取引 245

合に生じる損益が計算され，差金決済されることになる。

▶先物取引の損益

　先物取引では，反対売買によってポジションを解消することができる。原資産を先物価格で購入する契約を結び，買い持ちの状態にある場合を考えよう。この場合，同じ原資産を対象とした，同じ限月の先物の売り契約を結ぶことで買い持ちの状態は解消する。したがって，契約時の先物価格よりも，将来の時点において先物価格が上昇している場合に，売り契約を結ぶことで（反対売買をすることで），先物価格の差額という形で利益を得ることができる。逆に，契約時の先物価格に比べて反対売買時の先物価格が下落している場合，損失が生じることになる。

　今度は，原資産を先物価格で売却する契約を結び，売り持ちの状態にある場合を考えよう。契約時の先物価格に比べて将来の先物価格が低下していた場合，反対売買により，下落した先物価格で買い契約を結ぶことで，先物価格の差額という形で利益を得ることができる。先物を売り建てた場合，反対売買時の先物価格が下落していた場合に，利益が得られることに注意しよう。[9] 逆に，契約時の先物価格に比べて反対売買時の先物価格が上昇している場合，損失が生じることになる。

　図11-1(a)は，先物価格1000円で先物を買い建てた場合について，反対売買時の先物価格と損益の関係，同(b)は，先物価格1000円で先物を売り建てた場合について，反対売買時の先物価格と損益の関係を示している。図11-1(a)は，先物を買い建てた場合，反対売買時の先物価格が契約時の先物価格である1000円を上回る場合に利益が得られ，同(b)は，先物を売り建てた場合，反対売買時の先物価格が契約時の先物価格である1000円を下回る場合に利益が得られることを示している。

■ 図11-1 先物取引の損益

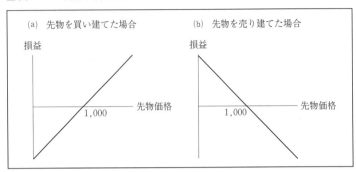

▶証拠金と値洗い

　株式の購入といった現物取引と異なり、先物の買い契約を結ぶ場合、その時点で支払いをする必要は生じない。その一方で、先物取引においてはロングとショート、いずれのポジションにおいても、先物価格の変化によって損失を被る可能性がある。したがって、発生した損失の支払いを確実なものにするため、参加者は一定の金額を取引口座に保有することが求められる。これを**証拠金**という。

　上述の通り、買い契約（売り契約）を結ぶことができるのは、同じ先物価格で売り契約（買い契約）を結ぶ相手がいるからである。したがって、日々の先物価格の変化によって生じた買い手の利益（損失）は、売り手にとって同額の損失（利益）となる。

　先物取引では、日々発生する損益が計算され、その金額はそのつど取引口座に反映される。これを**値洗い**という。値洗いは、日々の**清算値段**に基づいて行われる[10]。表11-1(a)の、とうもろこし先物の清算値は、この清算値段のことである。

　表11-2(a)は、2024年11月限のとうもろこし先物についての、2023年12月4日から7日までの清算値段である。12月4日から5日にかけて、清算値段は3万9300円から3万9360円に値上がりし

1 先物取引 247

■表 11 - 2 **清算値段と値洗い**

(a) 清 算 値 段

	清算値段
2023/12/4	39,300
2023/12/5	39,360
2023/12/6	39,310
2023/12/7	39,190

(b) 1 トン当たりの損益

買い手	清算値段	売り手
	39,300	
+60	39,360	−60
−50	39,310	+50
−120	39,190	+120

ているため，買い手には 1 トン当たり 60 円の利益が発生し，売り手には同額の損失が発生することになる。

　表 11 - 2(b)は，12 月 7 日までの 1 トン当たりの買い手と売り手の損益である。とうもろこし先物の取引単位は 50 トンであるため，実際には，12 月 5 日の買い手の利益は 1 枚につき 3000 円，売り手の損失も 1 枚につき 3000 円となる。したがって，12 月 5 日に，売り手の取引口座から 1 枚につき 3000 円が差し引かれ，買い手の取引口座に加えられる。12 月 6 日には，逆に，買い手の取引口座から 1 枚につき 2500 円が差し引かれ，売り手の取引口座に加えられることになる。

　このような値洗いの結果，損失が膨らみ，証拠金が取引を行うために最低限維持しなければならない金額を下回る場合，**追加証拠金**を差し出す必要が生じる。これを**追証**という。

　このような証拠金によって，先物取引によって発生する損益の支払いが確実に行われるようになる。先物取引は，取引相手が確実に契約を履行するかどうかわからないという不確実性を回避することができるという点でも，先渡取引と異なる。

248　第11章　デリバティブ市場

2　オプション取引

▶オプションとオプション取引

　オプションとは，あらかじめ定められた期日に，あらかじめ定められた価格で原資産を買う権利，または売る権利であり，オプション取引とはこの権利を売買する取引である。原資産を買う権利をコール・オプション，原資産を売る権利をプット・オプションという。オプションを購入するには，売り手に対してオプションの代金を支払う必要がある。この価格はオプション料やオプション・プレミアム，あるいは単にプレミアムと呼ばれる。

　あらかじめ定められた期日を**権利行使日**，あらかじめ定められた価格を**権利行使価格**，あるいは**ストライク・プライス**という。オプションには，権利行使日にしか権利を行使することができない**ヨーロピアン・オプション**（ヨーロピアン・タイプ）と，権利行使日までの間であればいつでも権利を行使することができる**アメリカン・オプション**（アメリカン・タイプ）がある。

　表11-3は，12月8日付の『日本経済新聞』に掲載された，2023年12月限の日経平均株価指数を原資産とした日経225オプションの価格である。日経225オプションは，日本取引所グループ大阪取引所で取引されている。コール（プット）は，コール・オプション（プット・オプション）を表している。

　コールの一番上の行には，権利行使価格3万2625円のコール・オプションの終値が260円，前日比は−575円であったことが示されている。これは12月7日において，このコール・オプションが最終的に260円の価格で取引されたことを示しており，その金額が前日の終値に比べて575円安い価格であったことを意味している。売買高の14は，コール・オプションが14枚取引されたことを示す。

■表11-3 オプション価格

日経平均オプション・大取（円・枚）

	権利行使価格	終値	前日比	売買高	建玉
コール	32,625	260	−575	14	1,192
	32,750	220	−495	655	4,136
	32,875	135	−425	969	1,118
プット	32,125	9	+2	706	401
	32,250	9	0	2,791	3,503
	32,375	14	+4	1,648	2,691

先物取引と同様，建玉は，未決済残高のことである。したがって，権利行使や反対売買によって決済されていない未決済のコール・オプションが，1192枚存在していることを示している。

大阪取引所では，日経225等の株価指数のほか，国債や個別株式を原資産としたオプションなど，さまざまなオプションが取引されている。以下では，大阪取引所で取引されている個別株式を原資産とした有価証券オプションを考える。有価証券オプションは，権利行使日にのみ権利行使が可能なヨーロピアン・オプションである。[11]

▶オプション取引の決済

オプション取引を決済する方法としては，反対売買による決済と，最終決済がある。先物と同様，オプションの買い手（売り手）は取引最終日までの間に，同じ限月，同じ原資産，そして同じ権利行使価格のオプションを売る（買う）ことで，取引を決済することができる。有価証券オプションの権利行使日は取引最終日である。したがって，この日までに反対売買によって決済されなかったオプションについては，買い手は権利を行使することで最終決済するか，権利を放棄することになる。権利を行使する場合は，権利行使価格の支払いと原資産である株式の受渡しが行われる。

原資産が日経平均のような株価指数である場合，最終決済におい

て原資産の受渡しができないため，取引最終日の翌日に算出される，SQ値と権利行使価格の差額を受け渡す差金決済が行われる[12)]。利益が生じていない場合は，オプションは消滅することになる。

オプション取引では，オプションの買い手の損失はオプション料に限定され，売り手だけに損失発生の可能性が存在するため，オプションの売り手は，取引に際して証拠金が必要になる。

3　オプション取引の損益

株式を原資産とした有価証券オプションを用いて，オプション取引から得られる損益を考えよう。オプションの損益は，コール・オプションとプット・オプションについて，それぞれ，オプションを購入した場合と売却した場合を考えることができる。

▶**オプションの購入**

コール・オプションを購入する場合を考えよう。コール・オプションは，原資産である株式を買う権利である。したがって，権利を行使した場合，権利行使価格を支払うことで，コール・オプションの売り手から株式を受け取ることができる。

図11-2(a)は，コール・オプションを購入した場合の損益であり，権利行使日の株価とコール・オプションから得られる損益の関係を示している。

権利行使価格が100円のコール・オプションを購入したとしよう。原資産である株式の市場価格が権利行使日に105円になっていた場合，コール・オプションの権利を行使することで，5円の株式売却益を得ることができる。権利行使によって100円で取得した株式を，市場で105円で売却することができるからである。

一方，株価が100円を下回り，80円になった場合，権利を行使すれば20円の売却損が生じることになる。しかしながら，オプシ

■図 11-2 コール・オプションを購入した場合の損益

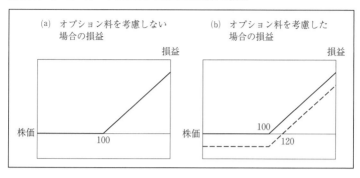

ョンは権利であるため，このような場合に権利を行使する必要はない。権利を行使しない場合，損益は 0 円である。したがって，コール・オプションからは，株価下落による損失の可能性を回避した上で，株価の値上がり益を期待することが可能となる。

図 11-2(b)の点線は，コール・オプションのプレミアムが 20 円である場合に，オプション料を考慮した場合の損益である。実際には，コール・オプションを購入するために，買い手はオプション料を支払う必要がある。このため，コール・オプションから得られる損益は，オプション料の分だけ低下することになる。したがって，コール・オプションのプレミアムが 20 円である場合，株価が 120 円を上回らなければ，権利行使によって利益は得ることはできない。

次に，プット・オプションを購入する場合を考えよう。プット・オプションは原資産である株式を売る権利である。したがって，プット・オプションの権利を行使した場合，権利行使価格で，プット・オプションの売り手に株式を売りつけることができる。

図 11-3(a)は，プット・オプションを購入した場合の損益であり，権利行使日の株価とプット・オプションから得られる損益の関係を示している。

■図11-3 プット・オプションを購入した場合の損益

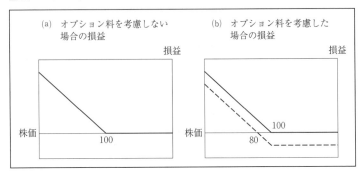

　権利行使価格が100円のプット・オプションを購入したとしよう。原資産である株式の市場価格が，権利行使日に95円になっていた場合，プット・オプションの権利を行使することで，市場で95円で取得した株式を100円で売りつけることができる。したがって，5円の株式売却益を得ることができる。

　逆に，株価が上昇し，権利行使日に105円になっていた場合，権利を行使すれば，5円の売却損が生じるため，権利を行使する必要はない。権利を放棄する場合，損益は0円となる。プット・オプションを購入した場合，コール・オプションを購入した場合と異なり，株価が権利行使価格よりも低下した場合に利益が得られることに注意しよう。

　図11-3(b)の点線は，プット・オプションのプレミアムが20円である場合に，オプション料を考慮した場合の損益である。実際には，プット・オプションの取得に際して，買い手はオプション料の支払いが必要となるため，プット・オプションから得られる損益は，オプション料の分だけ低下する。したがって，20円のオプション料を考慮した場合，株価が80円を下回らなければ，権利行使によって利益を得ることはできない。

▰ 図 11-4 コール・オプションを売却した場合の損益

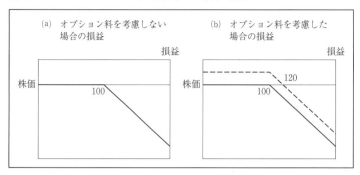

▶オプションの売却

　今度は,オプションを売却する場合について,売り手の損益を考えよう。コール・オプションは株式を買う権利であった。したがって,コール・オプションを購入した場合,原資産である株式の市場価格がどれほど高い価格になっていたとしても,権利行使価格を支払うことで,コール・オプションの売り手から株式を購入することができる。このことは,コール・オプションを売却した場合,売り手は買い手が権利を行使した際には,原資産である株式の市場価格がどれほど高い価格であったとしても,権利行使価格の受取りと引き換えに株式を引き渡さなければならないということを意味する。[13]

　図 11-4(a)は,コール・オプションを売却した場合の損益であり,権利行使日の株価とコール・オプションから得られる損益の関係を示している。

　権利行使価格が 100 円のコール・オプションを売却したとしよう。原資産である株式の市場価格が権利行使日に 105 円になっていた場合,コール・オプションの買い手は権利を行使するため,売り手は市場で 105 円で売れる株式を,権利行使価格の 100 円で買い手に売り渡さなければならない。したがって,売り手は 5 円の損失を被る

ことになる。一方，株式の市場価格が権利行使日に 95 円である場合，コール・オプションの買い手は権利を行使しないため，コール・オプションの売り手に損益は発生しない。

図 11 - 4(b)の点線は，コール・オプションのプレミアムが 20 円である場合に，オプション料を考慮した場合の損益である。実際には，コール・オプションの売り手は，オプションの売却によりオプション料を受け取ることができる。コール・オプション購入の損益を示した図 11 - 2(b)の通り，オプション料を考慮した場合，買い手は，権利行使日の株価が 120 円を上回る場合に利益を得ることができた。したがって，売り手は，株価が 120 円を下回る場合に利益が得られ，権利行使価格の 100 円を下回る場合には，売り手の利益はオプション料の 20 円となる。[14]

また，プット・オプションは株式を売る権利であった。したがって，プット・オプションを購入した場合，原資産である株式の市場価格がどれほど低い価格になっていたとしても，権利を行使することで，権利行使価格で株式を売りつけることができる。これは，プット・オプションを売却した場合，売り手は買い手が権利を行使した際には，原資産である株式の市場価格がどれほど低い価格になっていたとしても，権利行使価格でその株式を買わなければならないことを意味する。[15]

図 11 - 5(a)は，プット・オプションを売却した場合の損益であり，権利行使日の株価とプット・オプションから得られる損益の関係を示している。

権利行使価格が 100 円のプット・オプションを売却したとしよう。原資産である株式の市場価格が権利行使日に 95 円になっていた場合，プット・オプションの買い手は権利を行使するため，売り手は市場で 95 円で買える株式を，買い手から権利行使価格の 100 円で買わなければならない。したがって，売り手は 5 円の損失を被るこ

■図11-5 プット・オプションを売却した場合の損益

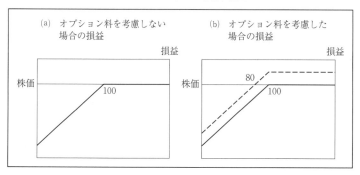

とになる。一方，株式の市場価格が権利行使日に105円である場合，プット・オプションの買い手は権利を行使しないため，プット・オプションの売り手に損益は発生しない。

図11-5(b)の点線は，コール・オプションのプレミアムが20円である場合に，オプション料を考慮した場合の損益である。実際には，プット・オプションの売り手は，オプションの売却によりオプション料を受け取る。プット・オプション購入の損益を示した図11-3(b)の通り，オプション料を考慮した場合，買い手は，株価が80円を下回る場合に利益を得ることができた。したがって，売り手は，株式の市場価格が80円を上回る場合に利益が得られ，権利行使価格の100円を上回る場合には，売り手の利益はオプション料の20円となる。[16]

4 スワップ取引

スワップ取引とは，将来のキャッシュフローを交換する取引である。代表的なスワップ取引として，金利スワップと通貨スワップがある。**金利スワップ**は，**固定金利**と**変動金利**を交換する取引であり，

通貨スワップは，異なる通貨を交換する取引である。

▷金利スワップ

　固定金利で銀行から資金を借り入れた企業を考えよう。今後，市場金利の低下が予想される場合，企業にとっては，利子率が市場金利とともに変化する変動金利での借入れの方が有利になる。利子支払いによる負担を軽減することができるからである。しかしながら，固定金利を変動金利に変更するには，いったん，固定金利の借入金を返済し，変動金利で借りなおす必要が生じることになる。返済のための資金の確保や再契約の手間などを考えると，このような取引は現実的な選択肢ではなくなる。このような場合，金利スワップ取引を行うことで，企業は固定金利で借入れを行ったまま，変動金利での利子支払いを行うことが可能となる。

　たとえば，1000万円を年率5％の固定金利で5年間借り入れ，その後，固定金利での利子支払いを変動金利での利子支払いに変更するため，スワップ取引を扱う金融機関（以下ではスワップ取扱銀行と呼ぶ）と金利スワップ取引を行う状況を考えよう。ここで，スワップ取引を結ぶ際に決定される固定金利のことを，**スワップ・レート**と呼ぶ。ここでは，スワップ・レートは5％とする。

　図11-6(a)は企業がスワップ取引を行わない場合，同(b)はスワップ取扱銀行と5年間の金利スワップ契約を結んだ場合，を示している。

　図11-6(a)は，企業は銀行に対して，1年後から5年後まで毎年50万円の利子（元本1,000万円×固定金利5％）を支払い，5年後に元本の1000万円を銀行に返済することが示されている。この場合，市場金利が低下したとしても，利子支払額は減少しない。

　これに対して，図11-6(b)は，1年後から5年後まで，①企業はスワップ取扱銀行に，変動金利の利子（1,000万円×変動金利〔％〕）を支払う。そして，②企業はスワップ取扱銀行から，固定金利の利

■図11-6 金利スワップ

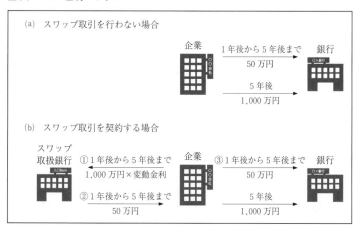

子（50万円）を受け取り，③企業はスワップ取扱銀行から受け取った固定金利の利子（50万円）を銀行に支払うことが示されている。

スワップ取引の結果，企業は変動金利だけを負担していることがわかる。このようなスワップ取引を通じて，企業は固定金利での利払いを変動金利での利払いに変更することができたということである。ここで，金利スワップでは，5年後に満期を迎えた場合も，元本の1000万円は交換されず，交換されるのは利子だけであることに注意しよう。このため，金利スワップ取引における元本は，**想定元本**と呼ばれる。

▶通貨スワップ

日本企業が，米国において，満期が3年の債券を発行して10万ドルを調達しようとしている状況を考えよう。現在の為替レートを1ドル100円とすると，日本円で1000万円を調達することになる。この企業は，米国において，5％の利子率（固定金利）で債券を発行できるものとする。

米国で債券を発行し，10万ドルを調達する場合，3年間にわた

図 11-7 通貨スワップ

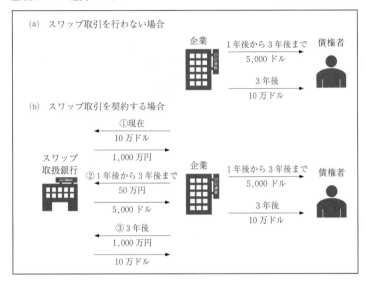

り毎年 5000 ドルの利子を支払わなければならない。これは，日本円で 50 万円の支払いとなる。しかしながら，利子の支払いや元本の返済の際に，為替相場が現在よりも円安になっている可能性がある。たとえば，為替相場が 1 ドル 100 円から 120 円になっていたとしよう。年間 5000 ドルの支払いは，日本円にして 60 万円となり，利子支払額は債券発行当時に予想された 50 万円よりも上昇してしまうことになる。

このように，国内企業が外国市場で資金を調達する際，為替相場の影響によって，日本円での支払額が確定せず，予想以上に利払額が増加してしまう可能性がある。このような場合，企業がスワップ取扱銀行との間で，円を支払い，ドルを受け取るスワップ取引を行うことで，為替リスク（為替相場の変動によって生じる不確実性）を回避することが可能となる。

4 スワップ取引 259

図11-7(a)は企業がスワップ取引を行わない場合，同(b)はスワップ取扱銀行と利子率5％で，1000万円と10万ドルを交換する3年間の通貨スワップ契約を結んだ場合，である。

図11-7(a)には，企業は債権者に対して，1年後から3年後まで毎年5000ドルの利子（元本10万ドル×5％）を支払い，3年後に元本の10万ドルを返済することが示されている。この場合，企業は為替リスクに直面することになる。

一方，図11-7(b)では，スワップ取引を結ぶことにより，①現時点において，企業は銀行に元本の10万ドルを支払い，銀行から1000万円を受け取る。次に，②1年後から3年後まで，企業は銀行に50万円（元本1,000万円×利子率5％）を支払い，銀行から5000ドル（元本10万ドル×利子率5％）を受け取る。そして，③3年後，企業は銀行に元本の1000万円を返済し，銀行から10万ドルの返済を受ける。

このように，企業が債権者に支払う5000ドルの利子と10万ドルの元本は，スワップ取引を通じて銀行から受け取る利子と元本で賄えることがわかる。つまり，為替相場がどのように変化したとしても，企業は毎年の利子支払額を50万円に，3年後の元本の返済額を1000万円に確定できるということである。これは，企業は通貨スワップ取引を通じて，為替リスクを回避することができたことを意味している。

● **コラム：世界で最初の先物取引所**

　日本では，先物取引は大阪取引所のほか，東京商品取引所，堂島取引所，東京金融取引所等で取引されている。米国には，1848年に設立され，現在ではシカゴ・マーカンタイル取引所（CME: Chicago Mercantile Exchange）グループに所属する，世界で最古の先物取引所であるシカゴ商品取引所（CBOT: Chicago Board of Trade）がある。

このように，先物取引は米国において古い歴史をもつが，実は世界で初めて公設の先物取引所が誕生し，先物取引が初めて行われたのは日本の大阪である。1730（享保15）年，徳川吉宗により，堂島米会所の設立が公認されたことを受け，先物取引は大阪の堂島から始まった。

　堂島米会所では，正米商いと帳合米商いが行われた。正米商いとは現物取引であり，帳合米商いとは先物取引のことである。正米商いでは，1枚につき10石（1.5トン）の米との交換が約束された米切手が売買され，買い手は取引が成立した日から4日後までに代金を支払う必要があった。帳合米商いは，立物米と呼ばれる米を原資産とした先物取引である。取引は，春（1月8日〜4月27日），夏（5月7日〜10月8日），秋（10月17日〜12月23日）の3つの期間で行われ，立物米は，毎期，米切手が発行されている米の中から一つの銘柄が投票によって選ばれた。たとえば，加賀米が選ばれた場合，これが立物米となり原資産となる。

　帳合米商いでは，取引期間中に反対売買をするか，取引最終日の価格で差金決済をする必要があり，受渡決済は認められていなかった。したがって，受渡決済を通じて米切手を受け取ることはできなかった。また，保証金として決済代金の3分の1程度を差し入れることで取引が可能となり，買い契約を結んだあとで，立物米の価格が下がった場合には，追加の保証金を支払う必要があった。

◆この章で学んだこと

1．デリバティブとは金融派生商品のことであり，先物取引，オプション取引，スワップ取引がある。

2．先物取引と先渡取引は，同じ内容の契約であるが，先渡取引は相対取引で行われ，先物取引が取引所で市場取引によって行われるという点で異なる。また，先渡取引では取引相手が契約を履行しない可能性を排除することができないのに対して，先物取引では証拠金と値洗いによって，その可能性を回避するこ

とができるという点でも異なる。

3．オプションとは，あらかじめ定められた期日に，あらかじめ定められた価格で原資産を買う（売る）権利であり，オプション取引はこの権利を売買する取引である。原資産を買う権利をコール・オプション，原資産を売る権利をプット・オプションという。

4．オプションには，権利行使日にしか権利を行使することができないヨーロピアン・オプション（ヨーロピアン・タイプ）と，権利行使日までの間であればいつでも権利を行使することができるアメリカン・オプション（アメリカン・タイプ）がある。

5．スワップ取引とは，将来のキャッシュフローを交換する取引である。金利スワップは，固定金利と変動金利を交換する取引であり，通貨スワップは，異なる通貨を交換する取引である。

・注

1) ここでは，ポップコーンを販売する会社は，とうもろこしの仕入価格が上昇したとしても，ポップコーンの販売価格を変化させない状況を考えている。

2) 相対取引とは，取引当事者が互いに相対して（一対一で）行う取引である。取引条件は，交渉で決定されることになる。相対取引が行われる代表的なものに，企業が銀行から資金を借り入れる取引がある。これに対して，市場取引とは，不特定多数の取引参加者間で行われる取引である。取引条件は，競争原理によって決定されることになる。つまり，一番安い価格を提示した売り手と，一番高い価格を提示した買い手の取引が成立することになる。市場取引が行われる代表的なものに，上場している株式を売買する取引がある。

3) 日経平均株価指数とは，東京証券取引所プライム市場に上場する企業の中から，日本経済新聞社が選定する 225 社の平均株価である。

4) ただし，とうもろこし先物については，最終取引日は各限月の前月の 15 日に設定されている。日経 225 先物については，取引最終日は各限月の第 2 金曜日の前日の取引日である。

5） 決済とは，取引によって発生した債権・債務関係を，金銭を支払うことによって解消することである。つまり，取引を完了することである。

6） これに対し，株式の購入といった現物取引では，必ず現物価格の支払いが必要になる。たとえば，昨日 100 円で株式を購入して，今日 110 円で売却する場合，利益は価格差である 10 円であるが，これを実現するために，必ず 100 円を支払って株式を取得し，株式を売却することで 110 円を受け取ることになる。

7） 大阪取引所で取引されている商品先物については，受渡決済をすることが可能である。

8） 3 月限については，受渡し期間は，2024 年 3 月 1 日（金）から 29 日（金）である。

9） 株式の売買といった現物取引において，価格差を利用して利益を得るには，低い値段で買って高い値段で売る必要がある。この関係は，先物を売り建てた場合も同様である。先物を売り建てた場合，売り契約時の先物価格よりも，買い契約時の先物価格（反対売買時の先物価格）の方が低い場合に，その差額が利益となる。価格が下がった場合に利益が得られるという関係は，信用取引（第 6 章参照）において，空売りを行った場合と類似しているが，先物取引の場合は，原資産を借りなくても売り契約を結ぶことができるという点で異なる。

10） 日経 225 先物のように，原資産が株価指数である場合，清算値段は清算数値と呼ばれる。清算値段は，通常は終値と一致する。ここで，終値とは，取引日の中で最後に取引が成立した価格である。

11） 権利行使日は取引最終日であり，各限月の第 2 金曜日の前営業日である。

12） 権利行使日にオプションに実質的に利益が生じている場合，自動的に権利が行使される。利益が生じていない場合，権利放棄となり，権利は消滅することになる。

13） 買う権利を売却しているため，買われるということである。

14） ここで，権利行使日の株価が権利行使価格の 100 円よりも高く，120 円よりも低い場合，たとえば，株価が 110 円である場合，コール・オプションの買い手は，権利行使によって利益を得ることはできないが，オプション取得のために生じた費用（オプション料）を少しでも回収しようとするため，権利を行使することに注意しよう。この場合，コール・オプションの売り手の利益は，オプション料の 20 円から，買い手の権利行使によって生じる 10 円の損失（市場で 110 円で売れる株式を 100 円で売り渡すことで生じる損失）を引いた，10 円になる。

15) 売る権利を売却しているため，売りつけられるということである。

16) 注14と同様の理由により，株価が110円である場合，プット・オプションの売り手の利益は10円となる。

17) 変動金利での利子支払いは，1年後については現時点の変動金利が適用され，将来については，たとえば，2年後の利子支払いは，1年後に成立する1年後から2年後までの1年間の変動金利が適用される。したがって，変動金利での利子支払額は，現在から4年後までに毎年成立する1年間の変動金利に，元本の1000万円を掛けた金額となる。

18) このような状況として，日本よりも米国で債券を発行した方が，低い利子率で資金を調達できる場合などが考えられる。

▨▨ 練習問題

1 日経225先物について，3万3400円で売り契約を結び，その後，先物価格が3万2000円になった場合の損益を求めてみよう。

2 権利行使価格が120円の有価証券オプションを考えよう。コール・オプションを購入し，権利行使日に，原資産である株式の価格が110円である場合，買い手の損益を求めてみよう。

3 権利行使価格が90円の有価証券オプションを考えよう。プット・オプションを購入し，権利行使日に，原資産である株式の価格が50円である場合，買い手の損益を求めてみよう。

4 2において，オプション料が30円である場合，オプション料を考慮した買い手の損益を求めてみよう。また，売り手の損益を答えてみよう。

5 3において，オプション料が20円である場合，オプション料を考慮した買い手の損益を求めてみよう。また，売り手の損益を答えてみよう。

〈解答〉

1 1,400円

2 0円

3 40円

4 買い手：−30円，売り手：30円

5 買い手：20円，売り手：−20円

● 参 考 文 献

釜江廣志・北岡孝義・大塚晴之・鈴木喜久 [2004]，『証券論』有斐閣

Bodie, Z., A. Kane, and A. J. Marcus [2009], *Investments*, 8th ed., McGraw-Hill.（平木多賀人・伊藤彰敏・竹澤直哉・山崎亮・辻本臣哉訳『インベストメント（第8版）（上・下）』マグロウヒル・エデュケーション，2010）

Brealey, R. A., S. C. Myers, and F. Allen [2010], *Principles of Corporate Finance*, 10th ed., McGraw-Hill.（藤井眞理子・國枝繁樹監訳『コーポレートファイナンス（第10版）（上・下）』日経BP社，2014）

➤ さらに深く学習するために

Hull, J. C. [2014], *Options, Futures and Other Derivatives*, 9th ed., Pearson Prentice-Hall.（三菱UFJモルガン・スタンレー証券市場商品本部訳『ファイナンシャルエンジニアリング——デリバティブ商品開発とリスク管理の総体系（第9版）』金融財政事情研究会，2016）

| 第 12 章 | デリバティブ価格と投資戦略 |

　　第11章ではデリバティブについて，各々の取引の特徴や仕組みを理解した。デリバティブを利用することで，将来の不確実性を回避することができた。しかしながら，デリバティブを無料で利用することはできない。不確実性を回避する対価として，いくらの費用を負担しなければならないのだろう。デリバティブはまた，リスクを回避する目的以外でも利用することができる。本章では，デリバティブの理論価格の決まり方を理解する。また，先物取引についてはその利用方法，オプションについてはオプションを用いた投資戦略についても理解しよう。

　　株式や債券の理論価格は，DCF（割引キャッシュフロー）法に従い，株式や債券から将来得られるキャッシュフローを，株主や債権者の要求収益率で割り引くことで計算することができた。これに対し，デリバティブの理論価格は，同じものに異なった価格がつけられることはない，という考え方に基づいて決定される。この考え方は，一物一価の法則と呼ばれる。

1　先　物　価　格

▶現物価格と先物価格の関係

　　先物価格は，満期日（取引最終日）において原資産を購入，あるいは売却する価格であった。通常，満期日よりも前の時点において，先物価格と原資産の価格は異なる。たとえば，第11章の表11-1

(b)によると，12月7日の2024年6月限の日経平均先物の価格（終値）は3万2580円であるのに対して，同日の日経平均株価（終値）は3万2858.31円であった。

しかしながら，満期日において，先物価格は原資産の価格と一致するという性質がある。この性質を**収束特性**という。たとえば，満期日において，日経平均株価が3万円であれば，同日の日経225先物の価格も3万円になるということである。これは，満期日において，これらの価格が異なれば，同じものに異なった価格がつけられていることになり，**一物一価の法則**に反することになるからである。

このことを考えるため，株式を原資産とした先物取引を取り上げ，満期日の先物価格が100円であるのに対して，同日の現物価格が90円である状況を考えよう[1]。この場合，①90円で株式を買い，②同時に先物価格100円で先物の売り契約を結び，③受渡決済を通じて現物で購入した株式を先物の買い手に引き渡すことにより，確実に10円を儲けることができる。原資産の価格が110円の場合も同様である。この場合，①100円で先物の買い契約を結び，②受渡決済により先物価格を支払って株式を受け取り，③その株式を110円で売却することで，確実に10円を儲けることができる。

このように，同じもの（この場合は原資産である株式）に異なった価格がついている場合，価格差を利用することで（価格が高い方を売却し，安い方を購入することで），リスクを負担することなく確実に儲けることができる。このような取引を**裁定取引**といい，裁定取引が可能となる状況は**裁定機会**と呼ばれる。裁定取引は裁定機会が消滅するまで行われるため，満期日において原資産の価格と先物価格は一致することになる。

▷先物の理論価格

先物の理論価格を考えるため，ここでも株式を原資産とした先物取引を考えよう。そして，1年後に原資産である株式を保有する状

況を考えよう。

先物取引を利用することで、1年後に株式を保有することができる。1年後に満期が到来する先物の買い契約を結べばよい。満期日までに反対売買をしなければ、受渡決済が行われ、先物価格の支払いと引き換えに、株式を取得することができる。

1年後に株式を保有する方法は、先物取引を利用する方法以外にも存在する。今の時点で、株式を購入して1年間保有すればよい。

どちらの方法も、1年後に同じ株式を保有しているため、一物一価の法則に従えば、これら二つの方法を実施するために必要となる費用は、どちらも同じである必要がある。また、一物一価の法則は、費用が同じである場合は、これら二つの方法から得られる金額が同じでなければならないことを意味する。このような関係から、先物の理論価格を求めることができる。

たとえば、先物価格を F 円、原資産である株式の現在の価格を5000円、1年後の株価を X 円、そして、この株式からは1年後に50円の配当金が支払われるとしよう。また、銀行預金の利子率は年率4％とする。このとき、株式を購入することから得られる金額と、先物を契約することから得られる金額は、以下のようになる。

まず、株式を購入する場合、図12-1(a)で示される通り、現時点で5000円を支払い、1年後に、1年後の株価 X 円と50円の配当金を受け取ることができる。したがって、1年後に得られる金額は、

$$X+50$$

となる。

次に、先物の買い契約を結ぶ場合、図12-1(b)に示されるように、1年後に満期を迎える先物について F 円で買い契約を結ぶことになる。ここで、先物を契約する際に費用は生じないため、図12-1(a)の株式の購入で必要とされた、株式の取得費用5000円を銀行に預金することができる。その結果、銀行預金の利子率は年率4％で

図 12-1　1 年後に株式を保有する方法

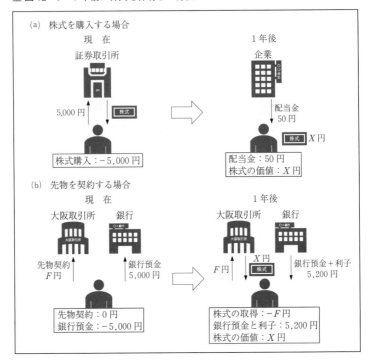

あるので，1 年後には銀行預金から 5200 円を得ることができる。そして，1 年後には先物が満期を迎えるため，X 円の株式と引き換えに，F 円を支払う必要がある。したがって，1 年後に得られる金額は，

$$X + 5{,}200 - F$$

である。

どちらの方法でも 1 年後に同一の株式を保有しており，これらの方法を実施するために生じた費用はともに 5000 円であるため，一物一価の法則により，図 12-1(a) の株式の購入から得られる金額と，図 12-1(b) の先物を契約することから得られる金額は一致する必要

がある。つまり，

$$X+50=X+5,200-F \tag{1}$$

という関係が成立し，先物価格 F は，5150 円と求めることができる。

したがって，S_0 を現在の株価，r_f を安全利子率，d を配当利回り（株価に対する配当金の割合，つまり $d=$ 配当金$/S_0$）とすると，先物の理論価格 F は，

$$F=S_0(1+r_f-d) \tag{2}$$

と求めることができる。

今度は原資産が株式のような金融先物取引ではなく，原資産がとうもろこしなどの商品先物取引を考えよう。理論価格の決まり方は金融先物取引と同じである。1 年後にとうもろこしを保有するためには，①1 年後に満期を迎えるとうもろこし先物を契約する方法と，②現時点でとうもろこしを購入して 1 年後まで保有する方法，の二つがある。商品先物が金融先物と異なるのは，現時点でとうもろこしを購入する場合，配当金を得ることはできないということと，とうもろこしを 1 年間保管するための倉庫などが必要となり，**保管費用**が必要になるという点である。したがって，(1)式の左辺の配当金を 0 円，さらに左辺から保管費用を引くことで，商品先物の理論価格 F は，

$$F=S_0(1+r_f+c) \tag{3}$$

と求めることが可能となる。ここで，S_0 は原資産である商品の現在の価格，c は商品の価格に対する保管費用の割合（保管費用$/S_0$）である。

2　先物取引の利用

先物取引は，ヘッジ，投機，そして裁定取引に利用することがで

270　第12章　デリバティブ価格と投資戦略

きる。ヘッジとは，先物取引を通じて，将来の原資産の価格変化によって生じる不確実性を回避することである。**投機**は，リスクを負担することで，先物価格の変化を利用して高いリターンを得ようとする行為である。裁定取引は，前述の通り原資産と先物につけられた価格差を利用することで，リスクを負担することなく確実に利益を得る取引である。

▶︎ヘッジ

第11章で登場した，ポップコーンの販売会社を思い出そう。ポップコーンの販売会社は，とうもろこしの価格の変化によって利益が変動する状況に直面した。ここで，ポップコーンの販売会社は，1年後に50トンのとうもろこしを購入するとしよう。このとき，販売会社は，1年後に満期を迎えるとうもろこし先物の買い契約を結ぶことで，1年後のとうもろこしの仕入価格を固定することが可能となる。

ポップコーンの販売会社が，1年後に満期を迎えるとうもろこし先物1枚を，1トン当たり3万9190円で買い建てたとしよう[2]。この場合，販売会社は，1年後にとうもろこし1トンの価格がどのような金額になったとしても，とうもろこしの仕入価格を1トン当たり3万9190円に固定することができる。

表12-1の右側のように，1年後のとうもろこしの価格が，1トン当たり4万5000円になっていたとしよう（①）。この場合，販売会社がとうもろこしを市場から仕入れるためには，225万円（45,000円×50トン）となる（②）。しかしながら，先物の収束特性によって，1年後のとうもろこし先物の価格は1トン当たり4万5000円になっている。したがって，満期日に反対売買をすることで，先物から1トン当たり5810円の利益が得られ（④），合計で29万500円（5,810円×50トン）の利益となる（⑤）。その結果，先物の損益を考慮した場合の費用は，仕入価格225万円から先物の利益

2 先物取引の利用　271

■表12-1　ヘッジ

	1年後のとうもろこし1トン当たりの価格	
	35,000 の場合	45,000 の場合
①仕入価格	35,000	45,000
②仕入の費用（①×50 トン）	1,750,000	2,250,000
③先物価格	39,190	39,190
④先物からの損益（①－③）	−4,190	5,810
⑤先物からの損益合計（④×50 トン）	−209,500	290,500
⑥先物の損益を考慮した費用（②－⑤）	1,959,500	1,959,500
⑦先物の損益を考慮した1トン当たりの 　仕入価格（⑥/50 トン）	39,190	39,190

29万500円を引いた195万9500円となり（⑥），1トン当たりの仕入価格は3万9190円となり（⑦），契約時の先物価格に等しくなることがわかる。

　今度は，表12-1の左側のように，1年後のとうもろこしの価格が，1トン当たり3万5000円になった場合を考えよう（①）。この場合，とうもろこしを仕入れるために，175万円が必要となり（②），先ほどよりも安くとうもろこしを仕入れることができる。しかしながら，とうもろこし先物の価格は1年後に1トン当たり3万5000円になっている。したがって，満期日に反対売買をすることで，先物から1トン当たり4190円の損失が発生し（④），合計で20万9500円（4,190円×50トン）の損失となる（⑤）。この結果，先物の損益を考慮した場合の費用は，仕入価格175万円に先物の損失額20万9500円を加えた195万9500万円となり（⑥），1トン当たりの仕入価格は契約時の先物価格，3万9190円になることがわかる。

　このように，先物取引を利用することで仕入価格を固定することができ，原資産の価格変化から生じる不確実性を回避することが可能となる。先物取引によるヘッジは，先渡取引を利用した仕入価格の固定方法とは異なることに注意しよう。先物取引では，受渡決済の必要はなく，遠隔地の売り手から輸送費用を負担してとうもろこ

272 第12章 デリバティブ価格と投資戦略

しを入手する必要性は生じない。

▷ 投　　機

先物価格の変化を利用して利益を得ようとするのが投機である。したがって，投機目的で先物取引を利用する投機的投資家は，将来において先物価格が上昇（下落）すると予想する場合に，先物の買い契約を結ぶ（売り契約を結ぶ）ことになる。

先物取引を利用することで，現物で原資産に投資した場合に比べて高いリターンを獲得することが可能となる。株式を原資産とする先物を考えよう。株式に投資して株価が100円から120円に上昇した場合，リターンは20%である。ここで，同じく先物価格が100円から120円に上昇する場合を考えよう。前述の通り，先物取引では，契約時に先物価格を支払う必要はなく，証拠金を取引口座に預け入れるだけで契約することができる。したがって，証拠金が取引価格の10%である場合，投資額10円に対して20円の利益が得られることになるため，リターンは200%となる。

一方，損失が発生した場合も，現物取引に比べてリターンは大きくなる。株式に投資して株価が100円から80円に値下がりした場合，リターンは−20%であるが，先物価格が100円から80円に値下がりする場合には，リターンは−200%になる。このように，証拠金によって，先物取引は現物取引に比べてハイリスク・ハイリターンとなる。これをレバレッジ効果と呼ぶ。[3] 先物取引が投機の対象として利用されるのは，このようなレバレッジ効果により，現物取引に比べてハイリスク・ハイリターンの投資が可能になるからである。

▷ 裁定取引

金融先物取引において，先物価格と原資産の現在の価格の間には，(2)式で示された関係が成立しているはずである。しかしながら，一時的にこの関係が成立していない場合がある。このような場合，裁

2　先物取引の利用　273

■表12-2　裁定取引

現　在			1 年 後	
①銀行から借入れ	5,000		①配当金の受取り	50
②先物の売り契約（5,300円）	0		②受渡決済による株式の引渡し	5,300
③株式を購入（5,000円）	−5,000		③銀行への返済（利子率4％）	−5,200
合　　計	0		合　　計	150

定機会が生じていることになるため，価格が高い方を売却し，安い方を購入するという裁定取引を行うことで，確実に儲けることができる。

　先ほどの例では，1年後に満期が到来する先物を考え，その理論価格は5150円であった。また，原資産である株式の現在の価格は5000円，安全利子率は4％，配当金は50円であった。ここで，現時点の先物価格が5150円ではなく5300円と，理論価格よりも150円だけ高くなっていたとしよう。

　先物の理論価格は，①現時点での株式の購入から得られる金額と，②先物の買い契約と預金から得られる金額，が一致するように決定された。この場合，先物価格が理論価格よりも高くなっているため，相対的に高く評価されている②を売却し（つまり，先物を売り建てて銀行から借り入れ），低く評価されている①を購入する（つまり，株式を購入する）ことで裁定取引を行うことができる。

　表12-2は，この取引を示している。まず，現在において5000円を借り入れ（①），先物価格5300円で先物の売り契約を結び（②），借り入れた5000円で株式を購入する（③）。この取引において，現時点での投資額は0円である。

　株式からは，1年後に50円の配当金を得ることができる（①）。また，1年後には先物が満期を迎えるため，受渡決済により保有している株式と引き換えに5300円を受け取ることができる（②）。一方，1年後には，借り入れた5000円に4％の利子を加えた5200円

274　第12章　デリバティブ価格と投資戦略

を返済する必要がある（③）。この結果，手元に100円が残される。

　つまり，この取引によって，配当金の50円に100円を加えた150円が得られたことになる。投資額は0円であるため，この取引によって得られた150円はリスクを負担することなく得られた利益であり，裁定利益である。

3　オプション価格

　第11章に続き，特に断らない限り，ここでも日本取引所グループ大阪取引所で取引されている，個別株式を原資産とした有価証券オプションを考える。有価証券オプションは，権利行使日にのみ権利行使が可能なヨーロピアン・オプションであった。

▶**コール・オプションとプット・オプションの関係**

　オプションを組み合わせることで，さまざまな投資戦略をとることが可能となる。たとえば，図12-2(a)は，株式を105円で購入し，さらに，この株式を原資産とした，権利行使価格が105円のプット・オプションを購入した場合の損益を表している。ここで，このプット・オプションの権利行使日（満期日）は1年後とする。

　図12-2(a)の通り，この戦略をとれば，1年後の株価が105円を下回った場合に生じる損失の可能性から解放されることがわかる。株価の低下によって生じる保有株式の損失は，プット・オプションの権利行使から得られる利益によって相殺されるからである。つまり，この戦略では，株価の下落によって生じる損失を回避しつつ，株価上昇による利益を期待することが可能となる。この戦略は，プロテクティブ・プットと呼ばれる。

　次に，図12-2(b)は，100円を年率5％で銀行に預金し，権利行使価格が105円のコール・オプションを購入した場合の損益である。ここで，このコール・オプションの権利行使日は1年後とする。

図12-2 同じ損益をもたらす2つの戦略

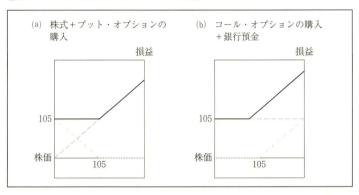

1年後の株価が105円を上回っている場合，権利を行使することで，1年後に銀行預金から得られる105円と引き換えに株式を取得し，市場価格で売却することで，その差額が利益となる。一方，株価が105円を下回っていれば，コール・オプションからの利益は0円であるが，1年後には銀行預金から105円を得ることができる。

図12-2の(a)と(b)を比べると，これらの戦略は権利行使日において，まったく同一の損益をもたらすことがわかる。したがって，一物一価の法則に従えば，これらの戦略を実施するために，現時点で負担しなければならない費用はどちらも同じである必要がある。つまり，T年後に満期を迎えるコール・オプションとプット・オプションの間には，現時点において以下の関係が成立することになる。

$$C+\frac{X}{(1+r_f)^T}=S+P \tag{4}$$

ここで，Cはコール・オプションの価格，Xは権利行使価格，r_fは無リスク利子率であり，$X/(1+r_f)^T$は，T年後のX円の現在価値である。したがって，左辺は，図12-2(b)の戦略を実施するために必要な金額を表す。また，Sは株価，そしてPはコール・オプシ

ョンの価格であり，図 12 - 2 ⒜の戦略を実施するために必要な金額である。

満期日と権利行使価格が同一であるコール・オプションとプット・オプションの間に成立するこの関係は，**プット・コール・パリティ**と呼ばれる。

⑷式より，コール・オプションの価格 C は，

$$C = S + P - \frac{X}{(1+r_f)^T}$$

と求めることができる。たとえば，権利行使価格が 110 円，1 年後に満期を迎えるプット・オプションの価格が 50 円，原資産である株価が 120 円，無リスク利子率が 10%の場合，コール・オプションの価格 C は，

$$C = 120 \text{円} + 50 \text{円} - \frac{110}{(1+0.1)} \text{円} = 70 \text{円}$$

となる。

▷オプション価格の決定要因

第 11 章で示された通り，オプションを購入する場合，権利行使日におけるオプションの損益は，図 11 - 3 や図 11 - 4 に示されたようになる。ここでは，権利行使日よりも前のコール・オプションの価格について考えよう。

図 12 - 3 の点線は権利行使日のコール・オプションの価値（損益に等しい），実線は権利行使日よりも前のコール・オプションの価格である。図は，コール・オプションの価格は，常に権利行使日の価値を上回ることを示している。オプション価格のうち，権利行使日のオプションの価値から生じる部分を**本源的価値**，オプション価格が本源的価値値を上回る部分を**時間価値**と呼ぶ。また，株価が権利行使価格よりも低い範囲にある状態を**アウト・オブ・ザ・マネー（OTM）**，株価が権利行使価格に等しい状態を**アット・ザ・マネー**

3 オプション価格　277

■図12-3　権利行使日よりも前のコール・オプションの価格

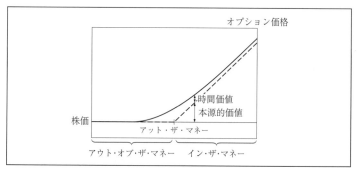

■表12-3　オプション価格に影響を与える要因

	オプション価格	
	コール・オプション	プット・オプション
株　　価	高	低
権利行使価格	低	高
満期日までの期間	高	―
無リスク利子率	高	低
ボラティリティ	高	高
配 当 金	低	高

（ATM），そして株価が権利行使価格よりも高い範囲にある状態を**イン・ザ・マネー（ITM）**という。

　表12-3は，これらの要因が増加した場合に，満期日よりも前のコール・オプションの価格がどのように変化するのかをまとめたものである。

▶株価と権利行使価格

　表12-3から明らかな通り，コール・オプションの価格は，株価が低い場合には低く，株価が高い場合には高くなる。コール・オプションから得られる利益は，株価から権利行使価格を引いた値であるため，この差が大きいほど，保有者にとってのコール・オプショ

ンの価値は高くなる。したがって，満期日よりも前のコール・オプションの価格は，株価が高い場合に高くなり，権利行使価格が高い場合に低くなる。

▶満期日までの期間と無リスク利子率

図12-3において，株価が十分に高い範囲にある場合，オプション価格は本源的価値に近づくが，接することはなく，本源的価値を上回っている。株価が十分に高い場合，満期日のオプションの価値（本源的価値）は，株価と権利行使価格の差額（株価−権利行使価格）であるが，満期日よりも前のオプションの価格は，株価と権利行使価格の現在価値との差額（株価−権利行使価格の現在価値）となる。満期が到来する日まで，権利行使価格の支払いを先延ばしすることができるからである[4]。

現在価値の計算から明らかな通り，満期日までの期間が長いほど，そして安全利子率が高いほど，権利行使価格の現在価値は小さくなる。したがって，オプション価格は，満期日までの期間が長いほど高くなり，無リスク利子率が高いほど高くなる。

次に，現在の株価が100円であり，コール・オプションがアット・ザ・マネーの状態にある場合を考えよう。図12-3は，満期日のオプションの価値は0円であるが，オプション価格は0円を上回っており，満期日よりも前のコール・オプションには価値があることを示している。これは，満期日までに株価が上昇し，イン・ザ・マネーになる可能性があるからである。満期日までの期間が長いほど，株価が権利行使価格を上回る可能性が残されることになるため，やはりオプション価格は，満期日までの期間が長いほど高くなる。

▶ボラティリティと配当金

満期日の株価が90円か110円のどちらかになる株式と，50円か150円のどちらかになる株式を考えよう。満期日の株価がどちらの値になるのかは，同じ確率で生じるものとする。このとき，オプシ

ョンの価値が高いのは後者である。いずれの株式においても、満期日の株価が権利行使価格を下回れば、権利を行使せず、ともに利益は0円となるが、株価が権利行使価格を上回った場合、前者の利益は10円であるのに対し、後者の利益は50円になるからである。これは、株価が大きく変動する株式ほど、コール・オプションの価値が高くなることを意味している。ここで、株価の変動の大きさのことを**ボラティリティ**という[5]。したがって、満期日よりも前のコール・オプションの価格は、ボラティリティが大きいほど高くなる。

そのほか、株価に影響する要因として配当金がある。株価が100円の企業を考えよう。この企業が1株当たり10円の配当を支払うと、理論的にはその瞬間に、配当金の分だけ株価は下落し、90円に値下がりすることになる。したがって、配当金はコール・オプションの価格を低下させることになる。

同様に考えることで、プット・オプションの価格も、これらの要因によって図12-3のような影響を受けることになる[6]。

4 オプション価格の評価

▷二項モデル

ここでは、二項モデルを用いてオプション価格を評価する方法を考えよう。**二項モデル**とは、原資産の価格が上昇するか下落するという、二つの状況を仮定することでオプション価格を計算する方法である。

▷1期間の場合

コール・オプションの価格がどのように計算できるのかを考えるため、権利行使価格が105円のコール・オプションを考えよう。権利行使日は1年後で、原資産である株式の現在の価格は100円である。この株式は1年後に120円に値上がりするか、70円に値下が

■図12-4　1年後の株価とコール・オプションの損益

りするか，どちらかの値をとるものとする。また，1年間の無リスク利子率は5％とする。

図12-4に示されるように，このコール・オプションからは，1年後の株価が120円の場合，15円の利益が得られ，株価が70円の場合，利益は0円となる。

ここで，株式を0.3株購入し，20円を借り入れた場合を考えよう。表12-4が示す通り，この組み合わせからは，①1年後に株価が120円に値上がりした場合，株式から36円の金額が得られ，そこから借り入れた20円に対して5％の利子を加えた21円を返済する必要があるため，15円の利益を得る。一方，②1年後の株価が70円に値下がりした場合，株式から21円の金額が得られ，そこから21円を返済するので，利益は0円となる。

このように，表12-4から，株式の購入と借入れという組み合わせは，コール・オプションから得られる利益とまったく同じ利益をもたらすことがわかる。したがって，一物一価の法則に従えば，これらの方法を実施するために必要となる費用は，どちらも同じである必要がある。つまり，コール・オプションと，株式の購入と借入れの組み合わせには，同じ価格がつけられるということである。

株式の購入と借入れを実施するために必要な費用は，100円の株式を0.3株購入し，20円を借り入れたため，10円（100円×0.3株−20円）である。したがって，このコール・オプションの価格 C は，

4 オプション価格の評価 281

■表 12-4　株式の購入と借入れの組み合わせから得られる利益

1年後の株価	①株式の価値	②借入金の返済	③組み合わせの利益 （①-②）
(1)株価が120円の場合	0.3株×120円＝36円	20円×(1+0.05)＝21円	36円-21円＝15円
(2)株価が70円の場合	0.3株×70円＝21円	20円×(1+0.05)＝21円	21円-21円＝0円

$$C＝100 円×0.3 株-20 円＝10 円$$

と求めることができる。

　この結果は，コール・オプションから得られる利益が，株式の購入と借入れによって複製できることを意味しており，このポートフォリオは**複製ポートフォリオ**と呼ばれる。また，このポートフォリオにおいて，購入する株式の数は**ヘッジ比率**，あるいは**デルタ**と呼ばれる。

　ここで，デルタと借り入れる金額は，以下のように求められる。デルタを x，借り入れる金額を y とすると，x と y は以下の計算をすることで求めることができる。

$$\begin{cases} 120x+1.05y=15 \\ 70x+1.05y=0 \end{cases}$$

上の式は，1年後に株価が上昇して120円になった場合に，借入金の返済とあわせて，利益が15円になること，下の式は，1年後に株価が下落して70円になった場合に，借入金の返済とあわせて，利益が0円になることを意味している。

　これより，$x＝0.3$，$y＝-20$ となり，デルタは0.3株，借り入れる金額は20円であることがわかる。この計算式から，デルタは，オプション価格の変化を，株価の変化で割ることによっても計算できることがわかる。つまり，

$$デルタ＝\frac{オプション価格の変化}{株価の変化}＝\frac{15-0}{120-70}＝0.3$$

である。

■図12-5　2期間の場合の株価とコール・オプションの損益

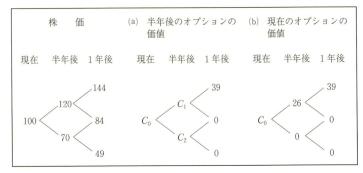

▶ 2期間の場合

ここまでは、1年後に株価が20％上昇して120円になる場合と、30％下落して70円になる場合を考えた。今度は、半年ごとに株価が20％上昇するか、30％下落するとしよう。つまり、図12-5の通り、現在100円の株価は半年後に120円か70円となり、さらに半年後の1年後には、①半年後の株価120円が20％上昇し144円になるか、30％下落し84円になり、②半年後の株価70円が20％上昇し84円になるか、30％下落し49円になるものとする。ここで、権利行使日は1年後、権利行使価格は105円であり、無リスク利子率は半年で5％とする。

このような2期間の場合のオプション価格も、1期間の場合と同様に求めることができる。ただし、1期間の場合と異なり、2期間の場合には計算を2回繰り返す必要がある。

まず、図12-5(a)の C_1 を求めるために、今から半年後に株価が120円になった場合を考えよう。その後の半年間で株価が上昇して144円になった場合、オプションからは39円（144円－105円）の利益が得られ、株価が下落して84円になった場合、オプションの利益は0円である。したがって、x をデルタ、y を借り入れる金額と

すると，

$$\begin{cases} 144x+1.05y=39 \\ 84x+1.05y=0 \end{cases} \tag{5}$$

となる。

デルタ x は

$$x=\frac{39-0}{144-84}=0.65$$

であり，これを(5)式の下の式に代入すると，借り入れる金額 y は，$1.05y=-54.6$ となり，52 円となる。したがって，現時点から半年後のオプションの価値 C_1 は，

$$C_1=0.65\times120\,円-52\,円=26\,円$$

と計算できる。

今度は，図 12-5(a)の C_2 を求めるために，半年後に株価が 70 円になった場合を考えよう。その後の半年間で株価が上昇して 84 円になったとしても，オプションの利益は 0 円であり，株価が下落して 49 円になった場合もオプションの利益は 0 円である。したがって，現時点から半年後のオプションの価値 C_2 は 0 円となる。

今から半年後のオプションの価値 C_1 と C_2 がわかったので，図 12-5(b)の現時点のオプションの価値 C_0 を求めることができる。図 12-5(b)は，図 12-5(a)の C_1 と C_2 に計算結果を代入したものである。

図 12-5(b)より，半年後に株価が 120 円になった場合，コール・オプションには 26 円の価値があり，株価が 70 円になった場合，オプションの価値は 0 円である。したがって，デルタと借り入れる金額は，以下のように計算できる。

$$\begin{cases} 120x+1.05y=26 \\ 70x+1.05y=0 \end{cases}$$

この計算をすることで，$x=0.52$，$y=-34.67$ となる。これで，

284 第12章 デリバティブ価格と投資戦略

このコール・オプションは，0.52株の株式の購入と34.67円の借入れによって複製されることが明らかになった。したがって，現時点でのオプション価格 C_0 は，

$$C_0 = 100 円 \times 0.52 株 - 34.67 円 = 17.33 円$$

と評価されることになる。

　二項モデルは，原資産である株式の価格が上昇するか下落するという，二つの状況しか考えていない。一方，実際の株価は，0円を下限に，1円単位で連続的に変化する。したがって，二項モデルでは，実際のオプション価格を正確に計算することはできないように思われるかもしれない。確かに，1期間の場合，1年後の株価は120円か70円の値しかとらないと仮定される。しかしながら，2期間の場合，1年後の株価は144円，84円，49円と，三つの値をとる状況を考えることができた。同様に，1年後までの期間を，3期間，4期間と，オプションの価値を計算する期間を多くしていくと，1年後の株価の連続的な変化をとらえることが可能となり，株価が連続的に変化することを仮定したオプション評価モデルと同様の結果が得られることが知られている。

5　オプション取引と投資戦略

　本節では，オプションを用いたさまざまな戦略について考えよう。[8]

▷ **プロテクティブ・プット**

　図12-2(a)で説明された通り，この戦略は株式を購入し，この株式を原資産としたプット・オプションを購入するものである。この戦略により，株価の下落によって生じる損失を回避しつつ，株価上昇による利益を期待することが可能となる。しかしながら，この戦略では，プット・オプションを購入するため，オプション料を負担する必要がある。

■ 図 12-6 カバード・コール

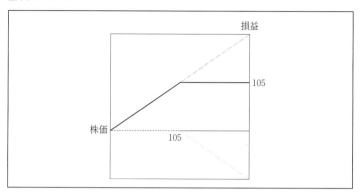

▶カバード・コール

カバード・コールは，株式を購入し，この株式を原資産としたコール・オプションを売却する戦略である。図 12-6 は，権利行使価格が 105 円のコール・オプションを売却した場合である。コール・オプションの売り手は，オプションの売却によりオプション料を得ることができる。しかしながら，株式を保有せずにコール・オプションを売却すると，株価が権利行使価格を上回る場合に損失が生じることになる。

これに対して，カバード・コールでは，このような損失を回避することができる。コール・オプションの買い手が権利を行使したとしても，保有している株式を引き渡すことができるからである。したがって，この戦略では，株価上昇による損失を回避しつつ，オプション料を得ることができる。一方で，株価がどれほど上昇したとしても，保有株から値上がり益を得ることはできない。

▶ストラドル

ストラドルは，同じ株式を原資産とし，満期日と権利行使価格が同じコール・オプションとプット・オプションを購入，あるいは売

■ 図12-7 ストラドル

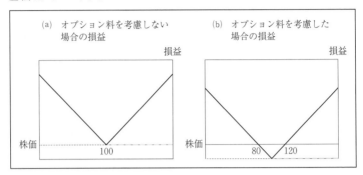

却する戦略である。図12-7は，権利行使価格がともに100円のコールとプットを購入する戦略である。図12-7(a)から，権利行使日の株価が権利行使価格を上回った場合だけでなく，下回った場合も利益が得られることがわかる。

他の戦略と異なり，権利行使日の株価が権利行使価格と異なってさえいれば利益が得られるため，一見すると魅力的な戦略に見える。しかしながら，この戦略を実際に行うには，コール・オプションとプット・オプションを購入する費用が必要となる。したがって，図12-7(b)に示される通り，コールとプットの価格がともに20円である場合，満期日の株価が，権利行使価格に比べて20円以上高く，あるいは低くなっていなければ，利益を得ることはできない。

6 スワップ取引の評価

第11章では，スワップ取引の代表的なものとして，金利スワップと通貨スワップがあることを確認した。ここでは，固定金利と変動金利を交換する金利スワップについて，スワップ・レートの決まり方について考えよう。

6 スワップ取引の評価 287

▷スワップ・レート

金利スワップでは，変動金利と交換することになる固定金利の水準を決定する。このように，金利スワップにおいて決定される固定金利の水準のことを，前述の通りスワップ・レートと呼ぶ。

金利スワップを契約する際，スワップ・レートは，固定金利の受け手と変動金利の受け手がともに，損も得もしない水準に決定される。つまり，固定金利の受け手と変動金利の受け手が等しい条件となるように決定される。具体的には，固定金利から得られる利子の現在価値が，変動金利から得られる利子の現在価値に等しくなるように，固定金利の水準が決定されることになる。

たとえば，4年間にわたり固定金利と変動金利を交換する場合を考えよう。交換は年に1回行うものとする。固定金利は4年間同一の水準である。したがって，固定金利の受け手は，利子として，固定金利に想定元本を乗じた金額を毎年受け取ることになる。一方，変動金利は毎年変化する。したがって，変動金利の受け手は，現在から将来の時点（1年後から4年後までのそれぞれの時点）において成立する1年間の変動金利に，想定元本を乗じた金額を利子として毎年受け取ることになる[9]。たとえば，変動金利の受け手が2年後に受け取る利子は，1年後から2年後までの1年間に成立する変動金利に想定元本を乗じた金額となる。

ここで，第5章で説明された通り，将来において成立する利子率のことをフォワード・レートと呼ぶ。したがって，固定金利をr，$t-1$年からt年までの1年間のフォワード・レートを$f_{t-1,t}$とすると，スワップ・レートは，

$$\sum_{t=1}^{T} \frac{r \times P}{(1+r_t)^t} = \sum_{t=1}^{T} \frac{f_{t-1,t} \times P}{(1+r_t)^t} \tag{6}$$

を解くrとして求められる。ここで，Pは想定元本，Tはスワップの期間，r_tはt年後までのスポット・レートである[10]。

288　第12章　デリバティブ価格と投資戦略

　たとえば，2年間にわたり固定金利と変動金利を交換するスワップ取引を考えよう。(6)式に従い，スワップ・レートは以下のように求められる。

$$\frac{r \times P}{1+r_1} + \frac{r \times P}{(1+r_2)^2} = \frac{f_{0,1} \times P}{1+r_1} + \frac{f_{1,2} \times P}{(1+r_2)^2}$$

$$r \times P \times \left(\frac{1}{1+r_1} + \frac{1}{(1+r_2)^2} \right) = \frac{f_{0,1} \times P}{1+r_1} + \frac{f_{1,2} \times P}{(1+r_2)^2} \qquad (7)$$

ここで，(7)式の右辺は以下のように変形することができる。

$$\frac{f_{0,1} \times P}{1+r_1} + \frac{f_{1,2} \times P}{(1+r_2)^2} = \frac{(1+f_{0,1}) \times P}{1+r_1} + \frac{(1+f_{1,2}) \times P}{(1+r_2)^2}$$

$$- \frac{P}{1+r_1} - \frac{P}{(1+r_2)^2} \qquad (8)$$

ここで，フォワード・レートとスポット・レートの関係から，

$$\frac{1+f_{0,1}}{1+r_1} = \frac{1}{(1+r_0)^0}, \quad \frac{1+f_{1,2}}{(1+r_2)^2} = \frac{1}{1+r_1}$$

であることに注意して，(8)式の右辺に代入すると，

$$\frac{f_{0,1} \times P}{1+r_1} + \frac{f_{1,1} \times P}{(1+r_2)^2} = \frac{P}{(1+r_0)^0} + \frac{P}{1+r_1} - \frac{P}{1+r_1} - \frac{P}{(1+r_2)^2}$$

$$= P - \frac{P}{(1+r_2)^2}$$

となり，(7)式の右辺に代入すると，

$$r \times P \times \left(\frac{1}{1+r_1} + \frac{1}{(1+r_2)^2} \right) = P - \frac{P}{(1+r_2)^2}$$

となる。したがって，スワップ・レート r は，

$$r = \frac{1 - \dfrac{1}{(1+r_2)^2}}{\dfrac{1}{1+r_1} + \dfrac{1}{(1+r_2)^2}}$$

と計算できることがわかる。

6 スワップ取引の評価 289

一般的に，期間が T 年間のスワップ・レートは，以下のように求めることができる。

$$r = \frac{1 - \dfrac{1}{(1+r_T)^T}}{\displaystyle\sum_{t=1}^{T} \dfrac{1}{(1+r_t)^t}}$$

たとえば，満期3年，年1回利払いの金利スワップ取引において，現在から1年後，2年後，3年後までのスポット・レートが，それぞれ2％，3％，4％である場合，スワップ・レートは

$$r = \frac{1 - \dfrac{1}{(1+0.04)^3}}{\dfrac{1}{1+0.02} + \dfrac{1}{(1+0.03)^2} + \dfrac{1}{(1+0.04)^3}}$$

$$= \frac{1 - 0.889}{0.980 + 0.943 + 0.889} = 0.0395$$

となり，スワップ・レートは3.95％となる。

●コラム：ブラック・ショールズ・モデルを用いた
　　　オプション価値の評価

　二項モデルと異なり，ブラック・ショールズ・モデルは，原資産である株式の価格が，実際の株式のように連続的に変化すると仮定したオプション評価モデルである。ブラック・ショールズ・モデルによれば，コール・オプションの価格 C は，以下のように求められる。

$$C = S \times N(d_1) - X \times e^{-rt} \times N(d_2) \tag{9}$$

ここで，S は株価，X は権利行使価格，r は無リスク利子率，t は権利行使日までの期間であり，e は自然対数の底を表す。また，

$$d_1 = \frac{\ln\left(\dfrac{S}{X}\right) + \left(r + \dfrac{\sigma^2}{2}\right)t}{\sigma\sqrt{t}}$$

$$d_2 = d_1 - \sigma\sqrt{t}$$

であり，$N(d)$ は標準正規分布の累積分布関数，$\ln(\ )$ は自然対数，σ は株式の収益率の標準偏差である。

290　第12章　デリバティブ価格と投資戦略

　したがって，(9)式を用いることで，以下の条件のコール・オプショ
ンの理論価格を求めることができる。

　　　　$S=100$（現在の株価は 100 円）

　　　　$X=95$（権利行使価格は 95 円）

　　　　$r=0.1$（無リスク利子率は 10％）

　　　　$t=0.25$（権利行使日は 3 カ月後）

　　　　$\sigma=0.5$（標準偏差は 50％）

　計算は，マイクロソフト社のエクセルなどの表計算ソフトを使用す
ることができる。エクセルでは，$N(d)$ を計算する NORMSDIST 関
数が用意されている。これらの数値を(9)式に代入することで，コー
ル・オプションの価値は 13.7 円となる。

　ブラック・ショールズ・モデルは，ブラック（F. Black）とショー
ルズ（M. Sholes），そしてマートン（R. Merton）によって導かれた
モデルである。この功績によって，ショールズとマートンは，1997
年にノーベル経済学賞を受賞している（ブラックは 95 年に亡くなっ
ている）。

　ブラック・ショールズ・モデルを利用することで，権利行使日まで
に配当支払いのないコール・オプションの理論価格を計算することが
できる。また，配当支払いのないヨーロピアン・タイプのプット・オ
プションについては，(9)式を用いてコール・オプションの理論価格を
計算し，プット・コール・パリティ（(4)式）を利用することで計算す
ることができる。アメリカン・タイプのプット・オプションについて
は，ヨーロピアン・タイプのプット・オプションよりも価値が高く評
価されることが知られている。したがって，(8)式を調整する必要があ
る。また，権利行使日までに配当支払いがある場合も，配当支払額を
調整しなければならない。[11]

◆この章で学んだこと

1．満期日において，先物価格は原資産の価格と一致するという
　性質があり，この性質を収束特性という。

2．先物取引は，ヘッジ，投機，そして裁定取引に用いられる。

3．株式を原資産とした先物取引の理論価格 F は，

$$F = S_0(1 + r_f - d)$$

と求められる。

4．満期日が同じで，権利行使価格も同じであるコール・オプションとプット・オプションの間には，プット・コール・パリティと呼ばれる以下の関係が成立する。

$$C + \frac{X}{(1 + r_f)^T} = S + P$$

5．スワップ・レートとは，金利スワップにおいて決定される固定金利の水準であり，スワップ・レート r は，

$$r = \frac{1 - \dfrac{1}{(1 + r_T)^T}}{\displaystyle\sum_{t=1}^{T} \dfrac{1}{(1 + r_t)^t}}$$

と求められる。

・注

1） 実際には，日本では株式の個別銘柄を原資産とした先物取引は行われていないが，ここでは説明を容易にするため，株式を原資産とした先物取引を考える。

2） とうもろこし先物の取引単位は50トンであった。

3） レバレッジとはてこ（梃子）のことで，てこはてこの原理によって，小さい力で大きな力を発生させる。ここでは，証拠金を利用することで，少ない資金で大きなリターンを得ることができるようになるため，証拠金の利用をてこの利用に見立てている。

4） たとえば，無リスク利子率が年率5％である場合，権利行使価格である100円を1年後に得るためには，今の時点で95.24（100/(1+0.05)）円だけ必要となる。したがって，株価が十分に高く，たとえば200円である場合，満期日が今日であれば，コール・オプションの価値は100円となり本源的価値と等しくなるが，満期日が1年後である場合は，その価値は104.76円となり，節約した権利行使価格の分だけ，オプション価格は本源的価値を上回

ることになる。

5) ボラティリティの大きさは，第9章で学習した分散，あるいは標準偏差で測定される。

6) プット・オプションの満期日までの期間については，アメリカン・オプションでは，これが長いほど高くなる。一方，ヨーロピアン・オプションについては明らかではない。満期日までの期間が長くなれば，権利行使価格の現在価値は低くなり，保有者にとってマイナスとなるが，同時に，株価が権利行使価格を下回る可能性が残されることになり，保有者にとってプラスとなるからである。

7) 借り入れた金額の分だけ支払う金額が少なくなるため，コール・オプションの価格の計算において，借り入れる金額を引くことに注意しよう。

8) オプション取引も先物取引と同様，投機，ヘッジ，そして裁定取引を行うために利用することができる。これらの数値例については，たとえば参考文献にあげた『インベストメント』（Bodie, Kane and Marcus［2009］）を参照しよう。

9) 第11章の注17にある通り，変動金利での利子支払いは，1年後については現時点の変動金利が適用され，将来については，たとえば，2年後の利子支払いは，1年後に成立する1年後から2年後までの1年間の変動金利が適用される。したがって，変動金利での利子支払額は，現在から4年後までに毎年成立する1年間の変動金利に，想定元本を掛けた金額となることに注意しよう。

10) スポット・レートは現時点から将来時点までの利子率であり，第5章において債券の価値を計算する際に用いた割引率である。

11) アメリカン・タイプのプット・オプションや，配当支払いがあるオプションの評価については，参考文献を参照しよう。

▰ 練習問題

1 とうもろこし農家が先物取引を用いてヘッジを行う場合，とうもろこし先物を買い建てればよいのか，売り建てればよいのか考えてみよう。また，先物価格3万8000円で契約した場合，1年後のとうもろこしの価格が1トン当たり3万5000円になった場合と，4万円になった場合で表12-1を作成し，1トン当たりの販売価格がいくらになるのか求めてみよう。

2 表12-3について，これらの要因がプット・オプションに与える影響

を確認しよう。

3 表12 - 2で考えた先物取引において，先物価格が5000円となっており，理論価格よりも150円だけ安くなっている場合，裁定取引を行うにはどうすればよいのか，また，裁定利益はいくらになるのか答えてみよう。株式を空売りした場合には，配当金を返さなければならないことに注意しよう。

4 1年後に権利行使日を迎えるコール・オプションを考えよう。権利行使価格は55円である。原資産である株式の現在の価格は50円であり，この株式は1年後に75円に値上がりするか，32円に値下がりするものとする。1年間の無リスク利子率が5％であるとき，このコール・オプションの価格を求めてみよう。

5 4で求めたコール・オプションについて，プット・コール・パリティの関係から，プット・オプションの価格を求めてみよう。

〈解答〉

3 150円

4 11.91円

5 14.29円

● 参 考 文 献

釜江廣志・北岡孝義・大塚晴之・鈴木喜久 [2004]，『証券論』有斐閣

日本証券アナリスト協会編，浅野幸弘・榊原茂樹監修，伊藤敬介・荻島誠治・諏訪部貴嗣 [2009]，『新・証券投資論II 実務篇』日本経済新聞出版社

Bodie, Z., A. Kane, and A. J. Marcus [2009], *Investments,* 8th ed., McGraw-Hill.（平木多賀人・伊藤彰敏・竹澤直哉・山崎亮・辻本臣哉訳『インベストメント（第8版）（上・下）』マグロウヒル・エデュケーション，2010）

Brealey, R. A., S. C. Myers, and F. Allen [2010], *Principles of Corporate Finance,* 10th ed., McGraw-Hill.（藤井眞理子・國枝繁樹監訳『コーポレートファイナンス（第10版）（上・下）』日経BP社，2014）

➤ さらに深く学習するために

Hull, J. C. [2014], *Options, Futures and Other Derivatives,* 9th ed., Pearson Prentice-Hall.（三菱UFJモルガン・スタンレー証券市場商品本部訳『ファイナンシャルエンジニアリング——デリバティブ商品開発とリスク管理の総体系（第9版）』金融財政事情研究会，2016）

第 13 章　グローバル投資と各国の証券市場

　社会人になった A さんは，NISA や個人型確定拠出年金（iDeCo）を利用して毎月投資信託を積み立てようと考え，証券会社の口座を開設してみた。証券会社のウェブサイトには取り扱っている投資信託の人気ランキングが公表されており，多くが米国株式や世界株式等の海外株式に投資するものであった。また，投資信託の名称には為替ヘッジなしや為替ヘッジありという聞きなれない単語が付されているものもあった。確かに，付図 1 と 2 からわかるように，日本の企業に比べて，海外株式の成長性が高い印象で，投資した際の投資妙味もあるように思われた。

　ただ，海外株式に投資するグローバル投資のメリットとデメリット，為替ヘッジについて調べてから，どの投資信託を購入するかを決定することにした。

1　日本におけるグローバル投資の現状

　グローバル投資は日本人にとって非常に身近なものになっている。図 13 - 1 に，国内株式型と海外株式型の公募株式投資信託の純資産総額の推移をそれぞれ示している。2019 年までは国内株式を投資対象とする**国内株式型投資信託**の純資産総額が海外株式を投資対象とする**海外株式型投資信託**の純資産総額を上回っていたが，20 年以降は海外株式型投資信託の純資産総額が国内株式型投資信託の純資産総額を上回っている。特に，2020 年末から 23 年末の 3 年間で海

図13-1　国内株式型と海外株式型の公募投資信託の純資産総額推移

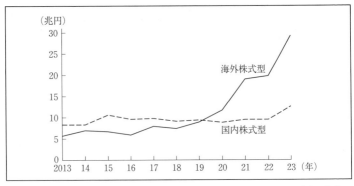

(出所)　『投資信託の主要統計』一般社団法人投資信託協会，2023年12月をもとに作成。

表13-1　2023年公募株式投資信託の資金流入ランキング

順位	ファンド名称	資金流入額（億円）	純資産額（億円）	type	対象インデックス
1	インベスコ世界厳選株式オープン（為替ヘッジなし）（毎月決算期）	7,573	10,673	Active	
2	eMAXIS Slim 米国株式（S&P500）	7,517	29,987	Passive	S&P500株価指数
3	eMAXIS Slim 全世界株式（オールカントリー）	7,352	18,205	Passive	MSCIオール・カントリー・ワールド・インデックス
4	SBI・V・S&P500インデックス・ファンド	2,371	12,255	Passive	S&P500株価指数
5	楽天・全米株式インデックス・ファンド	2,160	12,132	Passive	CRSP USトータル・マーケット・インデックス

(出所)　「2023年の資金流入額，『世界のベスト』がトップ―投信ランキング」（日本経済新聞ウェブサイト，投信コラム，2024年1月22日）の図表2をもとに作成。

外株式型投資信託の純資産総額が17.6兆円増加した一方，同時期の国内株式型投資信託の純資産総額は3.8兆円の増加にとどまっている。つまり，日本の投資家は投資信託を通した海外株式への投資を増加させているのである。

　加えて，個人投資家の間では，投資信託を通じた海外株式，特に

米国株式への投資が人気を集めている。表13-1に2023年に資金流入の大きかった投資信託上位5本を示している。1位のインベスコを除いて、すべて指数連動型のパッシブ型のファンドである。これらパッシブ型ファンドのうち、米国株式市場の上場企業を対象としたものが3本、日本と米国を含む全世界の上場企業を対象としたものが1本となっている。

2　各国の株式市場

表13-2は、2023年末時点の世界の株式市場における上場株式の時価総額合計（ドル建て）と上場企業数を示している。1位と2位は米国のNYSE（New York Stock Exchange）とNASDAQ（National Association of Securities Dealers Automated Quotations）であり、3位は中国の上海証券取引所、4位はヨーロッパのEuronext、5位は日本の日本証券取引所となっている。ただし、そのほかに70以上の国と地域の取引所または取引所グループが存在する。米国のNYSEとNASDAQの上場企業の時価総額の合計が全体の40%を超えており、米国の株式市場は世界最大規模であることがわかる。

▨表13-2　2023年12月末時点における各国の証券市場規模

		時価総額 (USD millions)	（シェア：%）	企 業 数
1	NYSE	25,482,730	(24.56)	1,952
2	Nasdaq-US	18,003,450	(17.35)	2,812
3	Shanghai Stock Exchange	7,265,090	(7.00)	2,179
4	Euronext	6,626,332	(6.39)	1,709
5	Japan Exchange Group	5,650,224	(5.45)	3,865
	Others	40,734,814	(39.26)	3,2943

（出所）「Market Statistics」（https://focus.world-exchanges.org/issue/january-2024/market-statistics）を参考に作成。

3 各国の株価指数

　各国の株式市場を対象とした多くの株価指数が存在する。たとえば，表13-1に示している投資信託がベンチマークとする**S&P500株価指数**は，Standard & Poor's の算出する米国に上場する時価総額上位500社の株価を時価総額加重平均した株価指数である。また，**MSCI オール・カントリー・ワールド・インデックス**は MSCI（Morgan Stanley Capital International）が算出する23の先進国と24の新興国に上場する企業から約3000社を選択し，時価総額を加重平均した指数となっている。**CRSP US トータル・マーケット・インデックス**は，CRSP（Center for Research in Security Prices）の算出する米国全上場企業を対象とした株価指数となっている。

　ヨーロッパにおいては，ロンドン市場の時価総額上位100社を対象とした**FTSE100**やフランクフルト市場に上場する優良40銘柄を対象とした**DAX**がある。アジアにおいては，中国の**上海総合指数**や韓国の**韓国総合株価指数**（KOSPI），インドの株式市場の**インドSENSEX**などがある。

4 グローバル投資のメリットとリスク

　図13-1に示しているように，日本の投資家は海外株式への投資を増加させている。一部では，年間8兆円の個人資金がそれらの海外株式に投資する投資信託へ流入しているとするデータもある。本節では，国内株式市場の上場企業だけでなく，海外株式市場の上場企業へ投資するグローバル投資のメリットとリスクについて概説する。

■図13-2 国内ポートフォリオとグローバル・ポートフォリオ

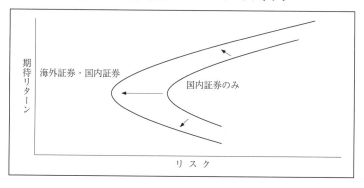

▶グローバル投資のメリット

　図13-2は，自国株式市場の上場企業のみに投資した場合の投資機会集合におけるリターンが一定でリスクが最小となるポートフォリオの軌跡である最小分散境界（国内証券のみ）と，自国だけでなく海外株式市場の上場企業を含めて投資した場合に得られると考えられる最小分散境界（海外証券と国内証券）のイメージを示している。図13-2からわかるように，グローバル投資におけるメリットは，投資可能な株式の増加によって，投資可能領域が拡大し，最小分散境界がリターンが一定であればリスクがより低く，リスクが一定であればリターンがより高いまたはより低い領域へと拡大することである。国内株式のみから得られる最小分散境界と比較して，国内株式と海外株式の両方に投資した場合に得られる最小分散境界において，投資家は，リターンが一定であればリスクのより低いポートフォリオを選択可能となる。また，投資家はリスクが一定であればリターンのより高いポートフォリオを選択可能となる。つまり，投資家は海外資産を投資対象に加えることで，リスクが一定であればリターンが大きいポートフォリオであるリスク・リターン効率の観点でより効率的なポートフォリオを選択可能となる。

300 第13章 グローバル投資と各国の証券市場

▨ 表13‑3　日経平均株価指数とS&P500（円建て・ドル建て）の投資収益率

	日経平均		S&P500 （ドル建て）		S&P500 （円建て）		円ドル・ レート	
		リターン		リターン		リターン		リターン
2018年12月	20,014.77		2,506.85		276,756.24		110.40	
2019年12月	23,656.62	18.2	3,230.78	28.9	352,623.48	27.4	109.15	−1.1
2020年12月	27,444.17	16.0	3,756.07	16.3	388,114.71	10.1	103.33	−5.3
2021年12月	28,791.71	4.9	4,766.18	26.9	548,682.64	41.4	115.12	11.4
2022年12月	26,094.5	−9.4	3,839.50	−19.4	507,351.53	−7.5	132.14	14.8
2023年12月	33,464.17	28.2	4,769.83	24.2	674,453.96	32.9	141.40	7.0
平均リターン（％）		11.6		15.4		20.9		5.3
リスク（％）		12.8		17.9		17.5		7.5

　では実際のデータを見ていこう。S&P500株価指数と，日本における市場ポートフォリオの1つとされている日経平均株価指数へそれぞれ投資した場合を例に，グローバル投資のメリットとデメリットについて見ていく。

　表13‑3に2018年末から23年末までの日経平均株価指数とS&P500（ドル建て）株価指数の年終値，年率リターン，平均リターン，リスクを示している。日本の投資家にとって，**自国通貨建て**で投資した場合のS&P500（円建て）の値は，**現地通貨建て**のS&P500（ドル建て）に円ドル為替レートを掛けて円換算したものである。リターンとリスクは第9章で学んだ方法で算出している。日経平均株価指数の過去5年間の平均リターンは11.6％であり，リスクは12.8％である。S&P500（ドル建て）の平均リターンは15.4％であり，リスクは17.9％である。S&P500（円建て）の平均リターンは20.9％であり，リスクは17.5％である。円安の効果もありS&P500（円建て）の平均リターンの方が，S&P500（ドル建て）の平均リターンに比べて高いことがわかる。

　図13‑3は，表13‑3の平均リターンとリスク，年率リターンに基づく相関係数をもとに，日経平均とS&P500（ドル建て・円建て）で作成可能なポートフォリオの期待リターンとリスクの軌跡を図示

■図13-3 日経平均株価指数とS&P500（円建て・ドル建て）の期待リターンとリスク

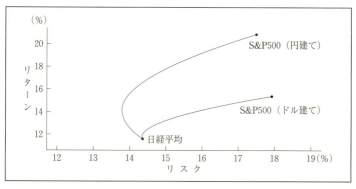

したものである。日本人にとって国内株式だけで構成されている日経平均よりも，S&P500（ドル建て）およびS&P500（円建て）の方が，より多くのリスクをとりつつ，高いリターンを得られていることがわかる。また，日経平均とS&P500（ドル建て）または日経平均とS&P500（円建て）を組み合わせたポートフォリオを作成することで，よりリスク・リターンの観点で効率的なポートフォリオを作成可能であることがわかる。

ここで，日本人にとって，現地通貨建てのS&P500（ドル建て）に比べて，自国通貨建てのS&P500（円建て）が常に優れた投資対象なのかという疑問が生じる。もし，表13-4のように円ドル相場が毎年5円の円高に推移した場合，S&P500（円建て）の平均リターンは9.5％，リスクは17.1％となる。日本人にとって，海外投資を行う上で自国通貨である円建てでの投資を行う場合，円と投資先国の通貨との為替変動に伴うリスクを負う。つまり，すべての国の投資家にとって，自国通貨建てでのグローバル投資を行う場合，**為替リスク**が存在することになる。

加えて，グローバル投資には，自国とは異なる投資先の国の法制

302　第13章　グローバル投資と各国の証券市場

■表13‐4　円高進行時の日経平均株価指数とS&P500（円建て・ドル建て）
の投資収益率

	日経平均		S&P500 （ドル建て）		S&P500 （円建て）		円ドル・ レート	
		リターン		リターン		リターン		リターン
20XX年12月	20,014.77		2,506.85		276,756.24		110.40	
20XX年12月	23,656.62	18.2	3,230.78	28.9	339,231.90	22.6	105.00	−4.9
20XX年12月	27,444.17	16.0	3,756.07	16.3	375,607.00	10.7	100.00	−4.8
20XX年12月	28,791.71	4.9	4,766.18	26.9	452,787.10	20.5	95.00	−5.0
20XX年12月	26,094.5	−9.4	3,839.50	−19.4	345,555.00	−23.7	90.00	−5.3
20XX年12月	33,464.17	28.2	4,769.83	24.2	405,435.55	17.3	85.00	−5.6
平均リターン（%）		11.6		15.4		9.5		−5.1
リスク（%）		12.8		17.9		17.1		0.3

度や政治・経済に関するリスク，紛争リスクなどの**カントリー・リ
スク**も存在する。次の項では，グローバル投資に伴う為替リスクと
カントリー・リスクについて説明する。

▷**グローバル投資におけるリスク**

⑴　**為替リスク**

　上述のように，表13‐3と表13‐4におけるS&P500のドル建
てと円建てのリターンとリスクの差は為替に起因する。つまり，円
安時はS&P500（ドル建て）に為替レートを掛けた値である円建て
の評価額が上昇したため，S&P500（ドル建て）の平均リターンに比
べて，S&P500（円建て）の平均リターンは高くなる。

　具体的には，株価指数が証券として購入可能であると想定した場
合，表13‐3にあるように2020年末にS&P500（円建て）を38万
8114.71円（3,756.07ドル×103.33円）で購入し，2021年12月末に
S&P500（円建て）を54万8682.64円（4,766.18ドル×115.12円）で
売却した場合を想定する。この場合，S&P500（円建て）の投資から
得られる投資収益は，以下の式から41.4%となる。

$$0.414 = \frac{548,682.64}{388,114.71} - 1$$

　この式の右辺を以下のように展開すると，S&P500（円建て）の投

4 グローバル投資のメリットとリスク 303

資収益 41.4％は，この期間の S&P500（ドル建て）の投資リターンは 26.9％（[4,766.18/3,756.07]−1）と，円安による為替リターンは 11.4％（[115.12/103.33]−1），および 2 つのリターンの相互作用の 3 つの要素から成り立っていることがわかる。

$$\frac{4,766.18 \times 115.12}{3,756.07 \times 103.33} - 1 = \frac{4,766.18}{3,756.07} \times \frac{115.12}{103.33} - 1$$
$$= (1 + 0.269) \times (1 + 0.114) - 1$$

　つまり，S&P500（円建て）のリスクとリターンには，S&P500（ドル建て）の本来のリスクとリターンに為替のリスクとリターン，それらの相互作用が混ざりあっているのである。

　そのため，第 12 章のデリバティブ価格と投資戦略で学んだように，為替先物を用いた為替ヘッジが考えられる。第 12 章の内容と重複するため詳述は避けるが，S&P500（円建て）への投資であれば，円ドルの為替先物を購入することで，円ドル相場の変動に伴う S&P500（円建て）の評価額の変動から為替の変動を緩和し，S&P500（ドル建て）と同様の動きを再現可能となる。つまり，為替ヘッジありの投資信託は，為替変動による投資評価額の変動を緩和するものである。

(2)　カントリー・リスク

　法制度の違いならびに政治リスク，経済リスク，それに加えて革命，クーデター，戦争のリスクなど，さまざまなカントリー・リスクが存在する。グローバル投資においては，外国での法制度や政治・政府の安定性，安全保障状況等が居住国のそれらとは異なることに注意しなければならない。

　居住している国の法律，特に会社法または商法の違いによる投資家保護の度合いが国によって違うことが広く知られており，投資家保護の度合いによる株式の集中度や資金調達方法も異なる。たとえば，日本では株主総会において 1 単元 1 票の議決権を有することが

304　第13章　グローバル投資と各国の証券市場

一般的であるが，株式の種類や保有期間によって有する議決権数が異なる国も存在する。また最低配当金額が定められている国もある。さらに，債権者保護の度合いも国によって大きくことなることに注意が必要である。

　政府や政治，経済の安定性も異なる。たとえば，世界銀行は世界ガバナンス指標を毎年公表している。世界ガバナンス指標は「国民の声（発言力）と説明責任」「政治的安定と暴力の不在」「政府の有効性」「規制の質」「法の支配」「汚職の抑制」の6項目から各国のガバナンスを評価している。ほかにも，いくつかの国際機関等がさまざまな視点からの政府や政治，経済の安定性を評価した指標を公表している。これらの指標を参考にして，グローバル投資を行う上でカントリー・リスクには留意する必要がある。

┌─ ●コラム：株価指数の中身 ─────────────

　全世界の株式市場を対象とした場合のマーケット・ポートフォリオに投資しようと考えた場合，多くの投資家は投資信託として販売されている「全世界株式」や「世界経済」等の名前を冠した投資信託を思い浮かべるのではないか。それらの投資信託の多くは，「MSCI ACWI Index」や「FTSE Global All Cap Index」という MSCI や FTSE という指数ベンダーが公表する先進国市場と新興国市場の大・中規模の上場株式を対象とした株価指数をベンチマークとしている。上述の株価指数は，指数ベンダーが先進国市場と新興国市場の大・中規模の上場企業から彼／彼女らの定める基準をクリアした企業を選別し，それらを組み入れた指数となっている。そのため，世界中のすべての上場企業がこれら指数に含まれているわけではない。また，さらに興味深いことに，指数ベンダーは，公表する指数を冠する投資信託を運用する投資信託運用会社からの指数のパテント料と構成企業とその構成比率の提供料をとることを1つの事業としている。つまり，指数ベンダーはよりパフォーマンスのよい指数を作り，運用会社により多く採用されたいというインセンティブを有している可能性もあるわ

■表1　2023年12月末における組み入れ銘柄

順位	S&P500	組み入れ比率(%)	MSCI ACWI	組み入れ比率(%)
1	APPLE INC	6.69	APPLE INC	4.46
2	MICROSOFT CORP	6.60	MICROSOFT CORP	3.93
3	AMAZON. COM INC	3.30	AMAZON. COM INC	2.09
4	NVIDIA CORP	2.89	NVIDIA CORP	1.81
5	ALPHABET INC-CL A	1.96	ALPHABET INC-CL A	1.22
6	META PLATFORMS INC-CLASS A	1.88	META PLATFORMS INC-CLASS A	1.16
7	ALPHABET INC-CL C	1.67	ALPHABET INC-CL C	1.10
8	TESLA INC	1.66	TESLA INC	1.05
9	BERKSHIRE HATHA-WAY INC-CL B	1.54	BROADCOM INC	0.73
10	JPMORGAN CHASE & CO	1.17	JPMORGAN CHASE & CO	0.73

（出所）　指数データベンダーのウェブサイトより作成。

けである。

　表1は2023年12月末時点のS&P500とMSCI ACWI Indexの上位10構成企業をそれぞれ示している。上位10構成企業はそれほど変わらないことがうかがえる。もちろん米国の株式市場のマーケット・シェアが大きいことが一因として考えられるが，投資家は投資している商品に関してイメージではなく，中身も確認する必要があるかもしれない。

◆この章で学んだこと

1．世界には多くの証券市場が存在するが，NYSEとNASDAQを合計した米国の証券市場は時価総額の40％を占めている。米国は最大市場である。

2．グローバル投資におけるメリットは，投資可能な海外資産の増加によって，投資可能領域が拡大し，最小分散境界がリター

ンが一定であればリスクがより低く，リスクが一定であればリターンがより高いまたはより低い領域へと拡大することである。つまり，投資家は海外資産を投資対象に加えることで，リスク・リターン効率の観点でより効率的なポートフォリオを選択可能となる。

3．グローバル投資におけるデメリットは，為替リスクとカントリー・リスクがあげられる。為替リスクに関しては，先物等のデリバティブを用いることで，リスク・ヘッジが可能である。カントリー・リスクに関しては留意する必要がある。

▨ 練習問題

1　最新の世界の株式市場の市場規模をそれぞれ調べてみよう。

2　世界の株式市場における指数の過去のリターンを調べて，平均リターンとリスクを測定してみよう。

3　為替相場の変動が自国通貨建ての海外株式への投資パフォーマンスに与える影響を議論してみよう。

・参 考 文 献

井上光太郎・高橋大志・池田直史［2020］，『ファイナンス』中央経済社

日本証券経済研究所編［2019］，『図説アメリカの証券市場（2019 年版）』日本証券経済研究所

➤ さらに深く学習するために

日本証券アナリスト協会編，小林孝雄・芹田敏夫［2009］，『新・証券投資論 I 理論編』日本経済新聞出版社

日本証券アナリスト協会編，榊原茂樹・青山護・浅野幸弘［1998］，『証券投資論（第 3 版）』日本経済新聞社

Brealey, R. A., S. C. Myers, and F. Allen［2010］, *Principles of Corporate Finance,* 10th ed., McGraw-Hill.（藤井眞理子・國枝繁樹監訳『コーポレートファイナンス（第 10 版）（上・下）』日経 BP 社，2014）

第14章　オルタナティブ投資

　ある企業年金基金の理事会で，運用担当理事がこう発言した。「仮に株式相場が暴落して当社の基金で100億円の損失を出しても，他のどの基金も同じような状況だろうから，理事会や親会社の取締役会で理解してもらえるはずだ。しかし，特殊なオルタナティブ・アセットで運用して10億円の損を出したら，理事会や取締役会に対して私はどう説明したらよいか見当が付かないし，理解してもらえないと思う。だから私は，どんなオルタナティブ投資にも警戒感を持っている[1]」と。

　公開企業の株式や債券への投資と比べて，オルタナティブ投資に対しては，それについて情報が不足していることもあって，警戒心をもちやすい。しかし，冒頭に引用した文献の著者は，続いて次のように述べている。「しかし，私は，そのような警戒感にこだわりすぎると，ボラティリティを抑えながらリターンを上昇させるという貴重な機会をのがす，と反論したい」と。

1　オルタナティブ投資とは

　オルタナティブ投資は文字通り，これまでの投資対象であった株式や債券に代わって，別の投資資産へ投資することをいう。オルタナティブ資産がファンドの資産全体の中である程度の割合を占め始めると，これまでの投資対象は**伝統的資産**，新しい投資資産は**オルタナティブ資産**と呼ばれ，株式や債券と並ぶ独立したアセット・ク

ラスとして取り扱われるようになる。

▷オルタナティブ投資の定義

オルタナティブ投資の定義として，シャープ（W. F. Sharpe）たち
は，「言葉の正確な定義は存在しないけれども，公の市場で活発に
取引されていない資産であれば事実上いかなるタイプの資産もオル
タナティブ投資である」と述べている[2]。シャープたちのこの定義だ
と，活発に取引されていない資産が，株式や債券といった文字通り
の資産レベルの定義であるのか，投資家に販売されている投資商品
レベルの定義であるのかは，不明である。上場企業のある株式に対
して買い（ロング）ポジションをとると同時に別の株式に対して売
り（ショート）ポジションをとる「株式ロング・ショート」という
投資商品は，その商品を構成する株式自体は公の市場で活発に取引
されている資産であるが，株式のロングとショートを組み合わせた
商品はそれほど一般的ではないので，通常は非伝統的なオルタナテ
ィブ投資に分類されている。

したがって本章では，これまで投資の対象とされてこなかった非
伝統的な資産と，伝統的な資産をこれまでとは違った投資技法で運
用する投資商品との両方を含めて，**オルタナティブ投資**（alternative
investments）と定義する[3]。

▷オルタナティブ投資の種類

オルタナティブ投資の正確な定義が困難なだけに，オルタナティ
ブ投資の種類の説明も列挙形式にならざるをえない。オルソン（R.
L. Olson）は[4]，不動産投資，ベンチャー・キャピタル・ファンド，
マネジメント・バイ・イン（MBI；買収対象企業に外部からその企業の
株をもたせた経営者を送り込み，新経営者と投資家がその企業のオーナー
となる買収のための株式取得），マネジメント・バイ・アウト（MBO；
買収対象企業の経営陣に株式を取得させ，投資家とともに企業のオーナー
として引き続きその企業の経営を任せる買収），レバレッジド・バイ・

アウト（LBO; 必要資金の大半を借入金で賄った企業買収），破綻企業の証券への投資，絶対リターン追求型運用の6つを列挙している。6番目の絶対リターン追求型運用には，ロング・ショート株式運用，合併（M&A）アービトラージ，転換社債アービトラージ，金利アービトラージ，商品ファンド，ヘッジ・ファンド，石油・ガス資源／森林資源，農地が含まれている。この絶対リターン追求型運用は，ベンチマーク対比でプラスのアクティブ・リターンをめざす相対的な運用とは好対照で，プラスの絶対リターンを追求する投資である。[5]

▶オルタナティブ投資の特徴

オルタナティブ投資に分類されるさまざまなタイプの投資商品はそれぞれ別個のリスク・リターン特性をもっているが，次のようないくつかの類似の特徴を指摘できる。

(i) 非流動性（illiquidity）

(ii) 現在の市場価値の決定の難しさ

(iii) リターンとリスクの十分な長さの歴史的データがない

(iv) 投資家側で独自の広範な分析が必要

(v) アクティブ運用

多くの人が指摘するように，儲かる投資はスポットライトの当たる場所ではなく，光の届かない片隅に隠れていることが多く，必然的に，そのような投資に関する情報量は圧倒的に少ない。しかも，情報の透明性に欠け，データの質も良くない場合が多い（Clark and de Silva [2002]，92ページ）。したがって，オルタナティブ投資はアクティブ運用であり，価値評価に関わる重要な情報を他人より先に探し当てることがオルタナティブ投資に成功する秘訣である。

また，オルタナティブ投資は流動性に欠けるので，前記シャープたちもいうように，投資家は満期まで保有する覚悟ができていなければならない。しかし，オルタナティブ投資の流動性の欠如と情報の少なさが，逆に，高いリターンの源泉となる可能性がある。

310 第14章 オルタナティブ投資

■表14-1 投資機会の所在を明らかにする，アクティブ運用のリターンの
バラツキ

資産クラス	第1四分位	中位値	第3四分位	レンジ
米国債券	7.4%	7.1%	6.9%	0.5%
米国株式	12.1	11.2	10.2	1.9
外国株式	10.5	9.0	6.5	4.0
米国小型株	16.1	14.0	11.3	4.8
絶対リターン	15.6	12.5	8.5	7.1
不動産	17.6	12.0	8.4	9.2
レバレッジド・バイアウト	13.3	8.0	−0.4	13.7
ベンチャー・キャピタル	28.7	−1.4	−14.5	43.2

(注) 2005年6月30日までの10年間の四分位ごとの資産リターン。
(データ出所) 市場性有価証券については Russell/Mellon より。絶対リターン，不動産，
レバレッジド・バイアウトおよびベンチャー・キャピタルのデータについては Cam-
bridge Associates より。不動産，レバレッジド・バイアウトおよびベンチャー・キ
ャピタルのデータは，1995年から99年の間に設定されたファンドのリターンであり，
比較的，最近のファンドは除外している。その結果，未成熟な投資案件が諸結果を
下方向にバイアスをかけることはないであろう。
(出所) Swensen [2009], Fig. 4-4.

▷オルタナティブ投資のリスクとリターン

オルタナティブ投資は上で述べたようにアクティブ運用である。
しかも，そのパフォーマンスを比較すべき，投資可能でパッシブな
選択肢という意味での市場リターンが存在しない（Swensen [2009],
p. 181）。オルタナティブ資産の価格形成の効率性の欠如や信頼でき
る情報の不足はそれ自体が，優れた洞察力をもつ運用者に対して大
きなアクティブ・リターンを提供する源泉となる。

価格形成が非効率的な市場においては，優れた運用スキルをもつ
運用者は大きな成功を収めることができるが，スキルに欠ける運用
者は乏しい運用成果しか出せず，しかも，非効率性の程度が大きい
ほど，優れた運用者と下手な運用者との間のパフォーマンス格差は
大きくなりそうである。表14-1は，2005年6月30日までの10
年間の，4つの伝統的資産と4つのオルタナティブ資産を投資対象
としたアクティブ運用ポートフォリオのリターン間のバラツキを調

査した結果である。8つの資産ごとに，リターンの第1四分位，中位数，第3四分位，および第1四分位と第3四分位の格差（レンジ）が，それぞれ示されている。

表14-1からいくつかの重要な発見が得られる。第1に，価格形成の効率性が高いと思われる市場ほど，アクティブ運用ポートフォリオにおけるパフォーマンス格差が小さいことである。他方で，価格形成の非効率性が大きいと思われる4つのオルタナティブ資産市場でプレイする運用マネジャーのアクティブ・リターンの格差は大きい。したがって，オルタナティブ投資にあたっては，優秀な運用マネジャーを選別する能力が求められる。

第2に，価格形成の非効率性が高いからといって，平均的なアクティブ運用が成功するとは限らないことである。LBOとベンチャー・キャピタルにおける中位の運用マネジャーのアクティブ・リターンは，上場株式へのアクティブ投資と比べて，より高いリスクとより低い流動性にもかかわらず，かなり低いものとなっている。伝統的アセット・ポートフォリオにオルタナティブ投資を加えることが正当化されるためには，第1四分位の運用マネジャーを選別する能力が要求されるだろう。それ以下の運用マネジャーでは，市場性に欠ける非効率的な資産市場への投資に伴うリスク，時間，努力に見合った投資成果が期待できないのである。

2　証券化商品

証券化（securitization）とは，金融機関や事業法人が保有している貸付債権や商業用不動産を買い取り，その資産からの収入を裏付けにして新たな証券（asset-backed security: ABS）を投資家に発行し，裏付け資産が生み出すキャッシュフローを投資家に分配する仕組みをいう。資産のもともとの所有者にとっては，資産の売却による投

312 第14章 オルタナティブ投資

下資金の早期回収ないし新たな資金調達というメリットがあり、さらに資産のバランスシートからの除外（オフバランス化）を図ることができる。他方、投資家は、投資利回りが比較的高い魅力的な投資対象を手に入れることができる。

▷ **証券化のスキーム**

都心にオフィスビルを所有する日の丸不動産は、新しいオフィスビル建設資金の調達のために、所有している多数のオフィスビルのいくつかを特定し、それらを SPV（**特定目的事業体**；special purpose vehicle）に売却した。この SPV は法人であったり信託や組合などの法的仕組みであったりする。

SPV は日の丸不動産から購入したオフィスビルからの収入に裏付けられた、新たな証券（ABS）を発行し、その受取り代金で日の丸不動産にオフィスビル購入代金を支払う。ABS を購入した投資家は、オフィスビルに入居している会社が支払う賃貸料から、収益分配金を受け取る。

証券化の対象となったオフィスビルの所有者のことを**オリジネーター**（originator）と呼び、賃貸料の収受や投資家への元利金の受渡しなどの管理業務を行う主体は**サービサー**（servicer）と呼ばれる。なお、この管理業務は、SPV との契約に基づき通常はオリジネーターが行う。証券化のスキームの一例が図 14‐1 に示されている。

▷ **投資リスクの軽減**

仮に日の丸不動産が倒産した場合、日の丸不動産の債権者に対して、SPV がオフィスビルの真の所有者であることを主張できなければ、ABS 投資家の資産価値はなくなってしまう。そこで、日の丸不動産から SPV への資産売却は法的に必要な手続きをして、第三者に対抗できる**真正売買**（true sale）としておくことが必要であり、このようにして日の丸不動産（オリジネーター）の信用力と ABS の信用力を切り離す**倒産隔離**（bankruptcy remoteness）が図ら

■ 図 14-1 証券化の仕組み

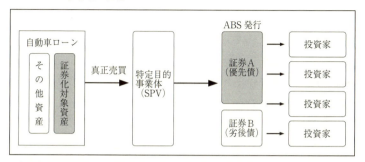

（出所）榊原茂樹・新井富雄・太田浩司・山﨑尚志・山田和郎・月岡靖智［2023］,『新・現代の財務管理』有斐閣, 図12-2。

れる。

　さらに, オフィスビルの多くのテナントが, より最新の高機能を備えた新築ビルに移転してしまうとか, テナントとして入居していた会社が倒産し代わりの会社の入居が遅れる, といった事情で全体の賃貸料が当初見込みより減少するリスクも考えられる。このようなリスクに備える信用補完の仕組みは, いくつか考えられる。

　第1は, 図14-1が示すように, ABSを分配金や元利金の支払いに順序をつけいくつかのトランシェないしクラスに分割して発行することである。図では単純に優先債と劣後債に分割されているが, 優先債―メザニン債―劣後債の3段階に分類することもできる。優先債は劣後債に先だって元利支払いを受け取る。優先債は一般投資家に販売されるが, 劣後債は, 日本では, 証券化された原資産の元の所有者（オリジネーター。前記, 日の丸不動産）が購入する場合が多い。

　第2は, SPVにプールした所有資産の価値が, SPVが発行する証券化商品の総額よりも大きくなるように, オジリネーターが原資産をSPVに移転することである。この方法は**超過担保方式**と呼ばれる。

314　第14章　オルタナティブ投資

　第3は，高い格付けをもつ損害保険会社などが，投資家に対して投資収益を保証する保証会社になる方法である。

▷不動産投資信託（上場 REIT）

　現在多くの個人の投資対象となりうる証券化商品は，**不動産投資信託**（REIT: Real Estate Investment Trust）である。これは，有価証券以外への投資を可能とする改正投資信託法が 2001 年 11 月に施行されたことによって可能となった商品である。オフィスビル，店舗ビル，ショッピング・センター，ホテル，賃貸住宅マンションなどを保有する特定目的会社（SPC）を設立し，その SPC の投資証券（株式会社の株式に相当）を投資家（投資主）に販売する投資法人である。東京証券取引所に上場している上場 REIT と非上場私募 REIT がある。

　通常の不動産への投資であれば，相当な投資金額が必要であり，また，迅速な換金性に欠けるが，上場 REIT（J-REIT）は，小口に分割して販売されるので比較的投資が容易であり，また東京証券取引所に上場されているので流動性も高い。

　さらに，物件のタイプ（オフィスビル，ショッピング・センターなど），物件の所在地（都市と地方，関東と関西など），契約更改時期などの，各種分散を図ることによって，分散投資によるリスク軽減を狙えるのも，一般投資家にとっての REIT のメリットである。

　REIT は，家賃，テナント料，駐車場代，売却益などの毎年の課税対象所得の 90％以上を投資主（投資家）に配当として分配しなければならず，またその限りにおいて会社利益には課税されず，比較的安定した収益を期待できる。課税は利益の分配を受けた投資主において生じる。

　REIT の評価において検討すべき要因は，株式と同じように，REIT の収益性である。REIT 業界で使用される収益は，純利益に保有不動産の減価償却費を加えた FFO（funds from operation），も

しくは，FFO から物件の価値を高めるための支出を控除した FAD（分配可能資金；funds available for distribution）の 2 つである。

REIT の収益の成長性も重要な評価ポイントである。成長性は，現有物件のタイプ，立地，収益の向上見込み，さらには，魅力的な新規物件の取得能力などに依存している。REIT は保有物件の売却・新規ビルの購入などの資産運用を，資産運用専門の別会社に委託していることから，この別会社の運用能力および資産運用会社への運用報酬の支払額の大きさの調査が重要である。

REIT の収益とその成長性が予想され，さらに最低限 90％である配当性向が予想されると，第 7 章で説明された配当割引モデルを使って，REIT の価値が算定される。なお，REIT が保有するすべての不動産物件の市場価格を求め，その合計額から REIT の負債総額を差し引いて純資産価値を算定し，さらにその純資産価値を発行済み総口数で割った 1 口当たり純資産価値をもって REIT の評価額とする方法もあるが，REIT は保有不動産の単なる集合体ではなくて会社としての実体をもっていることから，純資産価値方式は実際の市場価格が高すぎないか安すぎないかを判定するための目安として使われるのが一般的である（Mullaney [1998]，翻訳書第 16 章参照）。

3 ヘッジ・ファンド

1998 年 10 月，ノーベル経済学賞受賞者も関与していた巨大なヘッジ・ファンド（LTCM）は，ロシアが債務不履行に陥ったのを契機として実質的に破綻した。そのファンドには米国を代表する大手銀行や証券会社が巨額の運用資金を委託していたことから，政府も資金援助し最悪の事態を避けることができたが，この事件をきっかけに一国の金融システムに深刻な影響を及ぼしかねないヘッジ・ファンドの規制強化を求める声が高まった。

▶ヘッジ・ファンドとは

ヘッジ・ファンド（hedge fund）はその形態においても，その運用手法においても千差万別であることから，ヘッジ・ファンドとは何を指すのかを一言でいうことは難しいが，「富裕な個人投資家や機関投資家を出資者とする，情報開示義務や公的規制を免れた私的な投資資金プール」と定義することが多いようである。その運用手法は秘中の秘であり，運用者の報酬も，通常のファンドが運用資産残高の一定率を受け取る方式であるのに対して，運用成果に基づく成功報酬制であることが，顕著な特徴になっている。

ヘッジ・ファンドは，上で定義したように，私募による投資プールとして組成される。投資家の責任は投資額の範囲に限定される有限責任である。ヘッジ・ファンドの換金性には何らかの制限があるのが通常である。一定期間解約が不可能なクローズド期間（これをロックアップ期間という）が設けられ，その後も，四半期ごと，半年ごとといったように，常時解約できるのではなくて，一定のサイクルでのみ可能であるのが普通である。このためにヘッジ・ファンドは，突然の解約請求を心配することなく，期待リターンは高いが流動性の低い資産に投資できることになる。

▶ヘッジ・ファンドの運用戦略の分類

そもそもヘッジ・ファンドは，他者に対する情報優位や情報の処理の卓越性を存在理由の1つとしていることから，その運用戦略は秘密のベールに包まれている。ヘッジ・ファンドが採用する投資戦略は多様であるが，Bodie, Kane and Marcus [2018] はディレクショナル型戦略と非ディレクショナル戦略に大別している。

(1) ディレクショナル型（directional）

これは，特定の市場なりセクターあるいは証券の相場が上がるか下がるかの方向性（direction）を予想し，その方向性に賭ける（上がると思えば買いポジション，下がると思えば売りポジションをとる）とい

うわかりやすい戦略である。たとえば，再建中の破綻企業の証券に，やがて価格が回復することを期待して投資する戦略がある。また，企業合併のニュースが出ると，被合併企業の株価は上昇し，合併企業の株価は下落することが多いことから，被合併企業の株式の買い（ロング）と合併企業の株式への空売り（ショート）を組み合わせて，ポジション全体としては市場全体の相場変動から受ける影響を軽減しながら，企業合併ニュースから利益を得ようとする（event-driven型）戦略がある。

(2) **非ディレクショナル型**（non-directional）

これは，市場相場の方向性の予測とは無関係な戦略であり，証券の市場価格の一時的な歪みを発見し，その歪みが早晩解消されることに賭ける戦略である。大きく2つのタイプがある。

(2)-1 証券評価の一時的なミスプライス（誤って過大評価ないし過小評価されている）を利用して利益を狙う戦略

この戦略では，これを単純に実行して，割安と判断したA社株を買ったとしても，その後株式相場全体が下落すると，大きな値下がり損をこうむるリスクがある。この市場リスクを回避するために，割安なA社株を買う（ロング・ポジション）と同時に株価指数先物を売り建てておく（ショート・ポジション）**株式ロング-先物ショート戦略**がとられる。この戦略は，ポジション全体としては株式市場全体の相場変動に対して中立のポジションを作りながら，ミスプライスを利用した利益を確保することを狙っている。

(2)-2 複数の証券の価格（あるいは利回り）の間に平均的に存在すると考える「正常な」相対価値関係からの乖離を利用して利益を狙う戦略

これは正常な相対価値関係が一時的に崩れたときに，割安な証券を購入し，割高な証券を売却する**ロング-ショート・ポジション**をとり，やがて正常な関係に復帰する過程で利益を得る戦略である。

318　第14章　オルタナティブ投資

この戦略の投資対象は，株式市場内の対（ペア）となる２つの証券にとどまらず，２つの異なる市場ないしセクターにまたがるペアとなることもある（たとえば，不動産担保証券と国債のペア）。

　なお，戦略(1)と戦略(2)もともに，そのすべてではないが，市場リスクをある程度ヘッジしているものが多いことが，ヘッジ・ファンドという名前の由来になっている。

●コラム：大学を巡る資産運用

　日本の私立大学は，各種寄付金などで得た資金の一部を，投資商品で運用している。2008年９月に起きた米国投資銀行リーマン・ブラザースの経営破綻を契機とする世界的な金融危機と経済不安（リーマン・ショック）の中で多額の運用損失を出した大学が少なからずあり，その原因の１つとして，大学に資産運用の専門チームがいないことが指摘された。資産規模が日本の大学と比べてとてつもなく大きい米国の有名な私立大学では，大学基金の資産運用のための専門の投資担当チームが雇われている。他方で，運用規模が小さく専門の運用スタッフを雇えない大学は，主に大学基金向けに各種投資サービスを提供する非営利の独立系運用会社コモンファンド（1971年にフォード財団の助成を受け設立）に，資産運用を委託している。米国大学全体の運用資金の資産別投資割合は，2017年６月末時点で，現預金４％，債券８％に対して，株式36％，オルタナティブ投資52％という（川崎成一「日本の大学における資産運用の特徴と新たな展開」『高等教育研究』第22集，2019より）。

　日本でも，2012年９月に設立された一般社団法人大学資産共同運用機構（SSC）が，2017年６月に「大学共同基金」を設立，株式会社IBJ（The Intellectual Bank of Japan）の投資助言を受け，オルタナティブ投資にフォーカスした独立系資産運用会社の株式会社GCIアセット・マネジメント会社が設定した私募投資信託で運用するという。同私募投信はヘッジ・ファンド中心のオルタナティブ投資を積極的に活用し，信託財産の長期的成長をめざすとしている。

　また，日本政府は，大学の基礎研究の国際競争力を高めるために，

運用益を大学の研究活動の支援に使う大学ファンドを 2021 年に設立した。国立研究開発法人科学技術振興機構（JST）が資産運用を担当する。初年度の 2022 年度の運用損益は，基本ポートフォリオ構築中ということもあって，604 億円のマイナスのスタートとなった。今後，プライベート・エクイティ（PE；未公開株式）や不動産といった資産へのオルタナティブ投資の比率を高め（現況，運用総資産約 10 兆円弱の 0.6%），運用の高度化をめざすという（JST「2022 年度業務概況書」より）。日本でも，大学を巡る資産運用はオルタナティブ投資抜きには語れない時代が来たといえよう。

◆この章で学んだこと

1．オルタナティブ投資には，非伝統的資産への投資と伝統的資産をこれまでなかった投資技法で投資するものとがある。

2．オルタナティブ投資には 5 つの特徴がある。

3．オルタナティブ投資は，伝統的アセットとの相関は低いが，単体投資としてはハイリスク・ローリターンで終わることがある。

4．証券化商品やヘッジ・ファンドへの投資にあたっては特に商品特性を調査し，隠れたリスクをよく理解しなければならない。

・注

1）　Olson［2000］，翻訳書 201 ページ。

2）　Sharpe, Alexander and Bailey［1999］, pp. 898-899.

3）　Clarke and de Silva［2002］は，オルタナティブ投資を「システマティック・リスク・エクスポージャーとシステマティック・リターンがほとんど，あるいはまったく無い戦略」（91 ページ）と定義している。

4）　イーストマン・コダック社の企業年金運用担当ディレクター。Olson［2000］.

5）　クラークとデ シルバは，彼らの定義（注 3）に基づいて，オルタナティ

320　第14章　オルタナティブ投資

ブ投資として，Ｍ＆Ａアービトラージ，債券アービトラージ，マーケット・ニュートラルの3つを例示している。そして，これらのアクティブ戦略を運用するマネジャーは，体系的にシステマティック・リスクを引き下げる努力をするために，ロングとショートのポジションを同時にとる，と述べている（Clarke and de Silva [2002], 92ページ）。

▓練習問題

1　企業年金連合会のホームページにアクセスし，連合会がその運用資金を，伝統的資産と非伝統的資産（オルタナティブ投資）に，どのような割合で配分しているかを『各年度業務報告書』で調査してみよう。

2　低所得者向けの住宅購入資金（サブプライム・ローン）を貸し付ける銀行，その銀行からサブプライム・ローンを買い取って証券化商品を組成する証券会社，その証券化商品の元利支払いに保証を与える保険会社（米国では金融商品関連の保証を専業とする保険会社は**モノライン**〔monoline insurer〕と呼ばれる），その証券化商品に高い格付けを与える債券格付機関，その証券化商品を購入する世界中の投資家，これらの主役が演じた米国発のサブプライム・ローン騒動を調査してみよう。

3　株価の相対的比率が正常な関係（たとえばＡ社の1.0に対してＢ社の0.5という関係）から一時的に乖離しているとあなたが考える2社の株式銘柄を選び（たとえば，トヨタとホンダのペアというように），株式ロング‐ショート戦略の利益を計算してみよう。

4　証券化商品の信用補完の仕組みとして**優先劣後構造**がある。日本では，劣後債は原資産の保有者であるオリジネーターが購入するのが一般的であるが，その理由を考えてみよう（ヒント：一般投資家のリスク選好，元の原資産保有者が改めて証券化商品の劣後債部分の投資者になることの一般投資家にとっての意義，などを考えてみよう）。

・参 考 文 献

西村信勝・井上直樹・牟田誠一朗・平畠秀典・阿部清 [2003], 『金融先端用語事典（第2版）』日経BP社

Bodie, Z., A. Kane, and A. Marcus [2018], *Investments*, 11th ed., McGraw-

Hill.（平木多賀人・伊藤彰敏・竹澤直哉・山崎亮・辻本臣哉訳『インベストメント（上・下）』（原著第8版〔2009〕）マグロウヒル・エデュケーション，2010）

Clarke, R. G. and H. de Silva [2002]，「オルタナティブ投資の意義と実際」日本証券アナリスト協会／米国投資管理・調査協会『年金ファンドの運用』第14回 SAAJ-AIMR/JSIP 共同セミナー・プロシーディングス，91-106ページ

Mullaney, J. A. [1998], *REITs : Building Profits with Real Estate Investment Trusts,* John Wiley & Sons.（民間都市開発推進機構 REIT 研究会訳『REIT——不動産投資信託の実務』金融財政事情研究会，1999）

Olson, R. L. [2000], *The Independent Fiduciary : Investing for Pension Funds and Endowment Funds,* John Wiley & Sons.（ノムラ・IBJ グローバル インベストメント アドバイザーズ インク訳『企業年金運用の成功条件——受託者としての責任と行動指針』東洋経済新報社，2001）

Sharpe, W. F., G. J. Alexander, and J. V. Bailey [1999], *Investments,* 6th ed., Prentice-Hall.

Swensen, D. F. [2009], *Pioneering Portfolio Management : An Unconventional Approach to Institutional Investment,* 2nd ed., The Free Press.（次世代年金実務家ネットワーク訳『勝者のポートフォリオ運用——投資政策からオルタナティブ投資まで』（原著初版）金融財政事情研究会，2003）

➤ さらに深く学習するために

Bygrave, W. D. and J. A. Timmons [1992], *Venture Capital at the Crossroads,* Harvard Business School Press.（日本合同ファイナンス（株）訳『ベンチャーキャピタルの実態と戦略』東洋経済新報社，1995）

Jaeger, L. [2002], *Managing Risk in Alternative Investment Strategy : Successful Investing in Hedge Funds and Managed Futures,* Pearson.（みずほ信託銀行運用ソリューション室訳『オルタナティブ投資のリスク管理』東洋経済新報社，2005）

第15章　スチュワードシップ責任

　資産運用業務に興味をもった大学生のA君は，保険会社や資産運用会社のウェブサイトを調べてみた。どの会社のウェブサイトにも，「責任投資」や「スチュワードシップ活動」といった聞きなれない単語が並んでいた。加えて，多くの会社が活動報告等の情報開示に積極的であった。就職活動に向けて，単語の意味や活動の詳細，それらの背景について調べてみることにした。

1　スチュワードシップ・コードとは

　「スチュワードシップ・コード（stewardship code）とは？」というのが，2014年以前の多くの株式市場関係者および日本人の反応ではないだろうか。英語の辞書において，Stewardship は「the act of taking care of or managing sth, for example property, an organization, money or valuable objects」（*Oxford Advanced Learner's Dictionary*）と記されている。日本語の辞書において，スチュワードシップは「《スチュワードは執事・財産管理人の意》他人から預かった資産を，責任をもって管理運用すること。受託責任」（デジタル大辞泉）となっている。つまり，スチュワードシップ・コードとは，資産を受託し運用するものが受託した資産を運用管理する上での行動責任について示した指針である。

　誰が誰の資産を受託し運用しているのか。投信投資顧問会社等の資産運用会社であるアセット・マネジャーが年金基金等の資産保有

者であるアセット・オーナーの資産を受託し運用をしている。つまり，アセット・オーナーである投資家が直接的に株式や債券に投資し保有するのではなく，資産運用会社の提供する投資信託等の金融商品への投資を通して，資産運用会社に資産運用を委託するのである。また，アセット・オーナーである投資家の中でも年金基金や保険会社の場合は，年金加入者や保険加入者という最終的受益者から資産を預かり運用している点も忘れてはならない。つまり，スチュワードシップ・コードは，アセット・オーナーとアセット・マネジャーの双方に資産運用管理者としてのスチュワードシップ責任を果たすことを求めている。

本章では，2014 年の日本版スチュワードシップ・コード導入前後の日本の株式所有構造の変遷と株主構成の変化を概観し，アセット・オーナーとアセット・マネジャーおよび株主と企業経営者の間の関係について説明する。

2　日本の株式所有構造の変化

日本の株式市場において，株式所有構造は大きく変化してきている。図 15−1 に 1980 年代後半から 2020 年代前半までの日本の株式市場における金額ベースの株主属性別の所有割合を示している。株式所有構造における銀行・生損保その他金融の株式保有比率は，1980 年代後半の 40％ から 2020 年には 10％ まで低下している。かつては，これら金融機関が中心となり株式持ち合いと貸付等の金融サービスを通して企業の成長に資した時代もあったが，現在は持ち合いの解消が進んでいる。一方で，外国籍の投資家である外国人投資家の保有割合は一貫して上昇してきており，現在では 30％ に達している。また，信託銀行および投信年金信託の保有割合も増加傾向にある。

2 日本の株式所有構造の変化 325

■ 図15-1 日本の株式市場における金額ベースの株主属性別株式保有比率

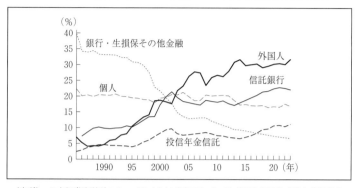

(出所) 日本証券取引所のウェブサイトに公表されている「2023年度株式分布状況調査の調査結果」とそれ以前に公表されている同データをもとに作成。

■ 図15-2 投資信託（私募・公募）純資産総額の推移

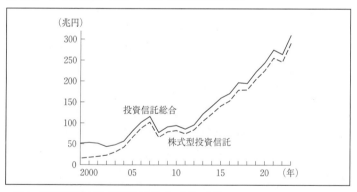

(注) 投資信託総合は株式型投資信託とその他型の合計。
(出所) 一般社団法人投資信託協会の統計データをもとに作成。

　第8章でも説明があった通り，近年，投資信託の受託資産額である純資産総額の増加が顕著である。図15-2に，1999年からの株式向けの投資信託の純資産総額の増加を示している。主に株式に投資する株式型投資信託の純資産総額は順調に増加傾向にある。一方

で，図15-1に示すように日本の株式市場の個人投資家の保有割合は20%前後でおおむね一定に推移している。

つまり，個人投資家の株式の直接保有は増加していない一方で，個人投資家の投資信託を通じた株式への投資が拡大しているのである。また，年金積立金管理運用独立行政法人（GPIF）等の年金基金も，2000年代から以前は国内債券中心の運用であったポートフォリオから株式への比重を高めており，それも株式型投資信託の純資産総額の増加の一因である。さらに，日本銀行による上場投資信託（ETF）の買い入れも，株式型投資信託の純資産総額の増加の一因としてあげられる。

3　投資信託の拡大

第1章の説明でもあったように，資金循環において直接金融と間接金融の分類がなされている。直接金融とは，資金不足主体の株式会社が株式または社債等の本源的証券を発行し資金余剰主体の投資家がそれら本源的証券を引き受けるものである。しかし，上述のように個人投資家は直接的に株式の保有を増加させていない。また，大規模な投資家である年金基金等も，基本的には運用会社に資金運用を委託しており，年金基金自体が株式を直接保有しているわけではない。

図15-3に，個人投資家や年金基金といったアセット・オーナーと資産運用会社等のアセット・マネジャー，投資先企業の関係を示している。アセット・オーナーは，アセット・マネジャーに資産運用を委託しており，アセット・マネジャーは受託した資産で株式を保有し株主としての地位を得ている。

アセット・オーナーが投資信託運用会社等のアセット・マネジャーへ資産を委託し企業に投資を行う形態は広く普及している。

図15-3　アセット・マネジャーとアセット・オーナー，企業の関係

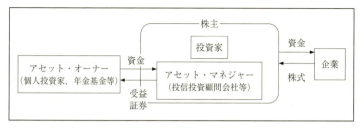

OECDの「Owners of the World Listed Companies」2019年版によれば，アセット・マネジャーである資産運用会社の株式保有割合は日本が37%であり，アメリカに至っては72%であることが示されている。日本おいても，アセット・オーナーはアセット・マネジャーへ資産運用を委託することで，株式を保有する形態がますます増加することが予想される。

では，アセット・オーナーはアセット・マネジャーを全面的に信頼し，資産運用を際限なく任せていいのだろうか。アセット・オーナーとアセット・マネジャーの間に利害の対立（利益相反）はないのだろうか。次節以降では，プリンシパル・エージェント理論をベースにアセット・オーナーとアセット・マネジャーの間の関係について概観する。

4　プリンシパル・エージェント理論

依頼人（プリンシパル）としての経済主体と依頼人のために活動する代理人（エージェント）としての経済主体の間の関係を**プリンシパル・エージェント関係**と呼ぶ。プリンシパル・エージェント関係に関する理論である**プリンシパル・エージェント理論**に従えば，依頼人と代理人の利害は必ずしも一致せず，代理人は依頼人の利益を

犠牲にし，代理人自身の利益または目的を優先した行動をとる可能性がある。この依頼人と代理人の利害対立または目的の不一致をエージェンシー問題と呼ぶ。

このエージェンシー問題を緩和するために，依頼人は代理人を監視し規律づけるか，依頼人と代理人の利益が一致するような誘因を用意する必要がある。ただし，依頼人は代理人に比べて依頼内容に精通していない可能性があり，依頼人と代理人の間には情報の非対称性が存在する。情報の非対称性のために，依頼人は情報を収集するためのコストを負担する必要があり，加えて代理人を規律づけるためコストを負担する必要がある。この依頼人が代理人を監視し規律づけるために費やすコストと代理人の自己利益の追求によって依頼人が喪失した利益の合計をエージェンシー・コストと呼ぶ。

このような，プリンシパル・エージェント関係は，アセット・オーナーとアセット・マネジャーの間および株主と企業経営者の間にも存在する。以下では，アセット・オーナーとアセット・マネジャーの間および株主と企業経営者の間のエージェンシー問題と，エージェンシー問題を緩和するための活動等について概観する。

5　投資家の抱えるエージェンシー問題

本節では2つのエージェンシー問題について説明する。

1つは，アセット・オーナーとアセット・マネジャーの間のエージェンシー問題である。アセット・オーナーとアセット・マネジャーの間の関係は，アセット・オーナーがプリンシパル，アセット・マネジャーがエージェントであるプリンシパル・エージェント関係である。アセット・オーナーは，アセット・マネジャーに資産運用を委託し，アセット・マネジャーに資産価値の最大化をめざして運用を行うことを求めている。一方で，アセット・マネジャーはアセ

ット・オーナーの利益を犠牲にして，自身の利益拡大に通じる規模拡大や私的利益の追求を図る可能性がある。というのは，アセット・マネジャーの収益は預かり資産の値上がりに連動した成功報酬もあるが，多くの場合，受託資産額に固定の報酬比率を掛けた運用管理費が大部分を占めている。つまり，コストのかかる行動を少なくし費用を抑えたい誘因をもっているからである。さらに，アセット・マネジャーやその関連会社が投資先企業と取引関係を有していた場合，取引を優先し，アセット・オーナーの利益を犠牲にした行動を行う誘因をもつことも考えられる。実際，いくつかの研究では，アセット・マネジャーが投資先企業と取引関係を有する場合に，これら企業の経営者に有利な行動をとることが示されている。

このアセット・オーナーとアセット・マネジャーの間のエージェンシー問題を緩和するために，アセット・オーナーはアセット・マネジャーを**モニタリング**する必要がある。具体的には，アセット・オーナーはアセット・マネジャーに対して自身の投資方針や投資先企業に求める要件を明示するとともに，アセット・マネジャーの運用や活動を監視し評価する必要がある。

もう１つのエージェンシー問題は，株主と投資先企業の経営者との間のエージェンシー問題である。株主と経営者の間の関係は，株主がプリンシパル，経営者がエージェントであるプリンシパル・エージェント関係である。株主と経営者の間には，次のようなエージェンシー問題が存在する。株主は投資先企業の企業価値最大化を願っているが，経営者は株主の利益を犠牲にして，企業価値最大化ではなく，規模拡大や私的利益の追求，必要な経営努力を行わずに地位の維持に努めるかもしれない。

株主と経営者の間のエージェンシー問題を緩和するために，**株式売却**と**議決権行使**を含む**エンゲージメント**を行うことで，株主は経営者を規律づけることができる。株式売却は，企業経営に問題があ

る場合に株式を売却し，株価の下落によって企業買収の可能性を高め，企業買収によって経営者の地位を不安定にすることで，経営者を規律づける方法である。株主総会での議決権行使を含むエンゲージメントは，株主総会においての議決権行使と事前の対話によって，株主からの要求を経営者に伝え経営者へ圧力をかけることで経営者を規律づける方法である。現経営者の取締役選任議案に反対票を投じたり，株主提案として報酬体系や別の取締役候補を提案することで，経営者を規律づけることが考えられる。

6　日本版スチュワードシップ・コード

　日本企業の株式価値は，1990 年からの約 30 年の間に何度かの低迷を経験している。特に 2008 年から 12 年の間，日経平均株価は 1 万円を下回っており，日本経済および日本企業の株式価値はかなり低迷していた。

　そうした中，2012 年 12 月 26 日に誕生した第 2 次安倍内閣は，日本経済の再興を目的として，13 年 2 月に内閣に「日本経済再生本部」を設置し，同年 6 月に「日本経済再生本部」から「日本再興戦略‐JAPAN is BACK‐」が公表されている。「日本再興戦略‐JAPAN is BACK‐」の中で，日本企業と経済の再成長のために，コーポレート・ガバナンスを見直し，公的資金等の運用のあり方を検討することが提唱されている。コーポレート・ガバナンスに関する検討内容の 1 つが，アセット・オーナーとアセット・マネジャーが投資先企業との対話を通じて企業の中長期的な成長を促すなど，受託者責任を果たすための原則，日本版スチュワードシップ・コードである。日本版スチュワードシップ・コードは，「機関投資家が，対話を通じて企業の中長期的な成長を促すなど，受託者責任を果たすための原則」として，2014 年 2 月に公表されている。

日本版スチュワードシップ・コードは，アセット・オーナーとアセット・マネジャーの間のエージェンシー問題を緩和し，さらには株主としてのアセット・マネジャーから経営者へのエンゲージメントの強化による株主と経営者の間のエージェンシー問題を緩和することで，日本企業の中長期的な価値向上と日本経済の再興を期している。また，2017年5月に日本版スチュワードシップ・コードの改訂，そして20年3月に日本版スチュワードシップ・コードの再改訂が行われており，アセット・オーナーとアセット・マネジャーの間のエージェンシー問題のさらなる緩和が図られている。

具体的には，日本版スチュワードシップ・コードはアセット・オーナーとアセット・マネジャーそれぞれが果たすべきスチュワードシップ責任を示すことで，アセット・オーナーからアセット・マネジャーへのモニタリングを促進し，さらに株主としてのアセット・マネジャーから投資先の企業経営者へのエンゲージメントの活性化を図っている。たとえば，スチュワードシップ・コードは，アセット・オーナーが投資先企業に対してエンゲージメントを自ら行わない場合は，アセット・マネジャーにスチュワードシップ活動に関する方針や原則を明示し，示された方針や原則に従ってアセット・マネジャーのスチュワードシップ活動を評価することを求めている。さらに改訂版コードは，アセット・マネジャーの利益相反を防止するためにも，アセット・マネジャーに個別議決権行使結果の開示を要請している。

7　責任投資原則と ESG

責任投資原則（Principles for Responsible Investment）は，2006年に当時の国際連合事務総長から提唱されたものである。責任投資原則は6つの原則からなり，機関投資家に対して ESG（environment, social, governance）課題に対処するように，投資意思決定と投資先企業への働きかけを要請している。日本を含む多くの国の年金基金等のアセット・オーナーと，運用機関であるアセット・マネジャーが，責任投資原則に署名している。具体的には，責任投資原則に沿って，機関投資家が ESG パフォーマンスに優れた企業への積極的な投資，ならびに投資先企業へのエンゲージメントを通して ESG を考慮した企業経営を推進することがあげられる。

　責任投資原則のほかにも，アセット・オーナーとアセット・マネジャーは ESG 課題解決に向けていくつかの取り組みを行っている。たとえば，environment に関連する温室効果ガス排出削減を促進する「Climate Action 100＋」には多くの機関投資家が参加し，投資先企業に対して温室効果ガスに関する排出状況や削減に向けた取り組み，気候変動に伴うリスクの公表を求めている。social と governance の課題である多様性の促進として，機関投資家だけでなく企業も参加する「30% Club」では，取締役会等における女性比率の向上と女性の活躍を推進している。

●コラム：スチュワードシップ・コードの受入れ機関数の推移

　日本版スチュワードシップ・コードが 2014 年 2 月 26 日に出されて約 10 年が経過した 24 年 3 月初め，日経平均株価が 4 万円を初めて超えた。2014 年 2 月末の日経平均株価が 1 万 4841 円 7 銭であったことを考えると，約 2.6 倍になっている。

　この間，スチュワードシップ・コード，コーポレートガバナンス・コードの公表，ならびに 2 度の会社法改正が行われている。株価上昇が，ガバナンス改革の成果であるのかそれとも他の要因であるのかについての評価が待たれる。ただし，アセット・オーナーとアセット・マネジャーの意識が大きく変わってきていることは確かである。

　図 1 はスチュワードシップ・コードの受入れ機関数の推移を示している。日本版スチュワードシップ・コード導入以降，コード受入れ機

■図1　スチュワードシップ・コード受入れ機関数の推移

(注)　2015年以降の年は，12月の数字。
(出所)　金融庁の公開するコードの受入れを表明した機関投資家のリストをもとに作成。

関数は一貫して増加傾向にある。ただし，その内訳はさまざまである。大手の信託銀行と生命保険・損害保険会社は，コード導入と同時に受入れを表明したものが多いが，その後，コードを受け入れている信託銀行と生命保険・損害保険会社数は横ばいである。一方で，コードを受け入れている投信・投資顧問会社数は，コード導入から2016年末までは増加傾向（86から152）にあり，17年の改訂後に再び増加したが，近年，増加率は低下しており，22年12月では前年比で減少に転じている。コードを受け入れている年金基金数は，コード導入直後は，国家公務員共済組合連合会や年金積立金管理運用独立行政法人（GPIF）等の公的な年金基金が中心であったため微増であり，それほど多くなかったが，2017年の改訂後は，個別企業の年金基金も受入れを表明するようになり，大幅に増加している。2017年12月から23年12月までのコードを受け入れている年金基金数の増加率は215%（86/26−1）であり，同期間のコードを受け入れている投信・投資顧問会社数の増加率である36%（208/153−1）を大幅に上回っている。

　これらのことは，現在では年金基金等のアセット・オーナーと資産

334 第15章 スチュワードシップ責任

を受託し運用している運用機関であるアセット・マネジャーがともに，コードに沿ってそれぞれのスチュワードシップ責任を果たす姿勢をとっていることを示している。

◆この章で学んだこと

1．株主の機関化が進んでいる。資産保有者は，運用機関の販売する投資信託等の投資商品を通して株式を保有する割合が増加している。つまり，運用機関であるアセット・マネジャーは，資産保有者であるアセット・オーナーからの委託された資金を用いて株式に投資することで，株主の地位にある。

2．アセット・オーナーとアセット・マネジャーの関係はプリンシパル・エージェント関係であり，アセット・オーナーとアセット・マネジャーの間にはエージェンシー問題が存在する。また，株主と企業経営者の関係も同様にプリンシパル・エージェント関係にあり，両者の間にもエージェンシー問題が存在する。

3．日本版スチュワードシップ・コードは，上述のアセット・オーナーとアセット・マネジャーの間のエージェンシー問題と株主と経営者の間のエージェンシー問題を緩和し，企業の成長と企業価値の向上，日本経済の再興を企図している。具体的には，アセット・オーナーとアセット・マネジャーへのモニタリングによる規律づけを促進し，株主であるアセット・マネジャーから経営者への議決権行使を含むエンゲージメントの増加を企図している。

▨ 練習問題

① 投資信託の純資産残高，運用資産や募集方法による分類等，投資信託について調べてみよう。

② 年金積立金管理運用独立行政法人（GPIF）のような年金基金のウェ

ブサイトからアセット・オーナーの行っているスチュワードシップ活動について調べてみよう。

③ 資産運用会社のウェブサイトからアセット・マネジャーの行っているスチュワードシップ活動について調べてみよう。

● 参 考 文 献

榊原茂樹・新井富雄・太田浩司・山﨑尚志・山田和郎・月岡靖智 [2023],
　『新・現代の財務管理』有斐閣
➤ さらに深く学習するために
旬刊商事法務編集部編 [2022],『機関投資家に聞く』商事法務

■付表1 複利終価表

$$FVCF_{r,N}=(1+r)^N$$

年当たりの利率

年数	1%	2%	3%	4%	5%	6%	7%	8%	9%	10%	12%	14%	16%	18%	20%
1	1.010	1.020	1.030	1.040	1.050	1.060	1.070	1.080	1.090	1.100	1.120	1.140	1.160	1.180	1.200
2	1.020	1.040	1.061	1.082	1.103	1.124	1.145	1.166	1.188	1.210	1.254	1.300	1.346	1.392	1.440
3	1.030	1.061	1.093	1.125	1.158	1.191	1.225	1.260	1.295	1.331	1.405	1.482	1.561	1.643	1.728
4	1.041	1.082	1.126	1.170	1.216	1.262	1.311	1.360	1.412	1.464	1.574	1.689	1.811	1.939	2.074
5	1.051	1.104	1.159	1.217	1.276	1.338	1.403	1.469	1.539	1.611	1.762	1.925	2.100	2.288	2.488
6	1.062	1.126	1.194	1.265	1.340	1.419	1.501	1.587	1.677	1.772	1.974	2.195	2.436	2.700	2.986
7	1.072	1.149	1.230	1.316	1.407	1.504	1.606	1.714	1.828	1.949	2.211	2.502	2.826	3.185	3.583
8	1.083	1.172	1.267	1.369	1.477	1.594	1.718	1.851	1.993	2.144	2.476	2.853	3.278	3.759	4.300
9	1.094	1.195	1.305	1.423	1.551	1.689	1.838	1.999	2.172	2.358	2.773	3.252	3.803	4.435	5.160
10	1.105	1.219	1.344	1.480	1.629	1.791	1.967	2.159	2.367	2.594	3.106	3.707	4.411	5.234	6.192
11	1.116	1.243	1.384	1.539	1.710	1.898	2.105	2.332	2.580	2.853	3.479	4.226	5.117	6.176	7.430
12	1.127	1.268	1.426	1.601	1.796	2.012	2.252	2.518	2.813	3.138	3.896	4.818	5.936	7.288	8.916
13	1.138	1.294	1.469	1.665	1.886	2.133	2.410	2.720	3.066	3.452	4.363	5.492	6.886	8.599	10.699
14	1.149	1.319	1.513	1.732	1.980	2.261	2.579	2.937	3.342	3.797	4.887	6.261	7.988	10.147	12.839
15	1.161	1.346	1.558	1.801	2.079	2.397	2.759	3.172	3.642	4.177	5.474	7.138	9.266	11.974	15.407
16	1.173	1.373	1.605	1.873	2.183	2.540	2.952	3.426	3.970	4.595	6.130	8.137	10.748	14.129	18.488
17	1.184	1.400	1.653	1.948	2.292	2.693	3.159	3.700	4.328	5.054	6.866	9.276	12.468	16.672	22.186
18	1.196	1.428	1.702	2.026	2.407	2.854	3.380	3.996	4.717	5.560	7.690	10.575	14.463	19.673	26.623
19	1.208	1.457	1.754	2.107	2.527	3.026	3.617	4.316	5.142	6.116	8.613	12.056	16.777	23.214	31.948
20	1.220	1.486	1.806	2.191	2.653	3.207	3.870	4.661	5.604	6.727	9.646	13.743	19.461	27.393	38.338
25	1.282	1.641	2.094	2.666	3.386	4.292	5.427	6.848	8.623	10.835	17.000	26.462	40.874	62.669	95.396
30	1.348	1.811	2.427	3.243	4.322	5.743	7.612	10.063	13.268	17.449	29.960	50.950	85.850	143.371	237.376

338

■ 付表2　年金終価表

$$FVAF_{r,N} = \frac{(1+r)[(1+r)^N - 1]}{r}$$

年当たりの利率

年数	1%	2%	3%	4%	5%	6%	7%	8%	9%	10%	12%	14%	16%	18%	20%
1	1.010	1.020	1.030	1.040	1.050	1.060	1.070	1.080	1.090	1.100	1.120	1.140	1.160	1.180	1.200
2	2.030	2.060	2.091	2.122	2.153	2.184	2.215	2.246	2.278	2.310	2.374	2.440	2.506	2.572	2.640
3	3.060	3.122	3.184	3.246	3.310	3.375	3.440	3.506	3.573	3.641	3.779	3.921	4.066	4.215	4.368
4	4.101	4.204	4.309	4.416	4.526	4.637	4.751	4.867	4.985	5.105	5.353	5.610	5.877	6.154	6.442
5	5.152	5.308	5.468	5.633	5.802	5.975	6.153	6.336	6.523	6.716	7.115	7.536	7.977	8.442	8.930
6	6.214	6.434	6.662	6.898	7.142	7.394	7.654	7.923	8.200	8.487	9.089	9.730	10.414	11.142	11.916
7	7.286	7.583	7.892	8.214	8.549	8.897	9.260	9.637	10.028	10.436	11.300	12.233	13.240	14.327	15.499
8	8.369	8.755	9.159	9.583	10.027	10.491	10.978	11.488	12.021	12.579	13.776	15.085	16.519	18.086	19.799
9	9.462	9.950	10.464	11.006	11.578	12.181	12.816	13.487	14.193	14.937	16.549	18.337	20.321	22.521	24.959
10	10.567	11.169	11.808	12.486	13.207	13.972	14.784	15.645	16.560	17.531	19.655	22.045	24.733	27.755	31.150
11	11.683	12.412	13.192	14.026	14.917	15.870	16.888	17.977	19.141	20.384	23.133	26.271	29.850	33.931	38.581
12	12.809	13.680	14.618	15.627	16.713	17.882	19.141	20.495	21.953	23.523	27.029	31.089	35.786	41.219	47.497
13	13.947	14.947	16.086	17.292	18.599	20.015	21.550	23.215	25.019	26.975	31.393	36.581	42.672	49.818	58.196
14	15.097	16.293	17.599	19.024	20.579	22.276	24.129	26.152	28.361	30.772	36.280	42.842	50.660	59.965	71.035
15	16.258	17.639	19.157	20.825	22.657	24.673	26.888	29.324	32.003	34.950	41.753	49.980	59.925	71.939	86.442
16	17.430	19.012	20.762	22.698	24.840	27.213	29.840	32.750	35.974	39.545	47.884	58.118	70.673	86.068	104.930
17	18.615	20.412	22.414	24.645	27.132	29.906	32.999	36.450	40.301	44.599	54.750	67.394	83.141	102.740	127.120
18	19.811	21.841	24.117	26.671	29.539	32.760	36.379	40.446	45.018	50.159	62.440	77.969	97.603	122.410	153.740
19	21.019	23.297	25.870	28.778	32.066	35.786	39.995	44.762	50.160	56.275	71.052	90.025	114.380	145.630	185.690
20	22.239	24.783	27.676	30.969	34.719	38.993	43.865	49.423	55.765	63.002	80.699	103.770	133.840	173.020	224.030
25	28.526	32.671	37.553	43.312	50.113	58.156	67.676	78.954	92.324	108.180	149.330	207.330	289.090	404.270	566.380
30	35.133	41.379	49.003	58.328	69.761	83.802	101.070	122.350	148.580	180.940	270.290	406.740	615.160	933.320	1418.300

■ 付表3 複利現価表

$$PVDF_{r,N} = (1+r)^{-N}$$

年当たり割引率

年数	1%	2%	3%	4%	5%	6%	7%	8%	9%	10%	12%	14%	16%	18%	20%
1	0.990	0.980	0.971	0.962	0.952	0.943	0.935	0.926	0.917	0.909	0.893	0.877	0.862	0.847	0.833
2	0.980	0.961	0.943	0.925	0.907	0.890	0.873	0.857	0.842	0.826	0.797	0.769	0.743	0.718	0.694
3	0.971	0.942	0.915	0.889	0.864	0.840	0.816	0.794	0.772	0.751	0.712	0.675	0.641	0.609	0.579
4	0.961	0.924	0.888	0.855	0.823	0.792	0.763	0.735	0.708	0.683	0.636	0.592	0.552	0.516	0.482
5	0.951	0.906	0.863	0.822	0.784	0.747	0.713	0.681	0.650	0.621	0.567	0.519	0.476	0.437	0.402
6	0.942	0.888	0.837	0.790	0.746	0.705	0.666	0.630	0.596	0.564	0.507	0.456	0.410	0.370	0.335
7	0.933	0.871	0.813	0.760	0.711	0.665	0.623	0.583	0.547	0.513	0.452	0.400	0.354	0.314	0.279
8	0.923	0.853	0.789	0.731	0.677	0.627	0.582	0.540	0.502	0.467	0.404	0.351	0.305	0.266	0.233
9	0.914	0.837	0.766	0.703	0.645	0.592	0.544	0.500	0.460	0.424	0.361	0.308	0.263	0.225	0.194
10	0.905	0.820	0.744	0.676	0.614	0.558	0.508	0.463	0.422	0.386	0.322	0.270	0.227	0.191	0.162
11	0.896	0.804	0.722	0.650	0.585	0.527	0.475	0.429	0.388	0.350	0.287	0.237	0.195	0.162	0.135
12	0.887	0.788	0.701	0.625	0.557	0.497	0.444	0.397	0.356	0.319	0.257	0.208	0.168	0.137	0.112
13	0.879	0.773	0.681	0.601	0.530	0.469	0.415	0.368	0.326	0.290	0.229	0.182	0.145	0.116	0.093
14	0.870	0.758	0.661	0.577	0.505	0.442	0.388	0.340	0.299	0.263	0.205	0.160	0.125	0.099	0.078
15	0.861	0.743	0.642	0.555	0.481	0.417	0.362	0.315	0.275	0.239	0.183	0.140	0.108	0.084	0.065
16	0.853	0.728	0.623	0.534	0.458	0.394	0.339	0.292	0.252	0.218	0.163	0.123	0.093	0.071	0.054
17	0.844	0.714	0.605	0.513	0.436	0.371	0.317	0.270	0.231	0.198	0.146	0.108	0.080	0.060	0.045
18	0.836	0.700	0.587	0.494	0.416	0.350	0.296	0.250	0.212	0.180	0.130	0.095	0.069	0.051	0.038
19	0.828	0.686	0.570	0.475	0.396	0.331	0.277	0.232	0.194	0.164	0.116	0.083	0.060	0.043	0.031
20	0.820	0.673	0.554	0.456	0.377	0.312	0.258	0.215	0.178	0.149	0.104	0.073	0.051	0.037	0.026
25	0.780	0.610	0.478	0.375	0.295	0.233	0.184	0.146	0.116	0.092	0.059	0.038	0.024	0.016	0.010
30	0.742	0.552	0.412	0.308	0.231	0.174	0.131	0.099	0.075	0.057	0.033	0.020	0.012	0.007	0.004

■ 付表 4　年金現価表

$$PVAF_{r,N} = \frac{1-(1+r)^{-N}}{r}$$

年当たり利率

年数	1%	2%	3%	4%	5%	6%	7%	8%	9%	10%	12%	14%	16%	18%	20%
1	0.990	0.980	0.971	0.962	0.952	0.943	0.935	0.926	0.917	0.909	0.893	0.877	0.862	0.847	0.833
2	1.970	1.942	1.913	1.886	1.859	1.833	1.808	1.783	1.759	1.736	1.690	1.647	1.605	1.566	1.528
3	2.941	2.884	2.829	2.775	2.723	2.673	2.624	2.577	2.531	2.487	2.402	2.322	2.246	2.174	2.106
4	3.902	3.808	3.717	3.630	3.546	3.465	3.387	3.312	3.240	3.170	3.037	2.914	2.798	2.690	2.589
5	4.853	4.713	4.580	4.452	4.329	4.212	4.100	3.993	3.890	3.791	3.605	3.433	3.274	3.127	2.991
6	5.795	5.601	5.417	5.242	5.076	4.917	4.767	4.623	4.486	4.355	4.111	3.889	3.685	3.498	3.326
7	6.728	6.472	6.230	6.002	5.786	5.582	5.389	5.206	5.033	4.868	4.564	4.288	4.039	3.812	3.605
8	7.652	7.325	7.020	6.733	6.463	6.210	5.971	5.747	5.535	5.335	4.968	4.639	4.344	4.078	3.837
9	8.566	8.162	7.786	7.435	7.108	6.802	6.515	6.247	5.995	5.759	5.328	4.946	4.607	4.303	4.031
10	9.471	8.983	8.530	8.111	7.722	7.360	7.024	6.710	6.418	6.145	5.650	5.216	4.833	4.494	4.192
11	10.368	9.787	9.253	8.760	8.306	7.887	7.499	7.139	6.805	6.495	5.938	5.453	5.029	4.656	4.327
12	11.255	10.575	9.954	9.385	8.863	8.384	7.943	7.536	7.161	6.814	6.194	5.660	5.197	4.793	4.439
13	12.134	11.348	10.635	9.986	9.394	8.853	8.358	7.904	7.487	7.103	6.424	5.842	5.342	4.910	4.533
14	13.004	12.106	11.296	10.563	9.899	9.295	8.745	8.244	7.786	7.367	6.628	6.002	5.468	5.008	4.611
15	13.865	12.849	11.938	11.118	10.380	9.712	9.108	8.559	8.061	7.606	6.811	6.142	5.575	5.092	4.675
16	14.718	13.578	12.561	11.652	10.838	10.106	9.447	8.851	8.313	7.824	6.974	6.265	5.668	5.162	4.730
17	15.562	14.292	13.166	12.166	11.274	10.477	9.763	9.122	8.544	8.022	7.120	6.373	5.749	5.222	4.775
18	16.398	14.992	13.754	12.659	11.690	10.828	10.059	9.372	8.756	8.201	7.250	6.467	5.818	5.273	4.812
19	17.226	15.678	14.324	13.134	12.085	11.158	10.336	9.604	8.950	8.365	7.366	6.550	5.877	5.316	4.843
20	18.046	16.351	14.877	13.590	12.462	11.470	10.594	9.818	9.129	8.514	7.469	6.623	5.929	5.353	4.870
25	22.023	19.523	17.413	15.622	14.094	12.783	11.654	10.675	9.823	9.077	7.843	6.873	6.097	5.467	4.948
30	25.808	22.396	19.600	17.292	15.372	13.765	12.409	11.258	10.274	9.427	8.055	7.003	6.177	5.517	4.979

付属資料　341

付図1　日本の株価指数とインフレ率（株価指数：1959〜2023年，インフレ率：1959〜2022年）

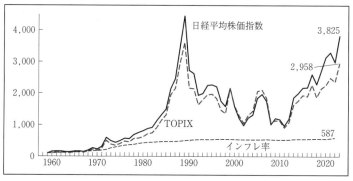

（注）　1959年を100とし計算，株価指数は配当を考慮していない。
（出所）　東京証券取引所ウェブサイトおよびFRED（Federal Reserve Economic Data）。

付図2　米国の株価指数とインフレ率（株価指数：1959〜2023年，インフレ率：1959〜2022年）

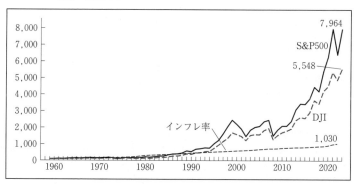

（注）　1959年を100とし計算，株価指数は配当を考慮していない。
（出所）　FactSetおよびFRED（Federal Reserve Economic Data）。

索　引

● アルファベット

ABS　311
ATM　→アット・ザ・マネー
BB　→ブローカーズ・ブローカー
CAPM(資本価格形成モデル)　155,
　170, 171, 217
CP　→コマーシャル・ペーパー
CRSP US トータル・マーケット・イン
　デックス　298
DAX　298
DCF 法　156, 166
ECN　135
ESG　331
ETF　→上場投資信託
Euronext　297
FAD　315
FFO　314
FTSE100　298
FV　→将来価値
GPIF　→年金積立金管理運用独立行政
　法人
GX 経済移行債　80
iDeCo(個人型確定拠出年金)　187, 197
IPO　→新規上場
IRA　198
IRR　→内部収益率
ISA　198
ITM　→イン・ザ・マネー
J-FLEC　→金融経済教育推進機構
J-REIT　314
LBO(レバレッジド・バイ・アウト)
　309
MBI(マネジメント・バイ・イン)
　308
MBO(マネジメント・バイ・アウト)
　308

MSCI オール・カントリー・ワールド・
　インデックス　298
NASDAQ　297
NISA(少額投資非課税制度)　187, 197
NOMURA-BPI　92
NYSE　297
OTM　→アウト・オブ・ザ・マネー
PBR　→株価純資産倍率
PER　→株価収益率
PTS(私設取引システム)　122, 135,
　143
PV　→現在価値
REIT　→不動産投資信託
ROE　→自己資本利益率
S&P 500 株価指数　298
SDGs 債　80
SPC　→特定目的の会社
SPV(特定目的事業体)　312
SQ 値　244
TOKYO AIM 取引所　124
TOKYO PRO Market　124
TOPIX　→東証株価指数
ToSTNeT　142
VWAP(売買高加重平均価格)　143
WACC(加重平均コスト)　174

● あ 行

相対取引　133, 240
アウト・オブ・ザ・マネー(OTM)
　276
赤字国債　77
アクティブ運用　17, 186
アクティブ・リターン　17
アスク　90
アセット・アロケーションの決定　15
アセット・オーナー　324, 326, 328
アセット・マネージャー　323, 326,

索　引　　343

328
アット・ザ・マネー（ATM）　276
アメリカン・オプション（アメリカン・
　　タイプ）　248
安全性　60
安全性分析　64
委託者　188
委託者指図型投資信託　188
委託保証金　144
板寄せ方式　140, 141
一物一価の法則　40, 265, 266, 275, 280
一般社債　77
一般担保付社債　79
依頼格付け　95
イールド・カーブ　107
インカム・ゲイン　45, 178
イン・ザ・マネー（ITM）　277
インターバンク市場　7
インデックス運用　17, 146
インデックス投資　219
インド SENSEX　298
インフレーション　46
インフレ率　46
受渡決済　244
売上債権　169
売上総利益　58
売上高純利益率　60
売り建てる　243
売り持ち　243
運転資本　168
永久債　35, 78
永久年金　35
永久劣後債　79
営業活動によるキャッシュフロー　59
営業利益　58
永続価値　35
エクイティ・ファイナンス　128
エージェンシー・コスト　328
エージェンシー問題　328
エンゲージメント　18, 329
追証（追加証拠金）　145, 247
大阪証券取引所（大証）　122

大引け　139
オプション　248
オプション取引　248
オプション・プレミアム　248
オプション料　248
オープンエンド型　189
オープン市場　7
オリジネーター　312
オルタナティブ資産　307
オルタナティブ投資　308

●　か　行

海外株式型投資信託　295
海外リスク　210
外　債　77
会社型投資信託　187
会社法改正　332
買い建てる　243
買い持ち　243
価格形成の効率性　9
価格優先の原則　140
格付記号　92
格付機関　92
格付けの予測能力　94
確定利付請求権　5
額面価額　75
額面金額　75
額面発行　126
加重平均資本コスト　→ WACC
過小反応　234
過剰反応　234
価値関数　231
カバード・コール　285
株価指数　146, 304
株価収益率（PER）　68, 178
株価純資産倍率（PBR）　68, 69, 179
株　式　4, 6, 119
　　──の資本コスト　173
　　──の特徴と種類　121
株式会社　119
株式価値　165
株式公開　→新規上場

株式時価総額　166
株式市場の機関化現象　15
株式売却　329
株式発行市場　126
株式分割　126
株式流通市場　133
株式ロング‐先物ショート戦略　317
株　主　119, 121
　　——の要求収益率　170
株主還元　131
株主資本比率　171
株主総会　119, 121
株主提案　330
株主有限責任の原則　120, 126
株主割当　126
貨幣の時間価値　24
空売り　144
為替リスク　258, 301, 302
韓国総合株価指数　298
間接金融　6, 7
間接発行　83
完全な合理性　17
カントリー・リスク　302, 303
簡便法　225
機会費用　24
幾何平均　20
企業型確定拠出年金　197
企業価値　165, 177
企業統治（コーポレート・ガバナンス）
　120
議決権行使　329
基準価格　185
基準率　226
期待収益率　44
期待値　43
逆イールド　107
キャッシュフロー　58, 156
キャッシュフロー計算書　53, 59
キャッシュ・マーケット　7
キャピタル・ゲイン　45, 178
キャピタル・ロス　45
究極的資金不足主体　4

究極的資金余剰主体　4
共益権　121, 147
競争戦略　52
競争入札方式　84
共同発行市場公募地方債（共同債）　86
共分散　204
銀行等引受地方債　86
銀行窓販　187, 194
金融教育　19
金融経済教育推進機構（J-FLEC）　198
金融債　77
金融先物取引　241
金融資産　7
金融市場　7
金融商品取引法（金商法）　124, 187
金融請求権　5
金　利　100
金利スワップ　255, 256
金利変動リスク　76, 110
口　185
クーポン・レート　74, 78, 102
グリーン・ボンド　80
グロース市場　124, 125
クローズドエンド型　189
グローバル投資　295
経常利益　58
継続価値　175
契約型投資信託　187
減価償却費　168
限　月　242
現在価値（PV）　30, 100, 176
現在価値割引係数　31
検索容易性　225, 228
原資産　239
建設国債　77
現地通貨建て　300
権利行使価格　248, 277
権利行使日　248
公開価格　129
公共債　77
公社債店頭売買参考統計値発表制度
　91

索 引 345

行動ファイナンス　17, 224
購買力　46
公　募　83, 126, 189
効率性　60
効率性分析　62
効率的市場　13
　──のパラドックス　13
効率的市場仮説　10
効率的フロンティア　212
効率的ポートフォリオ　212
顧客本位の業務運営　→フィデューシャ
　リー・デューティー
国　債　77
　──の発行方法　84
国内株式型投資信託　295
個人型確定拠出年金　→iDeCo
個人向け社債　96
コスト・リーダーシップ戦略　52
国庫短期証券　78
固定金利　255
固定資産　56
固定負債　57
固定利付債　78, 102
　──の利回り　105
個別債　→全国型市場公募地方債
コーポレート・ガバナンス(企業統治)
　120, 330
コーポレートガバナンス・コード　18,
　332
コマーシャル・ペーパー(CP)　79
コモンファンド　318
コール・オプション　248, 250, 253,
　274
コンソル債　35
コンベンショナル方式　85

●　さ　行

債券インデックス　91
債券価格　75, 101
債券現先取引　91
債権者の要求収益率　170
債券賃借取引　91

債券投資のリスク　116
債券の価格情報　91
債券の格付け　92
債券の価値　100
債券の取引形態　91
債券の売買方法　88
債券の発行方法　82
債券のリスク　110
債券発行市場　80
債券流通市場　87
最終決済　244
最終清算数値　244
最終利回り　104
最小分散境界　299
裁　定　40
裁定機会　40, 266
裁定取引　266, 270, 273
最適ポートフォリオ　212
財務活動によるキャッシュフロー　59
財務上の特約　79
財務代理人　86
債務不履行リスク　76, 110
財務レバレッジ　60
先物取引　240
先物の理論価格　266, 269
先渡価格　240
先渡取引　240
差金決済　145, 244
指値注文　139
サステナビリティ・ボンド　80
札幌証券取引所(札証)　122
サービサー　312
サブプライム・ローン　320
差別化戦略　53
サムライ債　77
ザラバ方式　140, 141
算術平均　20
残余財産分配請求権　121
残余請求権　6, 127
仕入債務　169
自益権　121
ジェンセン測度　218

時価発行　126
時価簿価比率　179
時間価値　276
時間選好　39
時間優先の原則　140
事業リスクの移転ないし再分配　4
資金の移転　3
仕組債　78
資源配分の効率性　9
自己株式取得（自社株買い，自社株取得）
　　131
自国通貨建て　300
自己資本　57
自己資本比率　65
自己資本利益率（ROE）　57, 69
資　産　56
市場区分の見直し　124
市場性　8
市場取引　240
自信過剰　224, 229
システマティック・リスク　210
私設取引システム　→PTS
持続可能成長率　66
実効金利　38
実効利回り　106
実質キャッシュフロー　46
実質収益率　47, 48
私　募　83, 189
資本価格形成モデル　→CAPM
資本構成　171
資本コスト　173
資本市場　7
資本市場線　214
社　債　77
　　──の発行方法　85
社債間限定同順位特約　80
社債管理者　86
ジャスダック市場　123
シャープ測度　218
上海証券取引所　297
上海総合指数　298
収益性　60

収益性分析　61
収益率　153
終　価　27
修正デュレーション　111, 113
収束特性　266
住民参加型市場公募地方債（ミニ公募債）
　　86
受益者　188
受託者　188
種類株（式）　121
順イールド　107
純資産　56
少額投資非課税制度　→NISA
償還期間　74
証券化　311
証券市場線　218
証券取引所　120
証券分析の課題　15
証券分析の目的　13, 14
証券保管振替機構　122
証拠金　246
上　場　133
上場管理制度　134
上場審査制度　134
上場投資信託（ETF）　190
乗　数　179
小数の法則　226
少人数私募　85
商品先物取引　241
剰余金配当請求権　121
将来価値（FV）　27
ショート・ポジション　243
所有期間利回り　104
新株予約権付社債（ワラント債）　77,
　　128
新規上場（新規公開，株式公開，IPO）
　　129
真正売買　312
信託銀行　185, 188
信用売り　144
信用買い　144
信用格付け　92

索　引　347

信用取引　144
信用リスク　76
スタンダード市場　124, 125
スチュワードシップ・コード　18, 323
ストライク・プライス　248
ストラドル　285
スポット・レート　108, 287
スワップ取引　255
スワップ・レート　256, 287
清算値段　246
成長永続価値　37
成長性　60
成長性分析　66
政府関係機関債　77
制約された合理性　17
責任投資原則　331
絶対リターン追求型運用　309
設備投資　168
ゼロ成長モデル　159
全国型市場公募地方債(個別債)　86
前引け　139
総会議決権　121
相関係数　205
増　資　120, 126
総資本回転率　60
相対的な運用　309
想定元本　257
ソーシャル・ボンド　80
損益計算書　53, 57
損失回避　231

●　た　行

第1次市場　8
大学共同基金　318
大学ファンド　319
第三者割当　126
貸借対照表　53, 56
大証　→大阪証券取引所
第2次市場　8
代表制簡便法　225
多段階成長モデル　165
立会外取引　136, 142

立会時間　138
立会内取引(立会)　138
立会場　138
ダッチ方式　85
建　玉　243
棚卸資産　169
ターミナル・バリュー　175
ターム・プレミアム仮説　108
短期金融市場　7
短期債　78
担保提供制限　79
単　利　25
地方債　77
　――の発行方法　86
中間発行　126
中期債　78
超過収益　10
超過担保方式　313
長期債　78
調整と係留　225, 228
超長期債　78
直接金融　6, 133
直接発行　82
追加証拠金(追証)　145, 247
通貨スワップ　256, 257
定時償還　79
ディスクロージャー制度　134
定率成長モデル　159
ディレクショナル型　316
適債基準　81
手仕舞い　243
デフォルト・リスク　76
デリバティブ　239
デルタ　281
転換社債　77, 128
転換社債型新株予約権付社債　128
店頭市場　88, 90
伝統的資産　307
店頭取引　88
電力債　77
投　機　270, 272
当期純利益　58

投機的格付債　94

東京証券取引所（東証）　122

当座比率　64

倒産隔離　312

投資活動によるキャッシュフロー　59

投資家の要求収益率　170, 173

投資収益率　153

投資信託（投信）　183, 326

投資信託委託会社　185, 188

投資信託及び投資法人に関する法律
　187

投資適格債　94

投資主　188

投資主総会　188

投資分析のプロセス　14

投資方針　16

投資法人　188

東証　→東京証券取引所

東証株価指数（TOPIX）　146

投資リスク　10

特定投資家　124

特定目的会社（SPC）　314

特定目的事業体　→SPV

トップダウン・アプローチ　21

取引外取引　135, 143

取引所集中義務　135

取引所取引　88

トレーナー測度　218

● な　行

内部収益率（IRR）　40, 106

名古屋証券取引所（名証）　122

ナスダック・ジャパン市場　122

成行注文　139

二項モデル　279

日経平均株価（日経平均，日経225）
　146

日本証券取引所　297

日本取引所グループ　124

日本の株式所有構造　324

日本版スチュワードシップ・コード
　330, 332

任意償還　79

認知誤差　224, 225

値洗い　246

年当たり利子率　38

年金現価係数　34

年金終価係数　29

年金積立金管理運用独立行政法人
　（GPIF）　21, 326

年金の将来価値　28

● は　行

敗者のゲーム　1

配　当　131

配当金　279

　──の成長率　160

配当性向　67, 181

配当利回り　178

配当割引モデル　158, 315

売買高加重平均価格　→VWAP

売買立会　138

ハイリスク・ハイリターン　10, 120,
　155, 272

場　立　138

発行市場　7, 126

パッシブ運用　17, 146, 186

パッシブ型のファンド　297

反対売買　243

非依頼格付け　95

引受シンジケート団　83, 127

引受募集方式　84

非居住者債　77

引　け　139

非システマティック・リスク　210

ビッド　90

ビッド・アスク・スプレッド　90

非ディレクショナル型　317

1口当たり純資産価値　315

標準偏差　20, 203

表面金利　38

表面利率　74

ファンド　184

フィデューシャリー・デューティー（顧

客本位の業務運営）　187
フォワード・レート　109, 287
福岡証券取引所（福証）　122
複製ポートフォリオ　281
複　利　25
複利終価係数　27
負　債　4, 5, 56
　──の資本コスト　173
負債価値　165
負債時価総額　166
負債比率　171
負債利用による節税効果　171
普通株（式）　121, 148
物価連動債　78
ブックビルディング方式　129
復興債　77
プット・オプション　248, 251, 254,
　274
プット・コール・パリティ　276
不動産投資信託（REIT）　188, 314
プライム市場　124
ブラック・ショールズ・モデル　289
フリー・キャッシュフロー　167, 168
プリンシパル・エージェント関係
　327
プリンシパル・エージェント理論
　327
プレミアム　248
ブローカーズ・ブローカー（BB）　90
プロ私募　85
プロスペクト理論　225, 230
プロテクティブ・プット　274, 284
分　散　203
分散投資　184
分配金　185
平均への回帰現象　227
ベータ（β）　216
ヘッジ　270, 271
ヘッジ比率　281
ヘッジ・ファンド　316
ヘラクレス市場　122
ベンチマーク　21, 146, 186

変動金利　255
変動利付債　78
保管費用　269
保守主義　224, 229
ポートフォリオ　16, 204
　──の運用スタイル　14
　──のリスク管理　115
ポートフォリオ・マネジメントの役割
　16
ポートフォリオ・マネジメント・プロセ
　ス　17
ポートフォリオ・リスク　207
ポートフォリオ・リターン　206
ボトムアップ・アプローチ　21
ボラティリティ　279
本源的価値　180, 276
本源的証券　6, 133

●　ま　行

マコーレーのデュレーション　115
マザーズ市場　122
マネジメント・バイ・アウト　→MBO
マネジメント・バイ・イン　→MBI
マネー・マーケット　7
満　期　74
満期一括償還　79
満期日　240
ミニ公募債　→住民参加型市場公募地方
　債
民間債　77
無裁定価格　42
無担保社債　79
無リスク利子率　40
名証　→名古屋証券取引所
名目キャッシュフロー　46
名目収益率　47
メンタル・アカウンティング　225,
　232
モニタリング　329
モノライン　320

● や 行

有価証券　73
有償増資　126
優先株(式)　121, 147
優先劣後構造　320
要求収益率　40
予測可能性の無視　227
呼値の単位　139
寄り付き　139
ヨーロピアン・オプション(ヨーロピアン・タイプ)　248
401(k)プラン　198

● ら 行

利益相反　327
リスク　203
リスクフリー・レート　100, 110
リスク・プレミアム　11, 46, 100
リターン　153, 202
利回り　74, 104
利回り曲線　107
流通市場　7, 126
流動資産　56, 169

流動性　134
流動性プレミアム仮説　108
流動性リスク　76, 110
流動比率　64
流動負債　57, 169
理論価格　100, 156
理論株価　177
劣後株式　121
劣後社債　79
レバレッジ効果　272
レバレッジド・バイ・アウト　→LBO
レポ・レート　91
連続複利　39
ロックアップ期間　316
ロング－ショート・ポジション　317
ロング・ポジション　243

● わ 行

ワラント債　→新株予約権付社債
割引キャッシュフロー法　156
割引債　78, 101
　──の利回り　104
割引率　30, 100

【有斐閣コンパクト】

新・入門証券論
Fundamentals of Investments, New ed.

2024 年 11 月 20 日　初版第 1 刷発行

著　者　榊原茂樹, 城下賢吾, 岡村秀夫, 山口　聖, 月岡靖智,
　　　　北島孝博

発行者　江草貞治

発行所　株式会社有斐閣

　　　　〒101-0051 東京都千代田区神田神保町2-17

　　　　https://www.yuhikaku.co.jp/

印　刷・製　本　共同印刷工業株式会社

落丁・乱丁本はお取替えいたします。定価はカバーに表示してあります。
©2024, S. Sakakibara, K. Shiroshita, H. Okamura, S. Yamaguchi, Y. Tsukioka, and T. Kitajima
Printed in Japan. ISBN 978-4-641-16637-0

本書のコピー, スキャン, デジタル化等の無断複製は著作権法上での例外を除き禁じられています。本書を代行業者等の第三者に依頼してスキャンやデジタル化することは, たとえ個人や家庭内の利用でも著作権法違反です。

JCOPY 本書の無断複写(コピー)は, 著作権法上での例外を除き, 禁じられています。複写される場合は, そのつど事前に, (一社)出版者著作権管理機構(電話03-5244-5088, FAX03-5244-5089, e-mail:info@jcopy.or.jp)の許諾を得てください。